雍正王朝之大義覺迷

TREASON
BY
THE BOOK

史景遷 Jonathan D. Spence——著
溫恰溢・吳家恆——譯

史景遷作品集 1

目次

前言

讀史其中一個用處就在於提醒吾人，事情可以匪夷所思到什麼程度。曾靜謀反的奇案，還有《大義覺迷錄》的刊刻印行，通頒天下，似乎正是這句話的註腳。但是讀史另有一個用處，就在於讓吾人看到，人可以實事求是地回應這匪夷所思的外在環境到什麼程度。曾靜與雍正又再一次說明了這點。

在一七二〇到一七三〇年代之間，清朝的儒士或目睹此事、或在其間推波助瀾，並以驚人的細密面對之，因此留下極為龐大的檔案，見證這段歷史。從如雪片般呈稟朝廷的奏摺，可以大致勾勒出各地封疆大吏遇事決斷的梗概，也可窺知奏摺往返遞送且有皇上批語所依循的流程，還可看到官員為博聖眷而附上所掌握到的謀逆材料。這些文件是由朝廷主掌檔案的官員世世代代保管，對史家彌足珍貴。一九一二年，清朝覆亡，這些文件每每得在遭受戰火波及之前裝箱封存，輾轉流落各地。到了二十世紀末，這些檔案終究得以分別藏於台北、北京兩地，溫濕度受控制的場所，出奇逃過接二連三席捲中國的政治革命洪流的摧殘。

曾靜一案始於一七二八年，在一七三六年由朝廷終審了結。但是幾乎在案發之初，此案的原委便可上溯至遙遠的過去，部分是在十七世紀中葉明末清初的軍事衝突與智識論辯中，部分則可遠溯至古代，甚至迄於孔子之前中國哲學、歷史文本粗具雛形的年代。同樣地，朝廷終審結案之後，迴響仍久久不衰，不僅歷經了清末民初的分崩離析，而且還延續到我們所處的年代：中國有一家出版社於一九九九年集結出版了本案重要原始檔案的抄本，滿足觀眾在看了「雍正王朝」電視劇之後所產生的好奇心。

曾靜案所講的不只是皇帝與其死敵的故事；它還旁及《大義覺迷錄》這奇書，此書幸賴朝廷的飭令，得以在一七三〇年代初風行天下、廣為摘引。而拙著在某種程度上，也是一本有關書籍如何被書寫、刊行天下，有關巡迴駁斥，有關自我宣傳，有關眩惑聽眾與大肆抨擊的書。

這則離奇的故事講的是十八世紀的中國人，他們一方面汲汲營營於儒士的名位，另一方面又身陷於科考的迷惘之中；他們一方面皓首窮經，但又得對上位者所做在他們看來是專橫、負面的決斷逆來順受。在文士菁英圈內失敗者之中，有許多人打心底否認他們是上位者所斷言的那種知識分子，曾靜就是這類的典型，而許多無端被牽連進曾靜這個案子的人也是其中之一。

在另一個層面上，本書講的是那個我們大多數都已失去聯繫的世界；在那個世界裡，陌生人闖入居里所在的村子常常引人側目，總要被竊竊私語、左思右想個幾年。在這類的世界裡，譬如整個案子發生的湘南丘陵間的孤村，皇帝有如天高之遠：從京裡的信使總是會受到重視，珍饈華宅，餽贈絡繹不絕於途。因為京師乃是臥虎藏龍之地，一如從檔案所見，這也是個流言滋繁，充斥各種奇譚異誌的世界：迂腐蒙昧，極為不安全，總是有種輕率的寬宏大度。

當我寫作本書時，發現這將會是一本有關審案過程的書，這是我當初始料未及的。調查曾靜案所採取的手段，唯有在記憶不易受到牽絆且市井小民皆能費心、逐步再現過去事件的社會裡才可能存在。同時，他們習慣添枝加葉、言不由衷，往往會使得這個世界裡的記憶在個人想像的土壤中歧散、孕育、滋養。有鑑於審理官吏的百折不回、殫心竭慮，手中又握有龐然物力人力，實情雖然詭譎多變，卻也不至於讓他們在通往真理的道路上進退維谷。即使他們誤走歧路，皇帝也會適時將他們喚回正途。為了與蘊含個人色彩的在地記憶搏鬥，審理案子的官吏不得不旁敲側擊，採行各種可能奏效的媒介：牆上的告示和傳單，成冊的詩文，編纂的箴言，以及晦澀的諷喻和夢境。他們用的審案技巧包括不斷對有戒心的目擊者施以壓力，重複鞫訊，要求撰述自白，大刑伺候或威脅動刑，親人規勸，孤立，詐騙，佯裝稱兄道弟，背棄盟誓，甚至散播嫌疑犯的畫像。

對今天的我們而言，這些辦案手法仍與現代相互輝映，並喚醒吾人對邇來中國和其他地區政權的記憶。但這樁離奇案子的來龍去脈和枝微末節終究有其時空的侷限性，是因著像曾靜、雍正這類的人而展開的。他們倆人素未謀面，彼此也稱不上熟識。他們帶給對方的徵兆雖隱晦不明，卻總是可以撥開層層迷霧。他們倆人對社稷、自我的信仰，努力想瞭解對方的意圖，竟奇蹟般地至今猶存。所以只要吾人摒除纏繞的枝節，在黑暗裡凝視，無論時代如何悠遠，總是能進入他們倆人的內心世界而探索這整個過程的蛛絲馬跡。

資料來源說明

對曾靜與呂留良案的興趣始於清末（西元一八九九年），當時流亡日本的中國維新之士無意間發現了曾靜的《大義覺迷錄》抄本——這本書在中國仍屬禁燬之列。這本公然抨擊滿人統治者的珍貴書冊雖然已有一百五十餘年的歷史，但仍是讓清末統治者難堪的絕佳機會。在一九二〇年代，此時清朝覆亡已十年，研究者在如今是北京故宮博物院的紫禁城內典藏的清史檔案裡發現了一七二〇年代和一七三〇年代上呈雍正皇帝的奏摺，其中記載了曾靜意圖謀逆、被拏獲以及隨之而來審訊曾靜本人與其門人等來龍去脈的寶貴材料。故宮博物院出版的《文獻叢編》蒐集了未加標點、未經編輯的版本，之後這個版本略經擴充、剪裁成為一個獨立的單元，而被收錄在同為故宮博物院出版有關清代文字獄的選集，名為《清代文字獄檔》。一九六六年，台北出版了整部《大義覺迷錄》的複本；隨著二月河「雍正皇帝」的電視劇播放之後，北京也於一九九九年出版了一個加上標點、譯成白話的版本，它也收錄了故宮博物院早年出版的選集，並加上標點。

傅路特（Luther Carrington Goodrich）在一九三五年出版的《乾隆的文字獄案》（*The Literary Inquisition of Ch'ien-lung*）的頁八十四至八十七，向英語世界的讀者首度概略介紹曾靜案的情節，後來傅路特在北京（當時稱作北平）獲得一冊《大義覺迷錄》的抄本。十年後，房兆楹（Fang Chao-ying）在恆慕義（Arthur W.

Hummel）編輯的《清代名人傳略》（*Eminent Chinese of the Ch'ing Period*）所撰述之「曾靜」條簡略行傳裡（頁七四七至頁七四九），概略提供了當時有關本案的權威性知識。迄今為止，有關曾靜與呂留良最重要的後續研究，見費思唐（Thomas S. Fisher）於一九七四年在普林斯頓大學完成的博士論文《呂留良（一六二九至八三年）與曾靜案（一七二八至三三年）》（Lu Liu-liang [1629-83] and the Tseng Ching Case [1728-33]），該論文修改部分章節後，分別出版了英文與中文兩種版本。有關本案不同面向的深入探討同樣出現在黃培（Huang Pei）的《獨裁政治的運作：雍正時期的研究，一七二三至一七三五年》（*Autocracy at Work: A Study of the Yung-cheng Period, 1723-1735*）（1974年），頁二一五—二二〇；杜蘭德（Pierre-Henri Durand）的《學者與權力：中華帝國的文字獄》（*Lettres et pouvoirs: un process litteraire dans la Chine imperiale*）（一九九二年），頁三七四—三八三；吳秀良（Silas H. L. Wu）的〈歷史與傳奇：「胤禛劍俠」小說〉（*History and Legend: Yung-cheng Chien-hsia Novels*）（一九八八年）；牟復禮（F. W. Mote）的《中華帝國，九〇〇至一八〇〇年》（*Imperial China, 900-1800*）（一九九九年），頁八九八—九〇〇；以及克羅斯莉（Pamela Kyle Crossley）的《透鏡：清帝國意識形態中的歷史與認同》（*A Translucent Mirro: History and Identity in Qing Imperial Ideology*）（一九九九年），頁二五三—二五九。

可用來補充有關曾靜與整個案子之早期著作的豐富文件資料於近年相繼出現。我大部分取材自其中的兩種選輯，而這兩本資料均是各省接踵而至奏報雍正、且有雍正親書硃批之奏摺原件的照相版印製品。第一種是台北故宮博物院在一九七七至一九八〇年間出版的多卷專輯，名為《宮中檔雍正朝奏摺》；另一種檔案材料專輯則取自北京故宮博物院的館藏，一九九一年以《雍正朝漢文硃批奏摺彙編》的書名出版。北京故宮博物院出版的選輯其實含括了台北本子的大部分檔案，但這個以複製品再製的選輯往往模糊難辨。所以，若是台北典藏的檔案，我在引註時就標註為台北編輯的版本。

一九九三年，北京故宮博物院第一歷史檔案館出版了一套頗富價值的檔案，即雍正朝時期的朝廷日誌，書名為《雍正朝起居注》（引註時簡稱《起居注》）。儘管除了一七三四年的篇章之外，一七三〇年中葉以降的部分已散佚，但尚存的部分涵蓋了曾靜案初期的年代。尤其是從起居注可以追溯《大義覺迷錄》書內記載的每一道重要上諭，並可依年代明確排序朝廷所採取的行動。（單獨使用《大義覺迷錄》時是無法做到這一點，因為這本書冊內的所有重要檔案文件都沒有標明日期。）故宮博物院編輯這些檔案資料的意義之一是，在背景資料方面，我們不須只靠像《大清世宗憲皇帝實錄》（引註時簡稱《清實錄》）這類經過層層檢查的文本或者像《硃批諭旨》這類由朝廷所編撰之雍正朝時期的奏摺和諭旨。反之，我們可以直接閱讀原始檔案文件。

單位換算說明

清代時期的中國紀年是採取在位皇帝的年數、接續陰曆月、日的形式；在本書內，除了事關重大的情節採取陰曆外，我把中國紀年的方式轉換成西方通行的格雷戈里曆法（Gregorian calendar）。中國人計算距離的單位是「里」，等於三分之一「哩」。原書中引用的中國人名，則採取中國人使用的方式，姓氏在前（通常是單音節），一或二個音節的名字在後。滿洲人名則是採取清代時期所使用的單一但多音節的名字。

楔子

此人懷中揣著信函，站在鼓樓旁路邊，雙眼凝視街道盡頭，這條路穿越長安城，綿延三里（編按：本書中所用之里乃是古制，一里約當六百公尺，換成英制，則合三分之一哩。），直抵警衛森嚴的西門。其左側視野受阻於高聳的城牆，城牆之內就是治理這邊省的總督衙署和宅邸。這正是他佇立此處鵠候的原委：他打聽到現任總督岳鍾琪正在西門外一處營帳辦公。之後岳鍾琪返抵衙署必由此路而行，屆時他便可採取行動了。

這等候之人形單影隻，但這並非出自他的謀劃。啟程之前，他的老師還說離長安幾里之外有一處村莊，他可在此找到同行之人。此人姓「毛」，乃是一位受人景仰的夫子，他與這次行動的策畫者看法相近，且會提供此行的盤纏。但他到了毛家卻發現，毛夫子已於六年前亡故，如今只有毛夫子的兩個子嗣蟄居此地，毛氏昆仲都以務農為生，也幫不了什麼忙。而傳信者的堂弟隨他自南北行，沿途作伴，搬運行李——他顯然也支持此行，不料兩天前卻臨陣打了退堂鼓，拿了一條鋪蓋和大部分行囊，不告而逃回南方。所以，此刻他雖心中忐忑，卻是無人能訴。

近正午，岳鍾琪的座轎在轎夫、侍從簇擁下，循西街打道回衙署。此人不等岳鍾琪行至鼓樓，便奔到街上，手中揮舞著信函，朝著岳將軍的隊伍撲去。岳鍾琪的隨從不假思索，喝叱此人站住，並把岳將軍的座轎團團圍住，不讓他再靠近。

岳鍾琪在座轎內，這整個情景他都看在眼裡。這人穿的不是一般官式襯衣，也未作書吏打扮，驚慌失措，攔轎呈書，這是他任官以來司空見慣的了。但他的舉止也不同——他的舉手投足不似尋常百姓。岳鍾琪在轎內當下決定，召喚隨侍拿住此人，並把信進呈覽閱。

隨侍遵從照辦，岳鍾琪一看信函封套，心頭不禁一凜，即知大事不妙。如果這是官方信函，事關政府的公務，自會以「川陝總督」或「西路軍大將軍」的全銜敬稱岳鍾琪，但此信卻稱他為「天吏大元帥」。岳將軍所處的環境險惡，像這類的稱謂本身就不是好事。岳鍾琪下令隨侍拿住此人等候訊問，然後走進衙署，交代侍從不可打擾他。

侍從退去之後，岳鍾琪展信閱覽。作者並未出示真名，只在首頁自稱「南海無主遊民夏靚」，並說投書之人名叫「張倬」。信函內容正如岳鍾琪所料，也是他所害怕的：只消讀個幾行，便知這等內容乃是不折不扣的逆書。

註釋

❖ 岳鍾琪將軍有關投書一事的密摺原件：日期為雍正六年九月二十八日（西曆一七二八年十月三十日），見《雍正朝漢文硃批奏摺彙編》，卷十三，頁五五五—五五八，抄本見《清代文字獄檔》，頁一—四。該密摺原件亦收錄在《宮中檔雍正朝奏摺》，卷十一，頁四三二—四三六。後來的審訊查明的投書人張熙（張倬）與其堂弟行動的經過路線（詳見第四章註釋）。有關投書岳鍾琪事件的精闢解釋，可參考費思唐（一九七四年）。那天早晨在近郊收到信函，見《宮中檔雍正朝奏摺》，卷十一，頁四四一—四四二。碩色的奏摺，日期同樣是雍正六年九月二十八日。當時長安街道區劃的細部，見《長安縣治》，卷三，頁二；城牆與鼓樓，前揭書，卷十，頁二。

❖ 謀逆對岳鍾琪將軍的稱呼有其他不同的翻譯：房兆楹在「曾靜」（頁七四八）條的譯法是Heaven's Official and Generalissimo；費思唐（一九七四年），頁二一六，譯為Commander-in-Chief who carries the Heavenly Order。

第一章
投書

岳鍾琪平步青雲，這使得他此時此刻的處境益發險峻。岳鍾琪生於一六八六年，乃是將門之後，二十五歲就授松潘鎮游擊，三十二歲官拜副將，三十六歲擢升四川提督；曾參與藏邊的戰役，在青海湖一役逐退西寧的土著部落，又打過甘肅之役，平亂於雲南。一七二八年十月底，四十二歲的岳鍾琪已官拜川陝兩省總督、寧遠大將軍，雍正對他心存感激，優寵有加，岳鍾琪之子岳濬亦受不次拔擢，在扼大清門戶的山東做巡撫。岳家富甲一方，在川甘兩省擁地無數，在各大城市還有豪宅，瓦房深院，良田阡陌交錯縱橫，管家小廝成群，供岳鍾琪差遣、照料家產。

縱使岳鍾琪富甲一方、權傾一時，他也深知這是因為皇恩浩蕩。要是皇上對他的忠誠有所懷疑，那麼這一切在轉瞬之間都將成空。當年滿洲鐵騎於一六四四年逐退明軍，締建大清，此後號令神州，但滿人還是朝夕惕勵，戰戰兢兢，以維繫江山於不墜。

讓岳鍾琪惴惴不安還有一個原因，那就是岳家的盛名。岳鍾琪是南宋名將岳飛之後，這對他是利弊互見。岳飛當年意欲糾合漢人，匡復為北方韃虜奪佔的河山。岳飛丹心一片，英勇抗敵，卻遭人猜忌，為權奸所構陷，最後以莫須有的罪名身陷囹圄，死在獄中，北方山河自此淪陷不復。但岳飛一片忠心照丹青，被視為將相的典型風範，而他念茲在茲重拾「舊山河」的籲求也成為漢人的心聲。岳飛的家鄉設了安奉岳飛牌位的祠堂。戲劇、小說頌揚岳飛的雄心壯志。說書人演繹岳飛為人剛正不阿，臨陣驍勇善戰，彷彿他們置身沙場，親眼目睹岳飛的英勇，說至岳飛遭人構陷背叛，聞者無不潸然淚下。當年岳飛長年征戰，亟欲逐退的女真人，正是今日統治中原的滿人先祖；排滿人士會遙想岳飛當年，也是無足為奇的。岳鍾琪對當今皇帝不管何等忠心，但民間相信岳鍾琪身上所流的血液，使得他成為復仇雪恨、恢復漢人昔日榮耀的不二人選。岳鍾琪知道民間的這種想法，而他也知道，皇帝對此知之甚詳。

岳鍾琪獨自一人在書房，展讀這封甫交付他手中的信函。有些說法是他先前便已聽聞，知之甚稔，像是稱頌他「係宋武穆王岳飛後裔」，而促其「乘時反叛，為宋明復讎。」這封信續道：「以為君且守死盡節於其前，又有俯首屈節盡忠於匪類。」岳鍾琪如今寧可侍奉滿人，而不願信守祖先的聲威，已然損及名節：「人臣之擇主，如女子之從夫；為臣者事非其主而失身，如女子已嫁人而再醮。」

不過這封由自稱「夏靚」之人所寫的信也另有新說。「慨自先明君喪其德，臣失其守，中原陸沉，夷狄乘虛竊據神器，乾坤反覆」，他寫道，「中國陰陽合會之地，只應生人之一類，不應復有禽獸並育。」其間的道理甚明：「天生人物，理一分殊，中土得正而陰陽合德者為人，四塞傾險而邪僻者為夷狄，夷狄之下為禽獸。」

這封信函還提及，在滿人異族統治之下，神州蒙塵，混沌未明：「天昏地暗，日月無光。」這是何以近來孔廟毀於回祿之災；這是何以近五、六年來，寒暑易序，五穀少成，恆雨恆暘，而「山崩川竭」；這是何以「五星聚」，「黃河清」，「陰盡陽生」。

「夏靚」還思索失衡的社會秩序，他說：「土田盡為富戶所收，富者日富，貧者日貧。」夏靚顯然不以富戶自居：「當今日，遭逢今世，無志於當世之利祿以自汙。」或許，他是以務農為生？「與一、二同志閉門空山養雞種瓜。」倘若他真是耕者，卻又潛心古籍、優游於古代，且以史為念。對夏靚來說，自北宋覆亡以降這五百年來，於學術政事皆無可觀之處。唯有一儒士「秉持撐柱」，夏靚稱這位儒士為「東海夫子」。

至於踐祚的皇帝雍正，夏靚極表憎惡，他為岳鍾琪羅列了雍正的罪狀：弒兄屠弟；謀父逼母；懷疑誅忠；雖富有四海、府庫充盈，卻十分貪財；性喜好殺，酗酒成性，縱情淫色，無怪乎「天震地怒，鬼哭神號」。

岳鍾琪到了午後才讀畢這封信。要掩人耳目，獨覽此信並不難，但有好幾人親眼看見這封信交到他的手中，是故他必須謹慎行事。設若岳鍾琪欲鞫訊傳信之人，則必定要有可靠的證人在場。假使他要自行調查這類荒誕不稽的信件，或祕密審訊傳信之人，縱使查得水落石出，又有誰會信得他？

十五個月前的一七二七年八月初，岳鍾琪也陷入類似的局面，當時他正領兵坐鎮成都府。八月四日正午方過，眾人見到一人雙手各握一石，在大街上發足狂奔，沿街叫喊「岳公爺（鍾琪）」率川陝兵丁就要反了，成都東南西北各城門會有人同時策反，見人就殺。

先是成都府城內的巡街員役舉發此事，經岳鍾琪的僚屬調查來龍去脈之後，發現此人姓盧，名宗漢，乃是個失心瘋，但這卻無法讓岳鍾琪釋懷。這件事雖讓岳鍾琪臉面掛不住，但他還是得上奏此事，就算他不奏，底下的僚屬也會奏報雍正——即使他視僚屬為友。這件事雖然微不足道，但他們若想宦途順利，則事無大小，只要危及國本都不能隱瞞。岳鍾琪在上呈的奏摺中頗為難堪地說：「設使瘋病果實，又何事不可言，何人不可毀，而必架此大題誣陷及臣。」岳鍾琪後來又寫了一份奏摺，滔滔傾訴他的憤怒和內咎，自責忝為人臣武將卻失職，坦承財政、行政舉措的失當而做出誤判，進而反覆重申他身體欠佳，請求皇上恩准他卸除所有的職責。

雍正在一七二七年夏天稍後下旨，回覆岳鍾琪的奏摺，他會秉公處理這次成都事件。雍正寫道，他這幾年來收到讒譖岳鍾琪的謗書一篋，謂岳將軍乃岳飛之後，意欲修宋金之報復。雍正說他並不理會這些荒唐悖謬之議，他還不次拔擢岳鍾琪以示信任，以杜絕眾人的含沙射影。皇帝唯一的抱憾，就是這些誣謗不僅貶損了岳鍾琪，也波及淳良忠厚的川陝兵民，而岳鍾琪打仗靠的就是這些人。

雍正在岳鍾琪的奏摺上硃批（這只有岳鍾琪能獨覽），岳自責於己者，不過是枝微末節的事罷了，並不值得一顧，要岳安心。之前沒人向雍正奏過此事，他現在也不想知道這些個怨謗。岳鍾琪應謹守崗位，秉公行政。倒是生病一節，應該妥善照顧。於是雍正派了最信任的御醫劉裕鐸，帶著他幾帖名藥，南下成都，為岳鍾琪診治。劉裕鐸到了成都，花了三天的工夫為岳鍾琪把脈，試著抓了幾副藥之後，岳鍾琪身體康復，心頭憂慮也告袪除。

成都一案的流言蜚語可能會四處瀰漫，損及岳鍾琪的聲譽，讓百姓以為天下不靖、四海不寧，於是雍正又從刑部派了一人南下成都，把事件查個水落石出。此人在一七二七年九月抵達，暗訪傳言中的瘋漢、與他住在一起的親戚，以及逮捕這名瘋漢的巡街員役。經過嚴厲審訊，間以嚴刑拷打之後，證實此事背後並沒有教唆之人，也沒有陰謀的跡象。盧宗漢的作為顯然是瘧疾久治不癒，以致心神錯亂，體虛躁熱所致，如今他對於八月初在街上所發生的事已不復記憶。盧宗漢在這之前即有瘋癲病症，病因源於受惡鄰所脅而賣地，他想取回部分土地，三番兩次報官，均被歷任官吏給駁回。此時岳鍾琪剛上任未久，素有公正不阿的官聲，盧宗漢最後前往成都，希望能引起岳鍾琪將軍的注意。成都一案中的若干疑點也獲釐清。如盧宗漢兩手握著石頭，意在驅趕野狗；眼神呆滯，乃因精神渙散所致；後來他被巡街員役關進囚車，送往城內大牢，人頓時癱成爛泥一般，隨即便恍惚沉睡。

岳鍾琪那時正是一帆風順，這件案子也沒讓他見疑於雍正。但成都這事發生還不到一年，岳鍾琪又該如何上奏另一宗類似的案子，而仍能不失聖寵？為了期使聖明獨照，他必須讓案子的供詞一清二楚，而毋須再暗中調查。所以，這件案子的證詞只能取自確鑿可信的證物。這件案子可是大逆不道，地位卑微的證人顯然難當此大任。岳鍾琪兩度派手下前往同在長安的陝西巡撫西琳處，請他即刻來將軍府一趟。但他回覆因正在長安城外的校場練兵，無法前來。岳鍾琪久經官場浮沉，知道在這種情形下貿然召回西琳並不聰明。西琳是滿人，地位僅次於岳鍾琪，而校場就在長安內「滿城」的心臟地帶。一六四六年，滿人奪下長安，將整個東半城據為滿城，建有內城作為防禦工事，並有五千名滿人駐軍和一萬五千名家眷衛戍此地。

於是，岳鍾琪又把駐在長安第三把交椅的按察司碩色找來。按察司的官署與總督官邸隔街相望，就在投書之人佇立等候的鼓樓之旁，這時碩色手邊無事，所以也就應岳鍾琪之召而來。兩人稍作商量，岳鍾琪即安排碩色進入廳堂旁的密室，他不用親眼看到也可以聽得一清二楚。碩色就了定位，岳鍾琪就召喚被捕的張倬到署，還給他奉上一杯茶。

兩人啜了口茶，岳鍾琪和顏悅色，問張倬打從何處來，他走了多少路才到長安，這趟路又走了多久？張倬的老師「南海無主遊民夏靚」居址何處，要怎麼才見得到他？岳鍾琪還單刀直入，問他是什麼原因讓張倬的老師突發奇想，撰寫此書，而向岳鍾琪投遞，並以這種不尋常的方式攔轎遞書。

張倬頗有提防。他說他曾立誓不得洩漏其師行蹤，只能透露其師住在廣東近海之處，受到多名門生保護。那麼張倬自己又住在何處呢？他早年住在武昌城和湖廣各處，現在則與其師蟄居南海之濱。張倬此行花了四個月，自廣東經貴州、四川，北上入陝西，抵長安，前來晉見岳鍾琪。那他又為何選擇岳鍾琪來投遞這封信呢？因為張倬和其師聽聞岳鍾琪三度不應皇帝之召。所以他們心想岳鍾琪必反。南方各省民生凋蔽，天象異常，更使他們深信起而行動的時機已經成熟。

岳鍾琪緊捉朝廷三召之說不放，又繼續追問，於是張倬透露了其間的轉折：「我到陝方知並無三召不應之說，此書已不願投。後思數千里遠來，不可虛返，故決意投遞。」

岳鍾琪為了深入追查背後的動機，又轉回民生的話題。岳鍾琪問道，張倬及其師為何認定百姓伺機反叛？難道張倬自己看不到陝西一片繁榮嗎？張倬同意，陝西在岳鍾琪治下確實是繁榮昌盛，但張倬的家鄉湖廣連年大水，積屍載路。岳鍾琪反問，「此乃天災，何與人事？」而且，岳鍾琪很清楚，湖南、湖北只有少數幾縣鬧災荒，而皇上也已下旨賑濟。張倬回說，「官吏又性急又刻薄，不知百姓苦楚。」

岳鍾琪又換了話題，試圖查明張倬及其師的居所。岳鍾琪表示，張倬若是不願透露住處等詳情，他又如何知道這事的真假？岳鍾琪又怎知這不是仇家設下的圈套，遣派張倬投遞逆書，試探他的反應？一七二五年就發生類似的事，當時節制陝甘、任西路大將軍的年羹堯正是位極人臣，不可一世，但是受到下屬所鼓動，恃寵而驕，結果被拔權降位，賜自縊。當時岳鍾琪任職於年羹堯的麾下，所以深知其中曲折。但張倬並未中計，他立誓縱然因堅不吐實而遭岳鍾琪處決，他也不會透露他及其師的住處。

此時已是當日午后未末申初。巡撫西琳練完兵之後從校場趕赴岳府。岳鍾琪出邸迎接西琳，並簡述他親自詰訊的僵局。既然好言相勸沒有進展，那就施以嚴刑拷問。巡撫與按察司一同隱身在隔壁密室，親耳聽取供詞。

不過就算對張倬嚴刑拷問，施加疊夾重刑，但他還是不肯吐實。張倬哀嚎不斷，但仍反覆說他的先生住在南海之濱，廣南交趾交界之處。這些話對於追查謀逆並無意義，這樣過了幾個時辰，岳鍾琪曉得，再這麼下去張倬恐怕就一命嗚呼了，那麼這封神祕信函從何而來就無法追查了。於是下令將張倬押回大牢，巡撫和按察司明日一早再入密室偷聽。

翌日（即十月二十九日）一整天都在詰訊張倬，但仍不得要領。岳鍾琪雖然口裡說了要以大刑伺候，但卻沒有再施重刑。他反而把昨天的話又細問一遍，得要證明張倬不是敵營派來誆騙岳鍾琪的幌子。岳鍾琪還說，連嚴刑拷問也是有其必要的，否則怎知張倬說的是實話？岳鍾琪這次說出年羹堯的名諱，他曾極受皇上恩寵，但為部屬出賣，落個自盡的下場。岳鍾琪認為，張倬等人顯然打得就是這種算盤，那他還如何相信這些文人在替天行道？張倬昨天遭到嚴刑拷打，今日已難相信岳鍾琪所言。但是岳鍾琪說，自古以鼎鑊對待說客本有深意，既然張倬拒吐實言：「爾以利害說人，人亦以利害試爾。」

張倬重複這六省伺機謀反的說詞。為何是湖廣、兩廣、雲貴這六省？岳將軍問道，張倬回答說這六省在一六七三年時響應吳三桂反清，假使再有適當的領袖，這六省必定會再興兵叛亂：「一呼可定。」

岳鍾琪細細推敲投書人的話中含意，岳鍾琪身為總督，偵刺民隱畢竟是他的職責之所在，所以他能以對地方民情的熟稔而駁倒張倬的說詞，並不時點出投書之人昧於事實之處。但往復訊問，只在言辭上打轉，並無進展。就算這後頭有所陰謀，也是輪廓未明，並不知首謀究係何人。天色漸暗，張倬的口氣已近乎威脅：他提醒岳鍾琪，已有許多人知道昨晚的刑訊，定會口耳相傳，四處散布。這話一定會傳到皇上的耳中，而對岳鍾琪起疑心。如此，岳鍾琪將陷於凶險。

沒想到岳鍾琪坦然回答：「從此朝廷知謀反的人都來約我，勢必疑我、慮我，我何能一日自安？」投書者的恐嚇恰恰提供了解決之道，岳鍾琪說：「今日騎虎之勢不得不放你去，倘因外人傳言朝廷覺察，我只說是迂腐儒生條陳時事，語言狂妄，當經刑訊逐釋，便無形跡。」張倬不為所動，亦不信岳鍾琪的話：「言亦至理，但我斷不信。且我此來，死得其所，你即實意放我，我亦實意不去。」兩人的話講不在一起，於是岳鍾琪下令將張倬還押大牢。

十月三十日清晨，岳鍾琪已別無選擇，便回官署，將此事奏聞皇上。岳鍾琪是封疆大吏，有密摺上奏之權，在雍正看到密摺之前，是沒別的人會知道內容的。密摺多由上奏的官員親書，而不假幕僚之手。密摺也有定例格式，先述事，再條陳主要觀點，最後加以總結，並提出處置建議。密摺所用的紙張也有一定規格：白色，每張紙高二十五公分、長六十公分，折六折以便於瀏覽。官員以墨書寫，行與行之間都留有空間，以供皇帝硃批。官員落款之後都是空白，皇帝若是還有長篇批示，便可寫在此處。

岳鍾琪提筆寫下：「冒昧密陳，懇請恩鑒，」這措辭並不尋常。岳鍾琪極盡小心之能事，簡述信使人張倬於十月二十八日中午之時投書，概述信函內容，並仔細說明從二十八日午後、傍晚和十月二十九日三次審訊的過程。岳鍾琪向雍正坦承，張倬生性「狡黠奸深」，他無能解決此案。雖然他深知對皇上、對社稷身負大任，但他力有未逮。他所能建議的，就是把投書之人張倬押解至北京，交由皇上親信且擅長審訊的大臣，或許能突破張倬心防。

岳鍾琪還說，他理應隨摺進呈逆書，但慮及逆書的措辭悖亂罔極，除非皇上有旨，否則他不敢冒昧呈覽而褻瀆天聰。他已會同巡撫西琳將逆書以火印緘封，等待進一步裁示。

岳鍾琪還說，第二、三次偵訊在暗室偷聽的巡撫西琳，可證明密摺所言確鑿無誤。張倬被捕時隨身帶著兩本書。一是抄錄的《坐擬生員應詔書》，一是刻本的《握機圖注》。這兩本書也已密封收藏。

岳鍾琪把密摺交給遞差，命他即刻飛馳北京，進呈皇上。撰寫密摺有一套嚴謹法則，急遞也有類似的規矩。遞差通常選自封疆大吏的家臣或屬下的將官。驛站星羅棋布，遍及各地，連結重要城市、各大交通要道，朝廷在各分支都派駐有遞差。一朝一代的運作效率可從訊息傳遞的速度觀之，這要靠維持穩定而數量足夠的交通工具，才能保持訊息暢通：北方用的是快馬，若是地形崎嶇，有時也用騾、驢，西疆乾燥的沙漠地區則仰賴駱駝。在南方，運河、河流縱橫交錯，便捨車馬而用舟船，舟船式樣則視河道狀況而定。遞差歇腳、用膳的客棧，也是這個系統的一部分。岳鍾琪在密摺中並未提及遞差的姓名或官階，但前後對照可以得知他的確是飛馳投遞。他於十月三十日正午離開長安城，奔馳兩千五百里，於十一月五或六日抵達北京。

岳鍾琪在寫、遞密摺之時，把整個案子想得更透澈。雖然他的密摺可以證明他的篤實、忠心不貳，但其內容只說明了他對這個案子束手無策，而他所提出的對策又顯得空泛。要是京裡負責問訊的人不比他高明，而張倬又死於嚴刑逼供，該怎麼辦？這對破案又有何裨益？他所提的解決之道能讓皇上寬慰嗎？

岳鍾琪苦思之下，靈機一動。無論張倬居里何處，他現在孤子一人，驚駭萬分，痛苦不已。雖然經過三次冗長的審訊，還是無法讓他卸除心房。靄顏以對說不定可以收官僚威嚇所得不到的效果。有個名叫李元的，先前在長安城東督導學務，甫被拔擢為縣承，岳鍾琪信得過這人。李元剛入官場不久，他應與張倬沒什麼淵源。於是岳鍾琪把李元喚到官署，把他的想法大致說了一遍：岳鍾琪要李元脫去官服，裝扮成尋常百姓，佯稱是岳家僕役。李元以此身分想辦法接近張倬，鬆懈他的防備。李元設法摸清他的底細，談談地方上的流言，也要盛讚岳鍾琪，說他絕對是個值得信賴的人。於是先在錯落的官署裡找一間空房，陳設家具，讓李元住進去。然後再把張倬給放出來，讓他跟李元住在一起。彼時天氣嚴寒，岳鍾琪差人送酒致裘。岳鍾琪讓這兩人把酒暢談，第二日也不去打擾他。

十月三十一日向晚，天色漸暗，岳鍾琪把按察司碩色找到隔壁密室，再把張倬傳喚至將軍府。岳鍾琪語帶誠摯告訴張倬，說是已經把他的話仔細想過，決心涉險謀反。或許是岳鍾琪的一片誠心，或許是擁著輕裘的一股暖意，把酒言歡的愉悅，又聽了有關岳鍾琪的種種溢美之詞，張倬接受了岳鍾琪的表白，不過他還是要求岳鍾琪立誓，不得出賣他和他的老師。岳將軍發誓，張倬所說的話，他絕不會洩露半句。

岳鍾琪溫言追問，張倬一一透露他先前堅不吐實的內情。其師「夏靚」、「南海無主遊民」的真名是曾靜。曾靜居里並不在東南沿海，而是在湘南的永興縣蒲潭村。張倬本名張熙，原籍湖南衡州，近來住在其師曾靜家中。張熙還供出其師謀反計畫中的其餘四人。一人姓劉，現下在湖南學塾當先生，熟知天文韜略。另一人姓陳，自稱是劉的門生。第三人姓譙，也是湖南人，但張倬並不清楚是在湖南哪一個鄉鎮。第四人姓嚴，家住江南商業重鎮湖州，原籍不同於前三人。

岳鍾琪不願對張熙逼迫太甚，命他回去與李元一同歇息，到了隔天（十一月一日）清晨再傳喚他。岳鍾琪用這段時間給雍正上密摺，概述他的計畫，他對張熙所發的誓，以及他與張熙在十月三十一日的談話結果。岳鍾琪還附上六名謀逆的真名，及確切的住所。岳鍾琪提筆寫下「為逆犯已吐造謀之人謹繕密摺」，口氣頗為自豪。岳鍾琪另選遞差，命其火速追趕上一份遞送密摺的信差。他不見得趕得上，但至少應可在皇上看了第一份密摺，採取行動之前送進宮裡。

岳將軍讓張熙歇到次日破曉才傳喚他。按察司又以證人的身分，在隔壁密室坐聽。岳鍾琪裝作一副急切好奇的模樣，連連追問張熙在第一次談話時提及有六省在他呼籲之後都會揭竿而起，套用張熙的說詞是「一呼可定」。岳鍾琪問道，這六省何以一呼可定？張熙只回說：「但據民情乃不易之理。」

岳鍾琪並不滿意這個答案。岳鍾琪回說，這幾個省分民情悅服，且朝廷屢加賑貸，何以吾人會相信這只是民情的問題而已？「爾等必有兵有糧，將於何處舉動，方自信一呼可定耳。」張熙辯稱：「我等但有同志數人，講此義理，其他悉非所知。」岳鍾琪又問：「汝昨所言大抵迂腐儒生，必更有智勇兼備之人方可濟事。」張熙回道，那即是我師曾靜及劉之衍、嚴鴻逵等其他張熙提及「但有本領韜略大不可量，但能聘用吾師何愁不濟。即何以使湖廣六省一呼可定之法，亦唯吾師有此智略。我後生小子，豈能見及。不過奉命致書，傳達吾師面囑之言，有六省傳檄可定之語耳。」

不過，這次談話還是頗有斬獲。張熙告訴岳鍾琪，一年前，他在秋天前往浙江，造訪已故儒士呂留良的後人，呂留良的名號即致岳鍾琪信函中所提到的「東海先生」。呂留良的孫子讓張熙翻閱呂的日誌和文集，還把呂留良所著的詩冊送給張熙。呂留良的著述言之有物，但他的子孫卻甚為平庸，於是張熙就離開了。

岳鍾琪隨口探詢張熙在浙江與何人晤談、住在何處，以及張熙父親、親戚的名字和居址。張熙在幾天前還堅拒透露其父名諱和住所，現在卻是有問必答：張熙的父親名新華，家住在湘南安仁縣外約一百二十里的小村。張新華是乙亥年進學，因考試不到而被除去功名，所以不得再著學袍。張熙還有一位堂弟，陪同張熙前往長安。但張熙還沒投書，這位堂弟就倉皇失措逃回家。除了這些家人之外，在謀逆中還有兩名姓「車」的人，原籍俱是湖南，業已遷居，現在住在長江畔的江寧城。姓「孫」的江蘇人，同車姓之人住在江寧。另有「沈」姓之人，家住在浙江，他跟隨嚴鴻逵；嚴鴻逵擅長兵略火器，張熙昨天也提到這人。

岳鍾琪踏破鐵鞋無覓處，他一心所盼的消息全都有了。他辭退張熙，取出紙筆，再給皇上恭繕第三份密摺。岳鍾琪在密摺開頭寫道：「逆犯續吐情」。岳鍾琪摘略陳述他甫與投書之人的對談，還加上了一些他自己的想法。岳鍾琪雖然並未羅列從張熙處苦心蒐集的岳家族人的姓名和居址，但他還是建議皇上密飭浙江總督遴選能員，前往呂家仔細搜查；岳鍾琪還提及呂留良在康熙年間便望重江南。岳鍾琪還聽說，呂留良之孫曾涉及一念和尚密謀逆反案，若非先皇康熙念及呂家係書香門第之家，與謀反之事無涉而不追究，他恐怕早已命喪九泉。岳鍾琪上奏，他詳加搜查張熙的行李，搜出張熙幾本隨身攜帶的手抄本：一是《易經》註解，一本是詩冊，一本是醫方。岳鍾琪已將《易經》和醫方封存，靜候聖裁。不過詩冊中有詩文取自呂留良，所以岳鍾琪將之隨摺遞送。

岳鍾琪在六天之內三選急遞，帶著密摺、呂留良詩文的抄本，以及新的謀逆名單（如今謀逆人數已增為十三人），星夜馳往北京。這名急遞當然趕不上前兩人，但應該能及時送到皇上手中，讓皇上把這第三份密摺與前兩份一同考量。岳鍾琪查知這一干謀逆至少分布在三個省分。但六省某處的兵丁正等待一呼底定，似乎也是事實。

從張熙攔轎遞書至今，剛好過了七日。情勢一度非常危急，所幸最後峰迴路轉。如今從張熙身上也榨不出更多的訊息，也無需繼續欺瞞。岳鍾琪下令將張熙從舒適的住所，移到銅牆鐵壁的長安獄所之內隔離監禁，由按察司本人直接戒護。張熙輕裘美酒的日子不再。

註釋

❖岳鍾琪生平：見《清代名人傳略》，頁九五七—九五九，費思唐（一九七四年），頁二一五—二一七對他有精闢的概述。岳鍾琪的龐大田產和財富，見《文獻叢編》，頁二三二—二三三。岳鍾琪的兒子岳濬當時是山東署理巡撫。雖然 Bartlett 並未以曾靜案為其分析的焦點，但對岳鍾琪與雍正關係的解釋亦可見 Beatrice S. Bartlett, *Monarchs and Ministers: The Grand Council in Mid-Ch'ing China*, 1723-1820 (Berkeley: University of California Press, 1991), p.56-64。

❖詳細分析岳飛：見 Edward Harold Kaplan, *Yueh Fei and the Founding of the Southern Sung* (Ph. D. thesis, University of Iowa)；概述可見 Helmut Wilhelm, "From Myth to Myth: The Case of Yueh Fei's Biography." in Arthur F. Wright and Denis Twitchett, eds., *Confucian Personalities* (Stanford: Stanford University Press, 1962)。岳鍾琪自逆書中摘引他自己與岳飛關係的段落，見《雍正朝漢文硃批奏摺彙編》，卷十三，頁五五五，雍正六年九月二十八日。牟復禮，《中華帝國，九〇〇至一八〇〇年》，頁八九八，一〇四九的註二十三對岳鍾琪是岳飛後裔的說法表示懷疑。

❖曾靜的逆書：原件佚失，此處和餘下段落係轉引自雍正六年十一月十一日（西曆一七二八年十二月十一日，見第二章註釋的討論）雍正駁斥這封逆書所頒布的上諭，以及《大義覺迷錄》內的各條鞫訊，或者杭奕祿在一七二九年奉旨審訊曾靜的問供。

❖論忠貞閣臣：《大義覺迷錄》，卷一，頁六〇b；卷一，頁六一a用「失身」一詞。

❖論夷狄統治者：《大義覺迷錄》，卷一，頁三九a；卷一，頁四四b—四五。

❖論異象：日月無光，《大義覺迷錄》，卷一，頁四四a；孔廟回祿之災，卷二，頁六四a；山崩川竭，卷一，頁四五a，與卷三，頁一a；五星，卷一，頁四六b。

❖針砭社會：《大義覺迷錄》，卷一，頁五八b。

❖針砭自我：《大義覺迷錄》，卷一，頁六九b—七〇a。

❖乾坤反覆：《大義覺迷錄》，卷一，頁四九a，與卷一，頁五六b。

❖東海夫子：《大義覺迷錄》，卷一，頁六六b。

❖論雍正皇帝：各條怵目的指控，見《大義覺迷錄》，卷一，頁一五—三六；總結，卷一，頁五六b。

❖在成都的岳鍾琪，一七二七年：《雍正朝漢文硃批奏摺彙編》，卷十，頁二〇，以及卷十，頁二四，岳鍾琪與四川提督黃廷桂在雍正五年七月三日（西曆一七二七年八月十九日）的奏摺裡奏報了雍正五年六月十七日發生的這樁事件。

❖岳鍾琪的自責：《雍正朝漢文硃批奏摺彙編》，卷十，頁四四—四五，雍正五年六月二十二日。同一奏摺的修正觀點，參見《雍正朝漢文硃批奏摺彙編》，卷十，頁四五—四八。

❖皇帝昭示上諭以回應：《清實錄》，卷五十九，頁三—四，雍正五年七月三日。

❖皇帝信任有加的批示：《雍正朝漢文硃批奏摺彙編》，卷十，頁二一八—二一九；在雍正五年七月十三日奏摺內的硃批。

❖御醫劉裕鐸的來訪：《雍正朝漢文硃批奏摺彙編》，卷十，頁二一八；《雍正朝漢文硃批奏摺彙編》，卷十，頁三一七。

❖審理官員對成都案的奏報：《宮中檔雍正朝奏摺》，卷八，頁六三一—六三五，雍正五年八月六日。

❖長安滿城與教場：吳柏倫，《西安歷史潮流》（西安：陝西人民出版社，一九七九年），頁二七五—二七六，及地圖，頁二七二；一九八四年增訂版，頁三〇〇—三〇四，及地圖，頁二九二。

❖奉查和初次調查：岳鍾琪自己的奏摺，《雍正朝漢文硃批奏摺彙編》，卷十三，頁五五五—五五六，以及《清代文字獄檔》，頁一—二，在奏摺中岳鍾琪奏稟雍正，他「靄顏」相待。在英語世界中對這次會晤最詳盡的解釋，見費思唐（一九七四年）。碩色在奏摺裡解釋自己在旁竊聽的角色，參見《宮中檔雍正朝奏摺》，卷十，頁四四一—四四二。

❖巡撫西琳和刑訊：《雍正朝漢文硃批奏摺彙編》，卷十三，頁五五六；《清代文字獄檔》，頁一b—二。

❖十月二十九日的審訊論及鄒魯與年羹堯：《雍正朝漢文硃批奏摺彙編》，卷十三，頁五五六—五五七；《清代文字獄檔》，頁二—三；費思唐（一九七四年），頁二一八—二一九。這「六省」

是湖廣（即合湖南與湖北）、江西、廣西、廣東、雲南、貴州。

❖ 十月三十日馳寄第一份奏摺：《雍正朝漢文硃批奏摺彙編》，卷十三，頁五五八，亦見於《清代文字獄檔》，頁三。

❖ 急遞制度：運作細節可參考《大清會典實例》，卷一〇四二；重印，頁一七四九四—一七五〇一。John King Fairbank and Teng Ssu-yu, "On the Transmission of Ch'ing Documents" in *Ch'ing Administration: Three Studies* (Cambridge: Harvard-Yenching Institute, 1960)一文細膩分析、描述了清代的文件傳送制度，見該文，頁十四—十七，論及官方估計的距離，以及頁三〇估計的標準時間。兩份研究分別闡釋了雍正之後乾隆、道光兩朝的奏摺與審案制度，見 Philip A Kuhn, *Soul Stealers: The Chinese Sorcery Scare of 1768* (Cambridge: Harvard University Press, 1990)，以及 Susan Naquin, *Millenarian Rebellion in China: The Eight Trigrams Uprising of 1813* (New Haven: Yale University Press, 1976)。

❖ 李元與投書人張熙：《雍正朝漢文硃批奏摺彙編》，卷十三，頁五七一，雍正六年九月三十日；《清代文字獄檔》，頁四。《長安縣志》，卷八，頁十四，稱他為李元昇，他在一七二七年到任。費思唐（一九七四年）書中分析了這個策略。

❖ 盟誓：《雍正朝漢文硃批奏摺彙編》，卷十三，頁五七一；《清代文字獄檔》，頁四。岳鍾琪的盟誓並無留存記錄。

❖岳鍾琪在雍正六年九月三十日的奏摺裡附了這六位謀逆的姓名並加以說明：見《雍正朝漢文硃批奏摺彙編》，卷十三，頁五七二。這份名單並未見於《清代文字獄檔》或其他資料出處。

❖岳鍾琪與張熙十一月一日的對談：參見《雍正朝漢文硃批奏摺彙編》，卷十三，頁五八七—五八九，雍正六年十月二日，岳鍾琪在這第二封奏摺裡列了七個人名；《清代文字獄檔》，頁四b—六（未列名單）；費思唐（一九七四年），頁二二〇—二二二。

第二章

皇帝

雍正在十一月初收到岳鍾琪關於謀反的密摺。雍正勤求治理，不厭精細，他仔細獨覽岳鍾琪進呈的密摺。雍正親自處理各省上呈的密摺，所以並未把岳鍾琪的摺子假內閣大臣或各部臣工代行處理。只有各省巡撫、提督總兵以及布政司、按察司和學政有上呈密摺之權，但是這類官員總數也超過兩百，皇帝每天都要收到數十份密摺。雍正的時間多花在閱覽、批示奏摺，所奏若是無涉敏感，就會把奏摺委交朝廷閣臣票擬對策。

雍正通常是在紫禁城內或京城西北郊康熙御賜的圓明園批閱奏摺。圓明園悠然置於田園之間，遙望西山嬌嬈景致。密摺有專門蒐藏之處，並由親信閹官、侍衛戍守，所以無論日夜，無論雍正人在宮內宮外，均能隨時把密摺進呈御覽。雍正案頭也總是備有筆硯，以及御用批示文件的硃砂（臣下書寫則用黑墨）。雍正在批閱奏摺時，常在字句旁邊畫小圈圈加註強調，或在字句之上、字裡行間，草草寫下簡短批語。雍正常在奏摺末尾留白處，以草書寫下長篇評述，這與奏摺嚴謹工整的楷書恰成鮮明對比。

由於遞差制度受經費、時間所限，省方大員一般是把密摺匯集之後，一起進呈。透過這種方式，雍正可以一口氣閱覽同一地區送來的密摺，批覆之後的密摺放在同一摺匣內，再由原齎摺之人帶回。例如，在張倬投書案發之前十天，岳鍾琪有十二份奏摺都在同一摺匣內，其中事有大小，從地方商業稅的稽徵、各類盜匪案件，到西疆戰事的軍需後勤、甘肅回民的治理，以及接待途經長安前往北京的達賴喇嘛的使節兼有之。但是岳鍾琪在十月三十日詳細上奏逮捕、審訊投書之人的奏摺，卻是單獨進呈，倒是讓人頗為意外。岳鍾琪就本案所上的第二份奏摺落款日期為十一月初一，裡頭初步臚列六名嫌犯，亦以相同的方式處理。顯然岳鍾琪的心力全放在這件逆書案，其他政務即使急如星火，也都暫時懸擱一旁。

雍正這時已年屆五十，登基已歷六年，所收有關謀逆之事的奏摺無數，有些還涉及岳鍾琪，像是一七二七年的成都瘋漢事件就是一例。這類荒誕不稽的行徑、潛藏的威脅及悖亂的汙衊，雍正已是習以為常了，而像「夏靚」、「南海無主遊民」的名號在他也是不足為奇。而且，雍正從岳鍾琪的奏摺所看到的內容都是語出偏頗，又把康熙晚年，雍正和諸皇子奪權爭位加油添醋，臆測一番。雍正已練就固執己見、急躁苛猛的習性。雍正一直深信，有人處心積慮想殺掉他，所以雍正下手也絕不留情，其中還有三位雍正自己的親兄弟。

這在廟堂上早已是人盡皆知的事。皇兄允礽先於一七二五年元月歿故，允礽在康熙朝曾被立為儲君，被廢之後圈禁於條件惡劣的京城大牢，雍正本人曾就近監視。另外兩位皇弟卒於一七二六年夏天，雍正始終疑心皇八弟、九弟欲僭奪皇位，甚至還迫令隱去兩人的真名，分別稱之為「阿其那」、「塞思黑」，意為「肥如豬」、「賤如狗」。皇九弟被圈禁在距北京東南方幾里的保定，鐵鎖在身、手足拘攣，關在密不通風的小房，四面有磚砌高牆，食物飲水則是架設轉桶，越過高牆來供應，皇九弟之後染上熱病，復因痢疾而亡。數日之後，皇八弟也告去世，病因不詳，於事有人臆測皇八弟是被毒死的。對於這兩人，雍正嚴禁喪家公開發喪弔唁。

此類事件更讓人深信，雍正的皇位一定是篡奪來的，所以才要翦除政敵。康熙在位時，很喜歡到北方木蘭秋獮或巡幸西疆、江南，雍正在即位之前也偶一為之，但是登基之後的這六年，都沒這麼做過，這更加深了雍正的神祕色彩。而天家骨肉似乎也遭到報應：到了一七二八年底，雍正的后妃生有九子四女，其中四女六子殤逝。

從雍正頒的諭旨來看，他總是惕勵自己，祖先乃是滿洲鐵騎。滿人在八十年前入主中原，雍正是統治神州的第三位滿洲皇帝。他雖然不曾御駕親征，但也時時關切拓疆闢土的政務，想辦法安撫邊境或納入大清版圖的部族。雍正讓底下的滿、漢寵臣大權在握，卻又時時掌握他們的一舉一動，並在大臣的衙署內廣布耳目，隨時將臣下言行舉止上稟。一旦雍正懷疑他們有貳心，那麼下手也是毫不留情。雍正從不信任異邦人士，不管是日本商人或歐洲傳教士都一樣，雍正只透過漢人與之往來，並監控他們的去留。

雍正認為，人多半私心自用，所以必須時常考課。他感覺世風墮落，必須兼採儒家義理和法家手段予以糾正。雍正講究天人感應之理，喜與佛教高僧大德辯論宗教教義。雍正又常感精神不濟、身體違和，也把遊方大夫召到宮中，廣求道士煉丹製藥以恢復體力。雍正甚至還要宮廷畫師畫了十幾幅他的肖像，雍正在畫中作道士、戰士、中亞邦主、學者和隱士等各式裝扮。

根據岳鍾琪的密摺，謀逆的祕密接觸遍及浙江沿海一帶，呂留良的兒孫至今也還住在浙江，這消息尤其令雍正寢食難安。雍正對浙江人的厭惡已深，認為他們總是心懷不軌、盛氣凌人。對雍正詆毀最甚的就是浙江人，他雖然已將生事造謠者株除，但是雍正心中隱痛猶在。為了整頓浙江一帶的民風，雍正最近下旨設置了「浙江觀風整俗使」以專職稽查奸偽，此職乃其他各省所無。

雍正心裡雖然有這些糾結，但是並沒有在岳鍾琪十月三十日的奏摺行間加以批示或加註記號。只有在奏摺的結尾，岳鍾琪表示除非聖諭裁奪，否則他不敢冒昧把逆書傳遞北京而上褻天聽，雍正才在行間硃批：「犬吠獸號之聲耳，有何可介意？送來閑觀之。」

雍正讀畢整份奏摺，便有長篇大論要說，尤其是針對張姓投書人的部分：「竟有如此可笑之事、可恨之人。朕觀此人不似內地匪類，就其言論天下時勢光景、朕之用人行政、一些不知末聞之人，非是苗疆內多年漢奸，即係外洋逆黨。其語言口聲果似湖廣人否？人品相貌學問何如人也？近文近武？不過市井俗人也，可將內閑言語試問便可知矣。」雍正說道，人人都知道這案子事涉岳鍾琪的前程，所以他能體會岳鍾琪的行動如此果斷。但是，岳鍾琪應緩緩設法計誘：「何必當日追問即加刑訊，伊既有是膽為此事，必是一妄命閔不畏死之徒，便解京亦不過如此。」

當務之急須設法計誘，從不畏死之徒口中探得實情。雍正於是在奏摺最後一頁草草寫下四計，或許條條都能奏效。其一，從容徐圖，設法誘問線索。其二，嚴密看守投書之人，有人或許會鬆弛戒心而與之聯絡，因而找出共同謀逆之人。投書之人不可能單獨行動，假若同謀之人出現，可以將之緝拏歸案並詳加盤查。其三，岳鍾琪可與投書之人坦誠交心，告訴投書之人他仍在思索這宗案子，猶豫不決該如何稟告皇上。岳鍾琪可假意百思不解，說投書之人想必是瘋痴之人或者從未顧慮此舉可能會被岳鍾琪拏獲，他究竟是何居心。經過這番說詞之後，岳鍾琪可大略陳述本朝及先帝的深仁厚澤，以及他們對大清日後所締造的太平之福。投書之人怎能盡受道聽途說觀念的荼毒，而不思在光天化日之下永享太平之福？料想必有人誤導他。言及此，投書之人及其師不可能單獨行動，岳鍾琪可將話題轉向他們二人的共犯。雍正甚至還教岳鍾琪如何套出投書之人實情的簡單說詞：「據汝所言，似非一二無知之人，必有有識見人將你性命為伊等僥倖之謀也。何不將你送之死地之仇人舉出？」

雍正最後寫道，若是這幾種方法都不管用，岳鍾琪可用第四計——百般阿諛奉承。盛讚投書之人如此不世豪傑，則其師又不知是何超越之人物，竟可六省一呼即應。各省參與計畫之士必多！岳將軍可以這麼說：「何不回去將伊等勸化歸正為國家臣子，不但不徒老死於匪類，抑且垂名竹帛矣。」

雍正的案頭還有一份發自陝西的奏摺，落款日期同為十月三十日。這份奏摺是由按察司撰書，他曾在十月底隱身在岳將軍準備的密室內數時辰。碩色說，根據他竊聽而來的對話，他自信瞭解張姓投書之人：「臣細看其人甚是狡猾，斷非一二人所謀之事，必有黨羽匪類。」碩色認為，沒理由懷疑其黨羽匪類就分布在湖南與廣東。雍正批覆岳鍾琪奏摺花了些時間，但他並未長篇批示碩色的奏摺以資嘉勉，僅寫了一個「覽」字。岳鍾琪才是全案的關鍵人物，皇上顯然對碩色的感想興趣缺缺。

雍正乍聽這宗謀逆案，心中最先以為張姓投書之人、或許還有其師夏靚都不是漢人。這幾個月來，雍正頻與朝中臣工和各省封疆大吏討論兩個相關問題。第一，某些「變節的漢人」被流放到湖南、廣西兩省苗族分布的地區；這些受刑的漢人經常剝削苗人，霸佔其土地，哄誘他們加入不實的「宗教組織」，阻擾他們與地方父母官積極合作。第二，是有關沿海省分與日本人非法貿易和移民滋生的問題，以及該如何決定何人有正當理由從事旅行，例如，虔誠的日本信徒邀請中土寺廟的高僧大德前往他們的宗教中心弘法；然而，無論在中國本土和日本、或派往來於呂宋、爪哇、暹羅之間的異邦人士，又常以此名義掩護非法的貨物、火器走私。

齎摺之人還在等候皇上批示岳鍾琪十月三十日的奏摺，十一月初一的第二份奏摺又送抵宮中，奏明他佯裝立誓和本案初步突破的細節。雍正讀到岳鍾琪虛與尾蛇、誓言效忠張倬和其師，承諾參與他們的謀反計畫，再也按捺不住情緒。他在奏摺裡的「盟誓」兩個字旁加註紅圈，心中想法傾瀉而出：「覽至盟誓二字朕不覺淚墮，卿此一念，天祖鑒之矣。此等盟誓乃不得已權變之舉，神明有知，斷無不消災滅罪、賜福延祿之理。嘉悅之懷殊難筆喻。我君臣契合之情，蓋由前劫善緣所鍾，卿係乘願力而來佐朕治理國家蒼生者，豈泛常所可比擬。朕實嘉悅之至。」

雍正讀奏摺之所以會有如此情緒反應，實源自最近的經驗，他對於岳鍾琪目前所任之川陝總督在政治上、戰略上的重要性有深切領略。就是這塊地方讓雍正踐祚之初的第一大漢人寵臣年羹堯滋生狼虎野心。雍正御極以來幾年間，屢屢御賜年羹堯重禮，表達關切之情。君臣兩人之間的關係，復因年羹堯之妹貴為雍正的寵妃而更形磐固。雍正的十三名子嗣有一女三男是年妃生的。雍正派年羹堯擔負節制監控皇十四弟這項棘手危險的任務，可見倚重之深。皇十四弟允禵和雍正係出同母，算是血緣手足。允禵處事幹練，備受推崇，當年康熙讓他節制西藏戰事，權力極大。雍正懷疑這位皇弟陰謀篡位，於是把他放到孤懸塞外的西寧西城，由年羹堯管轄。不久，雍正疑心允禵和年羹堯串通謀反，於是將他召到北京，下獄治罪。雍正又同時對年羹堯下手，罪名是憑權納賄、不守臣道、貪婪成性、浮誇成風。年羹堯在一七二〇年代可謂千夫所指，批他的人裡頭有個平步青雲的青年將軍，他就是岳鍾琪，許多年羹堯解下的職位，包括川陝總督在內，都是由岳鍾琪接任。年羹堯落得抄家沒籍，甚至連御賜的禮物也被沒收，但只要年妃在世，年羹堯就還能保住一條命。孰料年妃在一七二六年夏天突然病故，當年位極人臣，如今命運已定。年羹堯被控九十二條大逆不道的罪名，賜自縊。

年羹堯被捕後抄家，查到一本名為《西征隨筆》的異書。這是浙江人汪景祺所著，此人出身書香世家，一七二四年跋涉西行，到長安投效年羹堯帳下，希望能謀個一官半職。這份手稿即是汪景祺呈送年羹堯的。這本書雖題了一個看似無關痛癢的書名，文字雕琢，語多典故，用的文體也是慣見的旅遊日誌和日常劄記，但觀其內容則滿紙諷喻議論。汪景祺把這趟旅程寫成暴力與慘狀的見聞錄，他每日從當地人士的言語，還有客棧裡的客旅漫談聞悉種種怵目驚心的消息。許多人告訴汪景祺連年征戰的慘狀，不僅戰場上屍橫遍野，與官軍交戰的部落民族在被下獄之後亦受盡慘無人道的對待。他們還告訴汪景祺，官軍擄掠、強暴婦女，並將之配發官兵之家為奴。汪景祺不時盛讚年羹堯的不凡功績與青年部將岳鍾琪的卓絕勇氣，認為以年、岳兩人戰功彪炳，雍正的賞賜並不匹配，連公開表揚他們的戰功也不曾。他們絕對有權對所受的待遇表示不滿。

汪景祺在書中自稱代表西北各省漢人百姓的心聲，漢人的土地被課以重稅，以支應連年的邊疆戰事。漢人死於飢饉的人數不下於部落民族死於戰事的人數，於是土地任由荒廢，賣子鬻女，婦人靠出賣肉體營生。盜匪蠡起、四處流竄，百姓的慘境更形雪上加霜。根據汪景祺的記載，他從晉西、臨近黃河的地方聽到的盡是這類故事，尤其特別的是嘯聚山林的女匪徒打家劫舍的故事。她們聚之以義，飽嚐磨難焠煉而更形強悍。女匪徒個個身懷絕技，且常以名號威鎮四方。汪景祺寫到「翡翠女」，說她投擲長矛快如雷電；「小雲」使的是大刀，刀法精奇，映射出的光影彷如雪花片片。汪景祺還提及「玉女」，她的神射絕技赫赫聞名，使的是硬弓，射出的箭既遠又狠準；同夥「紫雲」總是身穿紫衣，帶著紫弓紫箭。還有人能一縱飛天，有人能御馬飛馳，有人生性狠毒，令人聞風喪膽，有人喬扮男裝，有人雖裹小腳也能健步如飛。此地還有名為「胭脂盜」的女性，當地人士向汪景祺談及她們時總是竊竊私語，忐忑不安，並環視四周，以防有人竊聽。

汪景祺的日誌有許多地方在譏諷康熙、雍正，說他們易受欺瞞、個性吝嗇，窮兵黷武，漫無節制。汪景祺對康、雍兩帝寵信、獎掖、拔擢的大臣更是言辭苛評，並羅列朝廷之上油腔滑調的偽君子；這些人汪景祺全都指名道姓，詳列其出生地，中科甲的時間。他說這些人處事凶殘，以禮教令無辜男女無端送命。汪景祺的名冊裡有四十年來最顯赫的官員，其中以張鵬翮（卒於一七二五年）位冠朝列。張鵬翮進士及第，歷任各部、康雍兩朝內閣大學士，督導河工、出任無數皇帝特派之職。然而，根據汪景祺的說法，張鵬翮頗為可議。此人縱情色欲、狡猾取寵，面敷脂粉有如戲子。汪景祺說張鵬翮在早朝之後，便急忙直奔家中臥房，侍女一絲不掛，正在房裡等他。張閣老連朝服、官帽都還來不及脫去，就站在床沿辦起事來，侍女還用腳繞著張鵬翮的脖子和肩膀。

雍正閱罷書稿之後，在書首處親書「悖謬狂亂」四字。汪景祺罔讀聖賢書、不顧先人養育之恩，「大逆不道」，「譏訕謾罵」帝王之家。雍正下旨將汪景祺立斬梟示，年及十六的兒子也處死，妻與其餘子嗣發遣邊疆為奴。年羹堯私藏汪景祺的手稿而不行參奏，在九十二條罪狀中是五項「大逆之罪」之一。

陝西只要有任何圖謀不軌的風吹草動，雍正都非常在意，岳鍾琪對此自然是心知肚明；他在十一月所上奏摺的措辭語氣均在向雍正表明心志，自己絕不會步上年羹堯的後塵。岳鍾琪對於收到逆書一事坦承不諱，而不是私自匿藏。岳鍾琪麾下的西北大軍也不會涉入宮中諸皇弟及其黨羽之間的朋黨鬥爭。岳鍾琪的第二份奏摺盡可能擇要奏稟，以期雍正及早讀到這份奏摺。岳鍾琪在奏摺裡言及不惜違背誓約，以表忠誠，以明心志，還列了六名共謀和已知的居址。雍正在奏摺後面草草硃批：「開單留中，朕自命妥協之人前往捕拿料理，將張熙仍好好設法寬其心而羈留之。」

雍正一反常態，下令抄錄岳鍾琪這兩份奏摺及硃批，存放宮中以便日後參考，由此可見雍正看重此案的程度。俟抄錄完畢之後，再將硃批的這兩份奏摺密封於摺匣內，交予岳鍾琪派出、正在等候的齎摺之人。這種內有直接來自皇帝急件的摺匣外頭覆有黃綾，由齎摺之人星夜西馳，於十一月十七日抵達岳鍾琪在長安的官署。岳鍾琪焚香朝北叩拜，跪接摺匣。御批有如皇上親臨，必須謙卑敬畏以對。

雍正並不追究岳鍾琪被牽連到如此危險的案子，而且雍正建議試探投書之人以得實情，這又與岳鍾琪最後所用的手段不謀而合，令他深感寬慰。翌日清晨，岳鍾琪已備妥上呈雍正的摺匣：匣內放有曾靜撰寫、張熙投遞的逆書原件，張熙行李內的書冊，岳鍾琪在奏摺中也回了雍正最想知道的問題：岳鍾琪稟告，張熙實係湖南人士，絕非來自南方沿海，也不是皇上所猜測的異邦之人。而且，張熙形貌瘦弱，粗通文墨，絕非熟諳武藝之人。張熙對兵法韜略既一無所知，也毫無見地，只要一問到有關謀逆的細節問題，張熙就推給他的夫子曾靜。

不過雍正要到十一月底才會得到進一步的消息，他決定必須擴大搜捕知道這宗案子的人，如此才有助於本案的解決。促使雍正作此決定的是他收到岳鍾琪的第三份奏摺，其中所列的疑犯名單增至十三人，其中至少有兩個是浙江人，有三人目前蟄居江蘇（但原籍不在江蘇），其餘都是湖南人。而且，岳鍾琪在這份奏摺裡引了浙江儒士呂留良的著作，他似乎對湖南的謀逆頗有影響。岳鍾琪還詳述呂留良之孫曾於二十年前（即一七〇七年）一念和尚舉事的叛亂中被拿獲。身逢這段時期的人都曉得，一念和尚集結隨眾，效忠前明，所發布的命令沿用大明年號，不用清朝紀元。其隨眾頭戴紅巾，手舉明朝旗幟，歃血為盟，宣誓效忠領袖和幫眾。到了一七〇七年，一念和尚集結了數千人，聲勢壯大，而且擅長斬殺滿洲鐵騎的戰技，並在浙江山區構築堅實據點。然而，這次叛亂最終還是被軍官剿滅，岳鍾琪提醒雍正，聖祖仁皇帝當年念在呂留良的孫子係讀書明理的儒士，必無知情怙惡之事，所以在多方審訊之後便寬宥了他。

岳鍾琪提供的這些細節讓雍正感到驚惶，這是一件文人謀反的案子，雍正心想，必須火速處理這宗案子。但在擴大搜捕知情者的同時，事機絕不可外露。這樣一來，官府才能在這幾省謀反之人心生警覺之前予以緝拿。

如何拿捏分寸則是一門學問。朝廷的動向常刊印在京報上，這是由內閣選輯的時事通訊，在北京刊印，僅供京官或各省縣令以上的官員閱讀。但非法批露消息的現象司空見慣，都邑的胥吏往往把列為保密的消息賣給地方上刊印時事的人，省級的胥吏也會把剛送來的京報賣給四處兜售的商販。透過這兩種管道，各地本來無權閱覽的人也能取得刊印粗陋的京報。為了降低走漏消息的危險，朝廷曾延後發布官方消息的時間，但是此法成效不彰。

那麼要如何讓官員既能參與其事，又可謹守祕密？雍正常用所謂的「廷寄」這種直接而祕密的溝通管道。雍正做事偏愛祕密行事且重效率，他在登基幾年後就發展出這套特殊的方法：當雍正覺得宜採廷寄的方式時，就會向三位最受信任的大臣下達指示。其中大學士張廷玉、蔣廷錫是忠心不貳、處事幹練的漢族命官；第三位是雍正的皇十三弟允祥，他比雍正小八歲，為人耿介廉潔，在皇位繼承的鬥爭中堅定支持雍正，因而極受雍正信賴，被封為和碩怡親王，並承命主掌全國經濟事務。接到皇上的口諭之後，這三人以廷寄的格式撰書，皇上儘速核可廷寄內容的措辭用語，這三人仔細檢查廷寄的抄本之後，再把它分遞給嚴加監控的列名領受者。如此一來，可讓好幾人同時接到廷寄，但仍能嚴守祕密，不致外漏。

雍正就是用廷寄這種方式，把曾靜案的來龍去脈與因應對策寄給幾位省級的封疆大吏，落款日期為一七二八年十一月十一日。雍正還附上兩份文件：一是長安投書人揭示的十三名嫌犯名單、居所；二是岳將軍關於審訊投書人張熙的第一份奏摺的抄本。這十三名嫌疑犯將是第二階段調查的焦點，於是再根據地域區分調查範圍。雍正把三名確定是江寧人或其他原籍江蘇的嫌疑犯全部委由兩江總督范時繹審訊。浙江人的部分則交予該省總督李衛全權處置。李衛同時負責指揮蒐羅所有關呂留良的文集，並審問呂家的後人，呂留良本人已於一六八三年歿故。因為范時繹和李衛所轄地區相鄰，所以兩人必須密切合作。

搜捕名單上八名湖南籍的嫌疑犯勢必費事費時。湖南既是投書人張熙及其師曾靜的故里，顯然也是整宗案件的核心。湖南比江蘇、浙江離北京更遠；而且，湖南現任的巡撫王國棟做事也不幹練。無巧不巧，王國棟才上任不久，之前做的是浙江觀風整俗使。所以雍正決定派當年（一六九〇年）在西北戰事功績彪炳的滿族將領海蘭擔任欽差大臣佐助王國棟。這份廷寄正是由海蘭交予王國棟，然後與之一同調查此案。

到了十一月十二日向晚，這三份廷寄都已發出。給兩江總督范時繹的是委由兵部遞差傳送；范總督的衙署位於江寧，距北京東南方兩千兩百五十里，兩地之間有便捷的通道連結。浙江總督李衛坐鎮杭州，距京城有兩千餘里之遙，但此時聯繫北京反而簡單。李衛最近才就各種事務上奏了幾份密摺，而他親信的齎摺之人田把總人還在北京，等候齎拿奏摺和皇上的批示回稟杭州。所以皇上的諭旨，連同和碩怡親王允祥三人所擬的廷寄與所附文件封印包好，放入摺匣後，可由田把總攜回。海蘭副都統親自攜帶廷寄和附件，由親信將官、侍衛陪同，快馬加鞭、兼程星馳。海蘭一行人必須日夜趕路，因為北京離湖南首府長沙逾三千六百里之遙。雍正雖無法正確估量齎摺之人抵達的時間，但根據以往的經驗，前往江寧、杭州約莫十天、抵達長沙則要個十五天左右。假設每一省需要七八天進行查訪，又要個七八天撰書奏摺上呈北京，那麼大約在一個月之後，雍正便可收到關於本案進一步的具體消息。

但是雍正在十一月二十八日收到岳鍾琪上呈的曾靜逆書，打破了這按兵不動的狀況。岳鍾琪簡述逆書的內容，論及他聽自投書之人張熙的言說，曾靜逆書的衝擊讓雍正措手不及。曾靜不僅對雍正的為人為君大加撻伐，言論粗鄙不堪，令雍正大為震怒，同時還詳述一七二三年的繼位危機，還有當時雍正與其他阿哥的種種行徑。在雍正來看，曾靜的言論荒謬自不待言，但曾靜寫起來卻是言之鑿鑿，煞有介事；如果雍正不想置之不理，就必須嚴加駁斥。

雍正收到曾靜逆書不到十天，便已為文——加以駁斥。雍正劈頭便說，無論曾靜的指控如何悖謬，但雍正自己知道，其心上天、皇考、天下億兆生民可垂鑒。然而這種種的肆行誣謗讓雍正深信，曾靜背後應有大奸大惡之徒，捏造流言蠱惑百姓；他身為皇帝，若是不能追究這些大奸大惡之徒，以正天下人的視聽，無異讓魑魅魍魎公然狂肆於光天化日之下，搖眾心而撼眾聽。為達到此一目的，雍正首先要駁斥的是最惡毒的指控——弒父，僭取皇位。

雍正愈寫愈感不吐不快。他舉出御極之前，他有好幾次表達了對其皇考康熙皇帝的誠孝。雍正詳述康熙崩殂前幾天，其餘阿哥、心腹臣工何人、何時前往服侍康熙的種種細節。他歷數其餘幾位阿哥的包藏禍心和傲慢魯莽，以及父皇又是如何時常苦於諸阿哥的行徑，痛加喝責。雍正言及他之所以決定圈禁幾位皇弟，並非出於心狠手辣或挾怨報復，而是要對祖先負責；而且他無意殺害背叛他的皇弟，甚至還在他們生病時擇良醫照料。流言還說雍正侮辱母后及諸母妃，又強據諸皇弟的妃嬪為己有，這種說法也是荒誕不稽，顛倒黑白。雍正本人，還有親眼目睹雍正造訪皇家女眷的閹官都能證明雍正以禮相待。

雍正還嚴加駁斥說他貪財的詰責：他富有四海、府庫充盈何須貪婪橫取？他的天性不喜飲酒，更遑論過量，又如何能謗瀆他酗酒？這類的指控均源自曲解了來京陛見的提督路振揚的說詞，路振揚對坊間流傳有關皇上龍體的種種浮言頗感擔憂。雍正寫道，古稱堯、舜皆喜飲酒，況且《論語》稱孔子惟酒無量。至於淫色呢？雍正說他自幼清心寡慾、不好色欲，即位之後宮妃甚少。「朕常自謂，天下人不好色未有如朕者。遠色二字，朕實可自信。而諸王大臣近侍等亦共知之。今乃謗為好色，不知所好者何色？所寵者何人？」曾靜的逆書還有其他的蜚言蜚語，說雍正誅殺忠臣，這說的是何人呢？是年羹堯嗎？這種種指控正是雍正的手足所為，而非雍正。只是這幾位兄弟還有府中太監將之歸咎於雍正。

曾靜稱滿人仇漢，貽害漢人，這亦是無的放矢。逼明帝自縊身亡、滅明的流寇李自成可是漢人，而不是滿人。之後追剿流寇，恢復中原秩序，賑濟災民，拯民於水火之中卻是十萬滿洲鐵騎。這些宏業是由漢族的達人智士和滿人共同締造的。岳鍾琪就是個眼前的例子：他是朝廷棟梁，累受高官厚祿。新帝即位之初，旋即祭祀明陵。凶歲時，也是滿人賑濟百姓。雍正寫道，曾靜在逆書中極盡扭曲之能事，甚至譴責滿人使孔廟付之一炬。若以歷史為殷鑑，曾靜、張熙的一言一行，其罪虐之深重，猶如原籍浙江的查嗣庭、汪景祺的逆書逆行，或如前明稗官野史的謗誣傳統。但至少在曾靜一案，上天厚恩垂憐，讓雍正注意到曾靜思想的脈絡，人應以此為喜。

雍正駁斥曾靜逆書的種種悖論之後，開始有更深廣的考慮。雍正寫道，宇宙億萬臣民無不懷尊君親上之心，而逆賊曾靜卻獨秉乖戾之氣，「自越於天覆地載之外，自絕於綱常倫紀之中。」縱使是禽獸，亦不屑曾靜的作為，奈何他卻是「天良喪盡」之人。按人情常理，百姓是不會相信這些荒誕怪異之事，但「或者百千億人之中尚有一二不識理道之人，聞此流言而生幾微影響之疑者，是以特將逆書播告於外，並將宮廷之事宣示梗概，使眾知之。」

雍正最後的話裡頭，自省的味道重於敵意相向，他反覆重申，希望與天下百姓分享他的想法：「若朕稍有不可自問之處，而為此布告之詞，又何顏以對內外臣工、萬方黎庶，將以此欺天乎？欺人乎？亦自欺乎？朕見逆賊之書，坦然於中，並不忿怒，且可因其悖逆之語，明白曉諭。俾朕數年來寢食不遑為宗社蒼生憂勤惕勵之心，得白於天下後世，亦朕不幸中之大幸事也。」

顯然，把曾靜逆書與雍正的回應公諸於世，將有助於扭轉天下之人對這宗謀逆案的觀感，所以已無須祕密行事了。海蘭已奏稟他順利抵達長沙，並概述他與巡撫王國棟伺機逮捕曾靜等一干叛賊的步驟。至今，江蘇、浙江兩省搜捕嫌疑犯的動作亦將告一段落，嚴厲訊問即將展開。雍正諭令內閣官員，將他所親書的駁斥繕寫一份副本——內閣官員撰書的這份文件總計有八十七頁。十二月初一清晨，雍正諭令北京城內滿漢文武百官，群集紫禁城乾清門，聆聽朗讀文章。這份逆書的處置至此應該是差不多了。至於下一步該怎麼做，就要看這三省搜查的結果而定了。

註釋

❖宮廷奏摺：深入的研究可參見 John King Fairbank and Teng Ssu-yu, "On the Types and Uses of Ch'ing Documents"in *Ch'ing Administration: Three Studies* ；Silas H. L. Wu, *Communication and Imperial Control in China: The Evolution of the Palace Memorial System, 1693-1735* (Cambridge: Harvard University Press, 1970)；Beatrice S. Bartlett, *Monarchs and Ministers: The Grand Council in Mid- Ch'ing China, 1723-1820*。此外，還有為數龐大的滿文奏摺檔案：Bartlett, *Monarchs and Ministers*, p. 130。楊啟樵的《雍正帝及其密摺制度研究》（香港：三聯出版，一九八一年）一書，詳細分析清代朝廷刊印的奏摺往往大量竄改和重寫奏摺的內容。

❖匯集奏摺：從北京與台北所蒐藏之宮廷奏摺（即《雍正朝漢文硃批奏摺彙編》與《宮中檔雍正朝奏摺》）的目錄上便清楚可見。

❖雍正的性格：描述得最好的見房兆楹，《清代名人傳略》，頁九一五—九二〇；Bartlett 在 *Monarchs and Ministers* 一書中，詳細解釋了雍正時代通訊制度的發展。更詳盡的傳記研究見黃培，《獨裁政治的運作》，以及馮爾康，《雍正傳》（北京：人民出版社，一九八五年）。Silas H. L. Wu, *Passage to Power: K'ang-his and His Heir Apparent, 1661-1722* (Cambridge: Harvard University Press, 1979) 書中翔實地描繪雍正與其他諸皇子之間的鬥爭。《大義覺迷錄》書內亦條列其餘的指控。

❖兄弟之死：參見《清代名人傳略》一書「允礽」、「允禩」、「允禟」條，以及佚名，〈允禩允禟案〉，《文獻叢編》（台北：故宮博物院，一九六四年）。分析諸皇弟汙名確切意義的轉變，其中包括「阿其那」的原始意義可能是指魚凍死在冰上，詳見沈原，〈「阿其那」、「塞思黑」考釋〉，《清史研究》，一九九一年，頁九〇—九六；Wang Zhonghan（王鍾翰）"On Acina and Sishe,"in *Saksaha: A Review of Manchu Studies*, no. 3 (Spring 1998): 31-35。在此我同意王鍾翰的分析。

❖皇宮與出巡：Evelyn Rawski, *The Last Emperors: A Social History of Qing Imperial Institutions* (Berkeley: University of California Press, 1998) 書中的簡述。

❖對滿洲人的種族、種族關係、認同等觀念的詳盡及饒富洞見的闡釋，可參考克羅絲莉，《透鏡：清帝國意識形態中的歷史與認同》；呂留良的觀點，可見費思唐（一九七四年）一書第五章〈種族思想〉（Ethnic Thought）的分析。另外，見下述第十章對曾靜與《大義覺迷錄》的討論。

❖雍正與天人感應：見吳秀良在〈歷史與傳奇：「胤禛劍俠」小說〉一文所蒐集之原始檔案的生動細節。

❖浙江省：初次派任「浙江觀風整俗使」是在一七二六年。派任新官員與雍正對浙江文人的懷疑這兩者之間的關聯性，見費思唐（一九七四年），頁二七五—二七六。唐代有關此一官職的前例，參見下述第十四章。

❖雍正對岳鍾琪奏摺的初步反應：雍正倉促間撰書的批示，見《雍正朝漢文硃批奏摺彙編》，卷十三，頁五五八；抄本見《清代文字獄檔》，頁三—四。費思唐（一九七四年），頁二一九，簡述雍正的反應。Bartlett在*Monarchs and Ministers*書中翻譯了雍正在其他事件上對岳鍾琪所批示的一些冗長的體己話。

❖碩色的奏摺：《雍正朝漢文硃批奏摺彙編》，卷十三，頁五六七—五六八，雍正六年九月二十八日。

❖變節的漢人與苗人：《清實錄》，卷七十四，頁九b—一一，卷七十四，頁一四b—一五。敘述與日本的接觸，見吳秀良，〈歷史與傳奇〉；爪哇和呂宋，見《清實錄》，卷七十四，頁二b。有關雍正嫌惡天主教傳教士，詳見Fu Lo-shu, *A Documentary Chronicle of Sion-Western Relations, 1644-1820* (Tucson: University of Arizona Press, 1966), vol. 1, p. 154-156。

❖雍正第二次對岳鍾琪奏摺的反應：倉促間撰書的批示《雍正朝漢文硃批奏摺彙編》，卷十三，頁五七一；抄本見《清代文字獄檔》，頁四。

❖年羹堯：《清代名人傳略》，頁五八七—五九〇。有關年羹堯與岳鍾琪，見佚名，〈岳鍾琪奏摺〉，《文獻叢編》，頁四三五—四三六。年羹堯的妹妹染病、歿故，見《清實錄》，卷三十八，頁一三b，卷十八，頁一七。

❖汪景祺的《西征隨筆》：《清代名人傳略》，頁八一二—八一三。汪景祺的《西征隨筆》：飢荒和傷亡人數，頁二八a；苦難，頁一五；「胭脂盜」，頁一六—一七；對官員的個案研究，頁二六、四六b、四九b；張鵬翮，頁四三。

❖雍正對汪景祺的反應：《清實錄》，卷三十九，頁七；卷三十九，頁一三b；卷三十九，頁二一b—二二。描述雍正本人怒不可抑，予以撻伐，可參見《掌故叢編》頁一八的例證，一九六四年重印本。徐正中，〈曾靜反清案與清世宗胤禛統治全國的大政方針〉，《清史論叢》，一九八四年，頁一六六—一六八，汪景祺案是致使雍正怨懟浙江文人的起因。

❖雍正對這六人的處置：《雍正朝漢文硃批奏摺彙編》，卷十三，頁五七二。

❖程序反常：根據早期滿人的密摺制度，奏摺會送還原齎摺之人，不會留下歸入檔案。Bartlett, *Monarchs and Ministers*, p. 226, p. 369 n. 114，指出這樣的抄錄在一七二九年與一七三〇年時已是一種常態。抄錄岳鍾琪一七二八年的奏摺或多或少可預見日後的發展。

❖岳鍾琪對於皇帝批示的反應：《雍正朝漢文硃批奏摺彙編》，卷十三，頁六八七—六八八，於雍正六年十月十七日奏稟收到雍正六年十月十六日的上諭；《清代文字獄檔》，頁七。

❖岳鍾琪的第三封奏摺和內列七人的名單：《雍正朝漢文硃批奏摺彙編》，卷十三，頁五八七—五八九，日期是雍正六年十月二日；《清代文字獄檔》，頁四b—六，未提及人名。概述一念和尚叛亂，可見 Silas H. L. Wu, *Passage to Power: K'ang-his and His Heir Apparent, 1661-1722*, p. 107-108, 111, 213。

❖京報：又稱邸報、搪報。對此一制度和清朝後期各種廉價抄本的分析，見Rowwell Britton, *The Chinese Periodical Press, 1800-1912* (Shanghai: 1933), p. 7-15。另見John King Fairbank and Teng Ssu-yu, "On the Types and Uses of Ch'ing Documents"p. 36, n. 32，與"On the Types and Uses of Ch'ing Documents"p. 61-62；以及Bartlett, *Monarchs and Ministers*, p. 44, 56, 158 & p. 304, n. 10。

❖廷寄：Silas H. L. Wu, *Communication and Imperial Control in China: The Evolution of the Palace Memorial System, 1693-1735*, p. 102-105；Bartlett, *Monarchs and Ministers*, p. 103-112。

❖十一月一日的廷寄：李衛有關廷寄的奏摺與田把總，《雍正朝漢文硃批奏摺彙編》，卷十三，頁八〇八；這份廷寄的副本，見《雍正朝漢文硃批奏摺彙編》，卷十三，頁八一三。海蘭將軍奏摺的抄本，見《清代文字獄檔》，頁九。范時繹本人的廷寄，見《宮中檔雍正朝奏摺》，卷十一，頁七五六—七五七（另可見《雍正朝漢文硃批奏摺彙編》，卷十三，頁九二四）。傳遞這三份廷寄行經的距離與一般所需時間，詳見John King Fairbank and Teng Ssu-yu, "On the Types and Uses of Ch'ing Documents,"p. 13-15。這三份奏摺送達的日期：范時繹的奏摺是十一月二十三日，李衛是十一月二十四日，海蘭是十一月二十八日。顯然，在一七二八年時，有關本案文件的傳遞速度較一般規定快。

❖雍正收到逆書：岳鍾琪於雍正六年十月十七日發送，這份逆書抵達京城的日期約莫是雍正六年十月二十七日。

❖對於逆書的反應：《清實錄》、《東華錄》內雖未記載，但《起居注》卻保留了這份文件，日期是雍正六年十一月十一日（西曆一七二八年十二月十一日），頁二三九二—二四一三。有鑒於標示的日期，當代官方稱之為「十一月戊午諭」。這份文件構成《大義覺迷錄》一書的第二部分（卷一，頁一四—五二b），本處的觀點即取材自此。馮爾康的〈曾靜投書案與呂留良文字獄疏論〉，《南京學報》，一九八二年，第五卷，頁四一—四六；第六卷，頁二八，探討了雍正如何利用曾靜的逆書反擊政敵。

❖雍正的心跡：《大義覺迷錄》，卷一，頁一五。

❖論康熙的崩殂：前揭書，卷一，頁一五b—一七。

❖諸兄弟：前揭書，卷一，頁二一—二八。

❖嬪妃：前揭書，卷一，頁一七—二〇b。

❖貪財：前揭書，卷一，頁二九b—三〇b。

❖不喜歡酒：前揭書，卷一，頁三二b—三三。之前對雍正飲酒過量的指控，見《清實錄》，卷四十四，頁三五。

❖不好色欲：《大義覺迷錄》，卷一，頁三三。

❖背叛與年羹堯：前揭書，卷一，頁三三b—三四。

❖兄弟的太監：前揭書，卷一，頁三七—三八。

❖滿人定鼎：前揭書，卷一，頁四〇—四五b。

❖孔廟祝融：前揭書，卷一，頁四六。

❖曾靜、查嗣庭、汪景祺：前揭書，卷一，頁四八b—四九。

❖人心可鑒：前揭書，卷一，頁五一。

❖總結省思：前揭書，卷一，頁五一b—五二b。

❖公布上諭：正確日期與內容大要，可見《起居注》，頁二三九一—二三九二。顯然雍正本人並未在場。當天的其餘政務，見前揭書，頁二四一三；《清實錄》，卷七十五，頁九b雖然有更多類似的記載，但並未包括這份上諭在內，這或許是雍正的兒子乾隆下旨拿掉的。

第三章
行蹤

廷寄的摺匣外裹黃綾，由兵部遞差於十一月二十三日午後送達，其時范時繹總督正坐鎮江寧的衙署。范時繹面朝北京磕頭行禮之後，通篇讀罷這份廷寄及附帶文牘，立即放下手邊的政務。雖然仍有許多細節隱晦不明，但眼前差事的輪廓卻是十分清楚：謀逆張熙投書人，在長安經過審訊之後，供出了十三名嫌疑犯（張熙也算在這十三人之中）。十三名嫌疑犯裡頭有三人——車姓兩兄弟和姓孫的人——住在浙江。浙江既受范時繹所管轄，那麼逮捕這三人的差使便落在范時繹的身上了。

范時繹精力旺盛，明快果斷，出身漢軍鑲黃旗的精銳。清朝的軍事建制以旗營制度為核心：共有紅、黃、藍、白四色，又以鑲邊與否而區分為八旗，各旗又依滿洲人、蒙古人與漢人的出身加以細分。只有在滿人定鼎中原之初就支持滿人的漢人家族及其後裔，才能身列漢軍旗下。范時繹的祖父是清初內閣大學士，父親曾為兵部尚書，家裡還有一個叔伯在一六七三年的動亂中，忠心擁護新朝而犧牲生命，范家可謂一門忠君愛國之士。范時繹自己不曾參加科舉，一直都戎馬沙場，歷任副將、總兵、都統。范時繹在一七二五、二六年擔任直隸馬蘭峪總兵時，向雍正密報皇十四弟圖謀悖逆。雍正或許是為了這件功勞，便把范時繹調離軍職，拔擢他為兩江總督，轄有江蘇、江西、安徽三省富庶之地，以范時繹從未擔任文官而言，這項升遷著實讓人一驚。

范時繹的調度直接而實用。二十三日入夜之後，范時繹召集一組親信和宅邸內的官兵，將之分為兩隊，各授機宜。其中一隊的任務較為單純：前往車姓兄弟在江寧的家中，將之緝拏到總督衙署審訊。另一隊的命令稍微複雜一點：前往距江寧北方三百里的淮安城，探查名叫孫克用之人的下落並予以逮捕。

江寧的緝拏小隊倉促出發，結果到了車家，發現只有兄長車鼎豐在家；弟弟車鼎賁離家數日，把女兒送往淮安結親。巧的是，另一隊去的就是淮安。為了避免車家弟弟兔脫，范時繹密委緝拏的衙役帶同車鼎賁的家屬前往淮安，俾以協助追查車鼎賁的下落。

為了不浪費時間，范時繹先將車鼎豐密提到案。范時繹也炮製了岳鍾琪在審理本案之初所用的自保之策，他率另一按察司陪同審理，所以不至於傳出與嫌疑犯勾結的流言。車鼎豐供稱，他是讀書人，而且還是個貢生。車鼎豐本可入京師國子監就讀，但他寧可蟄居江寧，與其弟閒住讀書。

范時繹總督語帶揶揄問道：「所讀有何奇特之書？所學有何高遠之事？所交有何信密之友？」車鼎豐供稱，他只是守拙寡交，清白行事。范時繹嘲諷他的回答過於簡略，近一步詰問他是否認識名叫孫克用之人。車鼎豐仍是氣定神閒，回說他家曾延聘孫姓西席，但名叫孫用克，而不是孫克用，此人係安徽桐城人，而非住在淮安。但孫用克為人好高狂大，賓主不協，所以車家在不久前已把孫用克辭退。車鼎豐聽說孫用克之後在淮安任姓官家覓得教職，或許這正是為什麼會弄錯孫用克的原籍。車鼎豐辭去孫用克之後，只見過他兩次面：一是去年八月，孫用克前來補祝車家老母壽辰；另一次是今歲秋天，孫用克返回家鄉桐城途中曾逗留江寧。是的，也有湖南安仁縣張姓之人，同樣是在車鼎豐母親壽辰之時到來，但車鼎豐已忘記這人的名字了。

范時繹猜想，這任姓官員原本任職福建，前不久才辭官歸隱淮安，這人他是認得的。於是便第三度派遣信差到淮安，然而這次是前往任家，探詢這孫姓之人是否在任家。淮安城不小，而且這人的名字到底叫什麼也還不清楚，先前派的人恐怕很難探得嫌疑犯的下落。為求慎重起見，范時繹又命人前往西北兩百里的安徽桐城，查明登記在籍的究竟是孫克用還是孫用克。確定真名之後，再予以緝拏。

范時繹一方面派人追查車鼎賁和孫姓西席的蹤影，另一方面又決定徹底搜查江寧的車家。他親率浙江按察司，至車家翻箱倒櫃，如他稍後上呈雍正的奏摺所言，他一一搜查屋內「器用、圖籍、書信」，尋找顛覆謀反的材料。他們的發現雖有限，但卻派得上用場。例如，他們找到兩捆竹簡，上有未署名的詩文十首。其中一首題名為「新歲偶書」，言及「治亂且有天定人為」。這種話或許可解釋為蔑視皇帝治理天下的權力。但是最有趣的發現是去年陰曆八月車家老母壽辰時前來祝壽賓客的慶賀門簿。這本門簿證實了一點：簿內清楚記載投書人張熙的名和號，並說他生於湖南安仁縣。這與張熙供稱他去年前往江寧的時機相吻合，這次的拜訪是在他前往呂家買書之後。令人詫異的是，簿上登錄的賀客當中，還有張熙供出的兩個浙江人：一個是嚴鴻逵，投書人張熙說他「精於兵法火器」；另一人姓沈，投書人張熙說他是「嚴鴻逵的學生」。

范時繹逼問這兩人為何會在門簿上，車鼎豐的解釋也很合理：嚴鴻逵是一位受人景仰的儒士，這正是他認識嚴鴻逵的原因。嚴車兩家素有往來，所以嚴鴻逵前來車家拜壽並無足為奇。兩家既然熟識，車家昆仲才延聘嚴鴻逵的沈姓弟子為他家教館的西席。但是，投書人張熙的情形就大不相同。壽辰賓客盈庭，車姓昆仲只與張熙打個照面而已。不過張熙既然是湖南同鄉，且是嚴鴻逵引介的，而且他來江寧是為了買書，所以就讓張熙留住三日，送了張熙銀子一兩充當盤纏，以及幾件棉衣。這事的來龍去脈就是如此。

車鼎賁親送女兒前往淮安成親，於十二月初二被追拏到案，隨即被帶回江寧。提審之人耐著性子，把詰訊車鼎豐的問題又拿來問車鼎賁，他的答覆和車鼎豐的供詞大致相同。

不過車鼎賁還是供出了兄長沒說的新訊息。車鼎賁說他們兄弟倆是在方苞家裡見到孫用克的。在一七二〇年代，天下讀書人無一不知方苞之名，江寧更是無人不識方苞。方苞乃是當代大儒，因牽連康熙朝一樁文字案而幾乎丟了性命。戴名世的《南山集》以「極多悖逆說」，以致「法至寸磔，族皆棄市，未及冠笄者發邊，」而方苞因為此書作序，被判死刑，緩刑流放滿洲數年之後被特赦，辭官歸隱江寧。方苞和孫用克是桐城同鄉。車鼎賁也證實性情狂大的教席孫用克的確前往淮安任教於任家，但他也說，在淮安是找不到孫用克的：今歲夏末，孫用克因染上惡疾而辭去教職，返歸故里桐城養病。

車鼎賁斬釘截鐵，否認他曾與投書人張熙往來，他只在母親壽辰上與他有過一面之緣，當然也就無從與張熙論交，遑論陰謀滋事。兄弟倆矢口否認，即使在十二月初六遭到刑訊亦然。車鼎賁說來說去都是別人說過的供詞：他何必謀逆反叛這樣的仁君。那麼他何以列名於張熙在長安所供的嫌疑犯名單？車鼎賁怒不可遏：「張熙從前來時原是個飄流無定之人，實非相與也，無仇無怨。他在四處遊蕩，今將凡係知道之人，不論名號，任意開寫出來。」張熙將孫用克的名號籍貫開錯即是明證。假使審訊大人不相信他的話，何不把他送往湖南與張熙當面對質？

車鼎賁有關西席孫用克的說詞確鑿無誤。孫用克的確不是淮安人，但已被桐城的官員拏獲，在兵丁戒護之下，於十二月初八被送抵江寧。范總督屬下按察司驗明病情，孫用克確實染患痢疾，至今未癒，但范時繹還是將孫用克找來問話。但無論范時繹如何嚴厲詰訊，孫用克說的都不出他們所知。他供稱他的真名是孫用克，從未聽過孫克用的名號。他在車家教書時，從未與張熙謀面，也不知道張熙為何聞得他的名號，甚至把他的名號弄錯。他與呂留良的門生嚴鴻逵相善，因為嚴鴻逵常到車家，但他不知嚴鴻逵知曉兵法火攻。他也認得嚴鴻逵的沈姓門生，因為兩人有一段時間都在車家任教，但來往並不是很密。審訊者向孫用克出示查獲的詩集抄本，並點出謀反的可疑字句時，孫用克供稱，他雖不知詩文的原作者是何人，但這筆跡確是姓沈之人的。至於官員在桐城孫家所搜到的地輿圖和天文書，孫用克說，這些都公開刊印的書籍，他在去年購買，實屬無足為奇。

雖然孫用克的名字與原始名單不符，但是范時繹在十二月十一日的奏摺裡還是稟明，他決定逮捕孫用克。他也監禁了車家兄弟，如果皇上認為妥切，還可把他們送到湖南對質。此外，又查得車鼎豐、車鼎賁還有一個哥哥，曾任福建學政，辭官後住在江寧城內。不過原初名單上並沒有他的名字，不知是否涉及此案，所以至今對他先按兵不動。

雍正並未在這份奏摺文中加以批示，只在文末表示同意范時繹的觀點：「知道了。正犯皆在湖南，現任命欽差前往審理。凡有干係兩江人犯咨文一到，可作速慎密料理，莫令兔脫生事。」

浙江總督管巡撫事李衛是在十二月二十四日黃昏，在杭州官邸收到廷寄和所附的謀逆名單，比范時繹晚了一天知道。雍正雖對范時繹信任有加，但他更為寵信李衛；李衛以緝捕李、范重疊管轄之地的盜案而屢獲擢昇，當時李衛負責整飭范時繹轄下南方一帶的盜案。從這可看出范時繹同時督導三省政務力有未逮，而李衛僅治理浙江一省，所以有餘力協助同僚。

就做事牢靠而言，李、范兩人似乎不分軒輊。李衛也是勤敏之才，秉公持正、氣傲凌人，決斷迅速果敢。李衛此時年近四十，體格魁梧，滿臉痘瘡。他和岳鍾琪、范時繹都是未經科考，以捐官的方式謀得一官半職，然後在北京的官僚體系獲得不次拔擢。雍正即位之初便賞識李衛的才幹，把他外放到雲南，要他一面經略邊境住民，一面密報雲南巡撫的一舉一動。雍正對浙江民風的澆薄如骨鯁在喉，便把李衛調離雲南，擢升為浙江總督。李衛行事聰穎敏捷，與甫就任的觀風整俗使王國棟合作無間。李衛一度病重，但雍正倚重李衛甚深，於是下旨將李衛的生辰八字送至北京，命人直斷生機。算命的結果想必很不錯，因為李衛不久即授予浙江總督管巡撫事之職，扶搖直上，升至人臣之極。

李衛在浙江的任務較之江蘇的范時繹更為複雜，他不僅要追緝原初謀逆名單上的嚴鴻逵和沈姓之人，還負有混沌不明而彼此攸關的任務：蒐羅呂留良的文風和學術遺緒，評估呂留良和呂家後人散播反滿言論深入人心的程度，以及投書人張熙去年與呂家交往有多密切。李衛看過廷寄，心裡便有了定見，他盱衡情勢，召集親信幕僚至宅邸共商大計。

李衛對於處理呂家和呂留良的藏書之所以胸有成竹，是因為他在兩年前（一七二六年十一月）就已辦過類似的案子了。當時李衛就任浙江總督才一年，就收到雍正快遞的諭旨，令他以謀逆罪名緝拏出身浙江書香世家的查嗣庭，他是聲明赫赫的儒士，時任江西鄉試正考官。查嗣庭的罪名是他以《大學》中「維民所止」為題。指控查嗣庭的人認為，這是刻意挑選的文句，因為「維止」二字就是把「雍正」去了頭上的筆劃。換言之，查嗣庭是唆使學生去砍皇帝的頭。官吏將查嗣庭出任正考官時的書籍和財產一一分類，試圖找出不法的罪證。聖諭密令李衛即刻前往位於浙北海寧的查家祖厝，詳細搜查煽動書籍。

李衛立刻尊旨辦事，當他派人前往查家搜捕時已是夜幕低垂，有數人在查家客堂飲酒，附近河面停了幾艘船隻——他不僅學到如何處理突如其來的情況，也學到如何指揮搜查犯罪的文書：逐一搜索箱籠、櫥櫃，抽桌、木匣紙卷、包裹、瓶甕等也都盡數掀開。翻遍床、櫥四周，遇有地板、房屋磚板都將之掘起。牆壁、地面凡有可疑之處俱行拆掘。雍正下旨嘉勉，巡撫李衛用這些方法，會同江西幹員，在查家搜出「悖亂荒唐、怨謗捏造」的日記兩本，還有用細字密寫的完整考題和答案，折疊隱藏在衣服腋下，準備洩漏給浙江的學子，讓他們考得佳績。查嗣庭在日記裡大肆訕謗儒士在翰林院進修成效不彰，諂媚逢迎，並譏諷欽賜進士會造成浮濫舉才。這些長短不一的文章顯示，查嗣庭孤芳自賞，蔑視文人，對當今聖上和先帝無端羅織的文字之禍不滿。雍正依大逆之罪下令凌遲處死查嗣庭，但查嗣庭在審訊已卒於獄中，所以改判戮屍梟示，家人流放邊疆、發配為奴。

查嗣庭案發不久，又在年羹堯家裡搜出汪景祺所撰的《西征隨筆》，此事更令雍正憎惡浙江的民情澆漓。雍正為了整飭這些目中無人的文人，便說浙江風氣「頹蔽」，選派官風整俗使一員，端正浙江民風，禁止浙江士子參加每三年一次的鄉會試。雍正言出必行，浙江在一七二四年有三十五人高中進士，而一七二七年科考，浙江卻是全省盡墨。這雖然對浙江傷害頗深，但卻有利於李衛日後在官場上的飛黃騰達。

李衛有了這段歷練，認清了一件事：呂留良顯然已被雍正歸為一念和尚、汪景祺、查嗣庭這些浙江叛逆之流。張熙在長安供稱，他在一七二七年前往浙江購得呂留良寫的《備忘錄》、《呂子文集》、〈錢墓松歌〉、〈如此江山圖歌〉。岳鍾琪有一份密摺的抄本已發至李衛處，裡頭概述張熙有關呂留良著述的供詞，並鑒請皇上指示李衛前往呂家查抄逆書。岳鍾琪的鑒請如今已成了皇上的旨意，呂氏族人若是把這些逆書滅去蹤跡，李衛可是擔當不起。

李衛在一七二八年十一月二十四日傍晚接到北京送來的廷寄和附件，即刻找來三名杭州衙署內他熟識、信任的官員。其中兩人是將官，另一人是呂家居里所在大運河畔石門縣的知縣。李衛簡述眼前的兩項任務，並區別先後順序：名單上住在西北方四十里處湖州府的謀逆嚴鴻逵和沈在寬，必須予以緝捕。名單上說嚴鴻逵「深曉兵法火攻」，這可能會加增緝拏的困擾，但這項任務應較為單純。另一位沈姓之人，據稱是「嚴鴻逵的門生」。

同時，李衛的手下必須前往距杭州東北一百二十里的石門呂宅。因為這個案子既要搜查手稿，又要抓人，而手稿容易毀於水火，所以李衛不能冒險調派兵丁親信，大張旗鼓包圍呂宅，這可能會打草驚蛇，另生事端。李衛心生一計，要手下隱去官階到呂家，偽稱為京城內廷纂修史館購買佚書。他們應表明可支付現銀購買善本書，尤其想買呂留良的《備忘錄》和《呂子文集》。等到進入宅邸後，便直往書齋，表示有意見識家藏奇典。如此依計行事，確定藏書之處後，在表明身分，逮捕呂家族人，將之押解總督衙署審訊。

李衛的手下沒費什麼事就在湖州拏獲嚴鴻逵和沈在寬，其中官位最大的把總吳光祖旋即回稟，計畫順利完成。吳把總等人於十一月二十六日抵達呂家，受到呂留良的兩個兒子、幾個孫子、姻親等竭誠接待。吳把總表明此行負有學術使命，呂家人將之迎入宅內，向吳把總等人出示呂留良的《備忘錄》兩本，呂家所藏之已刻呂晚村文集兩部。此外還有呂留良未刻文集三本，以及未刻詩集、包括呂家祭禮行述，另有呂晚村日記六卷。吳把總扣押所有的文字材料並查封書齋，呂家成年男子總計七人被捕，解往杭州鞫訊。

呂留良共有九子，但只有兩子仍然在世，也就是熱誠款待吳把總之人。李衛立即進行審訊，由李衛與浙江的第二號要員布政使署按察司高斌逐一究問。高斌的官位雖次於李衛，但他與雍正的關係甚至比李衛更密切：他曾在內務府當差（能在此當差的都是帝王心腹），他的女兒是雍正愛子的嬪妃。

呂留良那年紀較長的兒子排行第四，名叫呂黃中，他的口供無濟於事。據他供稱，他六十八歲，「年老無子，一些事情不會做，只在家裡的。上年八月裡有湖廣人張熙到我家來訪父親的遺書，我九弟呂毅中留他時我也見過的，並沒有說謀為不軌的話。」

呂毅中則提供很多有用的線索。他說父親已於四十五年前（一六八三年十月三日）去世，呂留良的祖父當年曾娶明朝王室旁系的女兒為妻。呂留良於一六五四年進學，一六六六年考避不應試，被革去秀才之位。呂留良雖多遭橫逆，但總是讀書不輟，講授儒家道學，名聲傳頌於浙江之外。儘管呂留良本人避不應試，但他仍要諸子（呂留良的五子、八子夭殤）努力考取功名。呂留良逝世二十三年後，長子呂葆中脫穎而出，高中康熙丙戌科榜眼，光耀呂家門楣。呂葆中隨即入翰林院任編修，但不到兩年即病故。呂葆中幾個弟弟的功名都不及乃兄。

呂家人都知道呂留良的聲明遠播，九子呂毅中說道，這正是他們對張熙遠道自湖南來，訪求呂留良書籍、手稿不以為怪的原因。多年前，呂留良成立了「天蓋樓」書坊，現仍由呂留良的後人經營。呂家的人以天蓋樓書坊之名，刊刻印行呂留良的著作，不過呂留良還有詩集、日記尚未刊刻印行。他們有時也會把呂留良的手稿出示訪客，像張熙就是一例。由於張熙提及希望能見一見呂留良的門人，所以便把嚴鴻逵的名字和居里告訴了張熙。提審者知道嚴鴻逵就是名列十三謀逆之一，且此人已經拘拿了。

李衛盤問《備忘錄》、《呂子文集》與收錄〈錢墓松歌〉、〈如此江山圖歌〉詩集這幾冊書的來歷。這些書是怎麼來的，又是怎麼散播的？呂毅中供稱，在過去四十多年來，呂留良的手稿輾轉流落各地，有的被地方文人借去，或由姻親抄錄，有人自行在手稿上作序，有的則更動手稿的內容。像是《備忘錄》就有兩種版本，一係由地方文人、親戚編纂，另一係由嚴鴻逵從呂留良的日記拼湊出來，這本書現藏在嚴鴻逵湖州的家中。《呂子文集》是由外人編纂，自行出資刊印，並尊稱呂留良為「呂子」，這是晚村家人所不敢妄為的。

但是這些書籍還有其他的手稿抄本流傳於世。李衛所提的兩首詩是晚村早年所作，收錄在晚村友人於一六七〇年代編纂的詩集內。這本詩集和《備忘錄》都是由同一人編纂。呂毅中供稱，「我家兄弟子姪都在本朝做官進學，沒有一點異心的，總是張熙來問我家書籍時，不合將父親的詩稿日記與他看，這是我該死處了。」

呂葆中長子呂懿曆剛在一七二三年的科考中脫穎而成為貢生。他在父親呂葆中去世翌年，曾被指控涉及自稱明室後裔的一念和尚舉事，所以他做夢也沒想到自己能有此造化。呂懿曆的一番供詞也說明了這個聲名遠播的書香世家在新朝治下，極力想過著循規蹈矩的體面生活。呂懿曆供稱，他家在一七〇八年曾遭幾番搜索，他也常因先祖曾與明王室結親以及先父可能涉及謀反而屢被詰訊。呂懿曆即使面對北京派來剿亂的欽差大臣反覆審問，對於他不曾做過的事總是堅決否認。最後，呂懿曆與被捕的明室後裔當面對質刑訊，但他還是堅稱不認識此人。呂懿曆隨之被開釋，此後潛心學問。他並不認識張熙，張熙來訪時他亦不在家裡：「回來聽說是九叔子呂毅中見他、留住宿的。兩人如何說話，我不知道。」

李衛在杭州總督衙署內藏的檔案裡發現一七〇八年由滿族戶部侍郎穆旦記載的供詞。在這份文件裡，穆旦記載他相信呂懿曆所言俱實，下令將他無罪開釋。李衛或許察覺到呂懿曆最後有些埋怨他的九叔，同時也有意配合審訊，便命隨從護送呂懿曆返回石門呂家的書齋，把業已查封的各類書籍、手稿再做搜查。呂懿曆逐一檢視書籍手稿之後，謄抄祖父的詩稿日記等書。

李衛除了鞫訊三名呂氏族人之外，還審了謀逆名單上的嚴鴻逵、沈在寬。嚴鴻逵完全願意配合，他供稱自己是名生員，已年高七十四；雖然他有兩個姪子都進士及第，在朝為官，但他獲得生員之後未能更上一層樓。嚴鴻逵解釋他何以列名謀犯，說詞頗為可信：「（我）無子無孫，在家教書行醫。向日與曾靜從不相識，雍正五年八月內，有湖廣人張熙來訪其師呂晚村後人書籍。自呂處到伊家求道，稱係曾靜門人，伊師在楚講學，有徒二十餘人，稱為蒲潭先生。張熙以孔子擬其師。」張熙雖與嚴鴻逵論辯《論語》以及《易經》、《性理太極》等書，但嚴鴻逵對他的印象並不深：「見其學問平常，未免有譏貶之語。」

嚴鴻逵供稱，陰曆八月十一日，張熙說他欲前往江寧拜訪友人。嚴鴻逵或許是樂見張熙離去，同時也是出自誠心，告訴張熙他的沈姓門生正在江寧，任車家兩兄弟的西席。因為車家原籍也是湖南，不久前才遷居江寧，嚴鴻逵認為車家兄弟應會親切接待張熙。嚴鴻逵認為，見識一下什麼是真有才學的人，對張熙也有好處，而他的門徒正是這類的人。嚴鴻逵說，張熙並不曾向他說及任何謀反甚或悖逆的話。兩人所論皆是張熙程度所能及的典籍與註解詮釋的問題。嚴鴻逵希望審訊者明察，他對朝廷忠心不貳。事實上，在當今皇上御極的頭一年，有大學士還曾薦舉他任職京城明史館編輯部，與一群學者共同編纂明史，唯因驟然患病，以致無法進京赴職。

李衛做事向來縝密。他雖然沒什麼理由去懷疑嚴鴻逵的說法，但還是命人徹底檢閱嚴鴻逵一七二七年的日記。裡頭果真記載張熙於陰曆八月初五到嚴家，十一日離去。他們還查到浙江巡撫衙署的檔案，發現巡撫覆禮部公文，文中陳述嚴鴻逵告病，無法赴任明史館編輯部。就目前來看，嚴鴻逵對兵法韜略所知全來自經文，並無親身作戰的經驗。

問完嚴鴻逵之後，就將嚴鴻逵的沈姓門人拏來訊問。此人名叫沈在寬，去年八月他的確在江寧車家任教。因為張熙持了嚴鴻逵的信函，所以沈在寬也竭力款待，他看出張熙的學問並不紮實，所說的理學原則並無道理，而且他也無法引經據典來佐證。張熙離去時，沈在寬送了他三錢銀子，還有幾首他認為張熙會感興趣的詩。

沈在寬憤憤不平，見過幾次面並不意味他們曾談論謀逆之事。他們有什麼理由這麼做呢？沈在寬在這二十年來，一直是受皇上稟糧的學生，而他也渴望功成名就。的確，在沈家搜到幾本天文地理之書和幾本醫書，他喜讀地理醫道，並不實而行之。沈在寬知道緝拏之人也仔細搜過家裡，並取走幾本手稿、日記和詩集，還有呂留良已刊刻印行的著述和文集。李衛要沈在寬回想去年張熙來訪時他送給張熙的兩首詩，將之寫下，並把沈在寬的說詞記於本案的官方檔案內。

李衛在一七二八年十二月二日完成審訊，翌日便整理重點，繕寫在一份長摺子裡，交由把總黃文達馳寄宮中。李衛稟奏雍正，有關查獲經文所內蘊的精微大義，以他的學養還不足以置喙。以他所見，似乎危邦害國的文字與歷來著名學者文人的許多著作並沒有多大差別。其中最大的差別或許在於呂家文人，及其友人、門生，都是以研究道學為名，實則散播有害觀念，而不致力提昇百姓的道德層次。

李衛送出這份摺子過了三天，他又做了一個決定：李衛把呂家的兩個兒子、呂留良的長孫、呂留良的門生嚴鴻逵以及其門徒沈在寬，這五名他認為最具威脅的嫌疑犯，在兵丁的戒護下，五花大綁，押解北京，委由刑部再審。李衛還隨同上呈所刊印文集、未刻的手稿等著述。

李衛在隨後進呈的奏摺裡上稟雍正，把其他呂氏族人全都押解北京並無濟於事，因為他越查越多：他最先只確認七人，但現在已增至二十三人，分居在鄰近的七個家庭。這數目還不包括幼時因故離開族房、現今遷徙他處的人。雖然不把他們全都押解到京師，但會將之嚴加看守，等候進一步的旨意。而呂家書齋的藏書也甚豐，恐難悉數送往京城。於是李衛命知縣率領四員再將經、史刻本各書逐一細查，並造冊加封。李衛親自細究書籍名冊之後，再進呈北京供雍正御覽。

朝廷派出的信使到杭州時，李衛正在船上督導河工和防洪工事。信使帶來兩只包裹，其中一個是產自哈密、慶賀用的麝香甜瓜，這是皇上恩賜的贈禮。第二個包裹是黃綾摺匣，摺匣內有曾靜逆書的抄本。這是雍正典型的行事風格，當他犒賞心腹臣僚公忠體國時，便會致贈禮物以表謝意。但這兩件物品的用意卻是顯而易見：一個是朝廷致贈的人間美味，另一個匣子裡則是謀逆赤裸裸、原原本本的觀點。

註釋

❖ 范時繹接獲消息：《宮中檔雍正朝奏摺》，卷十一，頁七五六，記載了范時繹於雍正六年十月二十二日（西曆一七二八年十一月二十三日）接獲消息。

❖ 八旗制度：關於漢軍形成過程的詳實分析，可參考克羅絲莉，《透鏡：清帝國意識形態中的歷史與認同》（尤其見頁四四—四九與頁九〇—九九）。誠如克羅絲莉在這本書中的解釋，漢軍八旗與滿洲、蒙古八旗習慣上所使用的種族分野，迄於十八世紀後期才告確立，所以不能說清朝肇建之初滿人口中的「尼堪」（Nikan）即有明確的自我認同意識；基於這點理由，克羅絲莉使用「Chinese-martial bannerment」一詞，而非「Chinese bannerment」來指稱「漢軍」。但為了簡便之故，我仍沿用「Chinese bannerment」。（譯按：Nikan 滿語，即清朝定鼎中原之前女真人對居住在遼東地區漢人的稱謂。）

❖ 范時繹的生平：《清代名人傳略》，頁二二九；《清史稿》，頁九三五七；《清史列傳》，卷十五，頁二二b。范時繹乃是馳名遐邇的貳臣范文程之孫。

❖ 范時繹的計畫：范時繹呈雍正的奏摺，包括審訊嫌犯的細節，見《宮中檔雍正朝奏摺》，卷十一，頁七五六—七六一（另可見《雍正朝漢文硃批奏摺彙編》，卷十三，頁九二四—九二九），日期是雍正六年十一月十一日。有關方苞生平的介紹，可參考《清代名人傳略》，頁二三五—二三七。

❖雍正對范時繹的回覆：《宮中檔雍正朝奏摺》，卷十一，頁七六一（《雍正朝漢文硃批奏摺彙編》，卷十三，頁九二九）。

❖李衛的生平：《清代名人傳略》，頁七二〇—七二一；《清史稿》，頁一〇三三；《清史列傳》，卷十三，頁三〇a。李衛進呈雍正的奏摺是楊啟樵《雍正帝及其密摺制度研究》一書個案研究的重點，頁一二七—一四三。有關李衛的生辰八字，見《雍正朝漢文硃批奏摺彙編》，卷九，頁三一六—三一七，雍正五年三月二十四日（西曆一七二七年四月十五日）。雍正與岳鍾琪討論另一名官員的生辰八字，見 Bartlett, *Monarchs and Ministers*, p. 62。

❖李衛與查嗣庭案：《清代名人傳略》，「查嗣庭」條；《清實錄》，卷四十八，頁二五—二七；卷五十，頁一八b—一九b；卷五十七，頁六—七；孟森，《清初三大疑案考實》（台北：一九六六年）。李衛在《雍正朝漢文硃批奏摺彙編》，卷八，頁三一四—三一五，奏摺中陳述他搜索查家的情形。雍正對查嗣庭的刑判，見《清實錄》，卷五十七，頁七。

❖設置觀風整俗使：《清實錄》，卷四十九，頁二；卷四十九，頁六。

❖張熙取得的文集：《清代文字獄檔》，頁五。

❖李衛的計畫：李衛的細節奏摺，包括他抄錄的供詞，見《雍正朝漢文硃批奏摺彙編》，卷十三，頁八〇八—八一三，雍正六年十一月三日（西曆一七二八年十二月三日）。李衛在浙江調查的概要，見費思唐（一九七四年），頁二三七—二四一。李衛指派的調查官員是平步青雲的高斌，此時他官拜布政使司;有關高斌的生平,見《清代名人傳略》,頁四一二—四一三。

❖緝拏、審訊呂家人:《雍正朝漢文硃批奏摺彙編》,卷十三,頁八〇八—八一一。呂留良詩文的編撰人張履祥,見《清代名人傳略》,頁四五—四六;呂留良之子呂葆中,見《清代名人傳略》,頁五五二。呂留良是在一六七三年間於江寧成立「天蓋樓」書坊,由其子呂葆中協助經營,詳見費思唐(一九七四年),頁一二三。

❖嚴鴻逵的供詞:《雍正朝漢文硃批奏摺彙編》,卷十三,頁八〇九。

❖沈在寬的供詞:《雍正朝漢文硃批奏摺彙編》,卷十三,頁八〇九。

❖李衛的思索:《雍正朝漢文硃批奏摺彙編》,卷十三,頁八一二。

❖李衛押解疑犯至北京:《雍正朝漢文硃批奏摺彙編》,卷十四,頁二二—二四,雍正六年十一月二十二日;李衛在雍正六年十一月六日(西曆一七二八年十二月六日)的奏摺提及他將解送罪犯。李衛又在雍正六年十二月十一日的奏摺裡(《雍正朝漢文硃批奏摺彙編》,卷十四,頁一九五),說把總黃文達於雍正六年十二月九日返回杭州。

❖舟船行程與禮物:《雍正朝漢文硃批奏摺彙編》,卷十四,頁二二—二三、二五。李衛為此事撰書兩份奏摺,日期均是雍正六年十一月二十二日。

第四章
湖南

副都統海蘭帶著雍正的廷寄和嫌犯名單，於十一月二十八日午後進入湖南首府長沙。他穿過巍峨的城門，逕入內城，直奔湖南巡撫的衙署。兩人寒暄之後，直接切入眼前的任務。這項任務十分艱鉅。他們必須追查七名嫌犯，而湖南地方大，離開繁榮鼎盛的長沙南下，所經之處皆荒涼：溪流湍急，山谷嶮巇，樫木攀於陡峻，疊翠雜巘，幾乎與世隔絕，集鎮村莊錯落其間，偶見丘陵可耕之地，苗人世代以此為家。根據張熙在長安所供——這是海蘭和巡撫王國棟對於這一干謀犯窩藏何處唯一的消息來源——首謀曾靜及張熙家人均蟄居湘西的山區。

地緣細節自然是海蘭、王國棟計畫的關鍵。湖南省統轄幾個府、州，其下又有知縣治理的縣。縣以下又劃分為更小的行政單位，名義上督導地方稅收機關；在這行政單位之下，又有村的設置，村內由保甲長負責地方治安。從副都統海蘭帶到長沙的廷寄來看，首謀曾靜家住永興縣蒲潭村。副都統海蘭、巡撫王國棟從長沙官署列檔的湖南各縣志得知，循陸路，永興縣距長沙五百七十里。河路雖便捷，但是湖南境內主要河道皆往北流入長江及其支流，因此係逆流而上，而且河道蜿蜒，事實上較陸路為遠，總計逾一千里。

永興縣內有二十都，蒲潭村雖未標誌在永興縣圖上，但記載顯示，蒲潭村處於該縣東北、崇山漥谷的十九都內。從永興縣城到十九都逾七十里，但從投書人張熙的故里安仁縣到十九都則較為便捷。永興縣的駐軍不多，僅有五十名兵丁可供差遣，由一員把總指揮。而這為數不多的駐軍可能都是由當地人充任，未經訓練，戍守各大通衢的交會處、河流渡口和集鎮。這些兵丁不可能用來鎮壓大規模的叛亂，而且也難保他們不會洩漏官府即將派兵的消息。唯一之計就是調派省方的守軍進駐，與永興知縣密切聯繫，再動手抓曾靜。

曾靜在永興縣內的居址不難標出。張熙接受岳鍾琪審訊期間，不但供出他家住在安仁縣鵬溏村，且曾靜也在鵬溏村教過幾年書。張熙還供出抵達鵬溏村的捷徑：鵬溏村就位於安仁縣城與永興縣東南相鄰，距安仁縣城一百二十里、郴鎮二十一里。對策畫緝拏謀逆的官員而言，如何包圍鵬溏村而不至於驚動曾家，還有一個問題：張熙在長安被拏獲並遭詰問，這個消息只有幾位封疆大吏知道而已，但是岳鍾琪的奏摺裡說得很清楚，張熙的堂弟張勘曾隨張熙至長安，先行逃離。張勘如今可能在安仁家中，已把消息走露給家人。不論如何，在蒲潭村大張旗鼓，動手抓人的消息恐怕瞞不住鵬溏村的村民，反之，先在鵬溏村行動，也可能會驚動蒲潭村。

到了十一月二十八日晚間亥時，副都統海蘭與巡撫王國棟擬了計畫，分配責任。海蘭、王國棟要抓的七名嫌犯分居在湖南三處——有四人在東南，二人遠在湘南，一人住在湘北、毗連長江之洞庭湖畔平原。曾靜與張家三人的住處相隔不遠，其實只要派出一個小隊便可將之悉數擒獲，但因為本案非同小可，海蘭、王國棟為防萬一，還是調派兩支搜捕隊伍，他們總計分派四支隊伍。隨海蘭自北京來的守備韓祥會同湖南巡撫轄下撫標中軍游擊鄔錦與署理郴州知州張明敘，率隊前往永興縣，緝拏曾靜本人。另三支隊伍分別由官階相近的湖南文、武官員領軍，其中職位最高的是長沙府知府孫元，他帶領兵丁前往緝拏張熙的家人。

海蘭、王國棟在之後四天裡，詳細訂定計畫，部署人員，並確認巡撫手邊可動用的資源是否安全、是否可行。海蘭、王國棟心中的忐忑不安是可想而知的，因為他們只能從張熙的口供理出頭緒，而湖南本身的問題也很多，民怨四處，不知有多少百姓伺機而起。再加上傳言佛教的一支白蓮教盛行於本省，以即刻解脫鼓勵信眾；還有人篤信道教，既強調無為，又積極聚眾活動，他們的動向與情感難以逆料。而且苗人部落散居湖南境內，其間又夾雜了變節的漢人。

到了十二月初一，計畫已部署完成：緝拏湘北謀逆的兵丁協調洞庭湖畔的守軍將領會同行動；負責南方、東南方的三小隊則將計畫告知長沙南方衡州的駐軍將領，此地有大批兵丁戍守。巡撫王國棟灑下彌天大網：他命各隊「多帶兵役」，在各個地方「謹密搜拿」。王國棟也密令窩藏謀逆之四個縣及比鄰各縣的知縣遣撥兵役，嚴行防範地方生事，或者防範謀逆黨羽突然現身。尤其關鍵的是原籍山東的永興知縣戴文謨，此人舉人及第，素以辦事俐落和擅於決斷疑案而聞名。戴文謨已經知道本案梗概，立即部署，防範曾靜兔脫。

最後，於十二月初二動手逮捕張熙家人，兩天之後再前往抓拿曾靜。這或許因為受到當地不明的因素所左右，更可能是因為鵬溏村比較容易調派兵丁進入。到張家抓人並不難，包圍張家之後，張氏族人束手就縛，毫無抵抗。張熙的堂弟張勘當時自長安倉皇南下，才在前一天抵達鵬溏家中，族人必定曾問過他這一趟的經歷。果真如此的話，族人也還沒注意到他。無論如何，張勘不知在他逸逃幾天後，張熙已被刑訊並招供。俟張家的人悉數被拏獲，張熙的父親、堂弟、胞兄這三名主謀在重重戒護之下，循水路送往長沙。張家其他人被關在安仁縣獄中，地方官員將人犯財產悉數查封，開始詳細搜查張熙的手稿和財產。

前往蒲潭村緝拏曾靜的兵丁於十二月初四出發，行動也是迅速而順利。但本來不見得會如此順利，因為在所有謀逆之中，唯有曾靜似乎已預知自己將被逮捕，至少他說的話有抗拒之意。官府雖然祕密部署，但曾靜可能知道兵丁在該地活動，或風聞張家的人已被拏獲。或許有人告訴曾靜，張熙的堂弟已從長安逃回安仁的家中；或許曾靜自知他的計畫已經敗露。據前往緝拏的一位將官說，兵丁強行進入曾靜家中時，曾靜曾呼號：「蒲潭先生卒於此」；顯然他決心自盡，或者想自殺而被攔下。事後海蘭向雍正稟告，「幸賴皇上威德，天奪其魄。」前往緝拏的將官亦注意到，曾靜在衣衫上寫有幾句對聯，而他們在搜身的時候，也發現曾靜的內衣寫有「渤潭得道先生」（渤潭是曾靜在家鄉用的另一個名字）。這通常是由自知死期不遠的人寫在壽衣內，這樣他們在陰間就不會被錯認。

但曾靜既未能自裁，也無法自殘。反之，曾靜的母親和兒子（他的妻子不久前病故）等家人均遭戴文謨拏獲而囚禁於獄中，如今無人居住的屋舍也被查封。曾靜本人則在重兵戒護之下，被帶往湖南首府長沙。緝拏之人只花了三到四天就到曾靜家中，但返回長沙卻費了十一天的工夫，沿途時時警戒，以防止曾靜的黨羽前來劫囚。然而，一切仍是平靜無波。曾靜抵達長沙之時，其他謀犯已關在獄中，正在進行審訊。

曾靜人一到長沙，海蘭與王國棟就中斷對其他人的問話，開始詰問曾靜。曾靜告訴海蘭、王國棟，「我年五十歲，是永興縣人，係生員，考了五等，革除。這上書的事，是我數年前的念頭，立定志向今年同學生張熙商量做的。張熙當了屋和塘設措盤纏，是今年五月初七日起身，那張勘是我叫他同張熙去。」提審者問道，為何是張勘呢？是不是因為要有學問的人一同陪往？曾靜斷然否認。「那書中講的話必要有學問的方法與他商議，張勘是個沒學問的，我如何肯替他講，他不知道的。」那張熙的父親張新華呢？「就是張熙父親張新華只曉得他兒子往川陝去上書，那書裡的事情他也做不得主。永興有學問的人少，我在山裡住，離縣城遠，並不相與人。」

這些供詞自然會讓提審者想要探查，在這窮鄉僻壤的鄉下地方究竟是誰影響了曾靜的觀點。曾靜究竟得到什麼啟示？曾靜供稱，本地有一劉姓夫子，他做過永興教官，過去曾靜曾跟他學道，劉之珩的性理、天文學問曾令曾靜折服。但劉之珩已告老退休，住的地方距曾家相隔甚遠，縱使他有心，但也難有機會把觀念灌輸給曾靜。劉之珩門下有一陳姓學生，與夫子住在一起，學問很好。

此外，當地還有一儒士譙中翼，曾靜本人雖與他素不相識，但讀過他的文章，知道他學識淵博；曾靜很想與有才識器量的人探討宋朝理學大師，如程氏兄弟、朱熹等人的思想。曾靜供稱，這正是何以他在偶然間讀了呂留良的文集，對晚村「拒陸尊朱直接濂洛」的心法甚為欽服。曾靜說，「我心裡慕他（呂留良），去年張熙曾到浙江訪他的書籍回來，知道湖州嚴鴻逵、沈在寬都是呂晚村淵源一脈，必定有學問的了。」

曾靜和張熙幾番談論這件事，曾靜覺得假使舉事可成，便可推薦他們所認識的這些儒士。但曾靜本人從未與浙江這些儒士會面：「並無同謀的事，也沒有什麼黨羽。」曾靜曾與他在永興縣的門生討論、分享他的觀點，然而我「平時講道理他們知道的，上書的事他們並不曾同謀，總是我一人做事一人當，我不肯賴，也不會誣扳別人的。」提審者又問曾靜在所著《知新錄》提及的儒士。結果書中許多曾靜引為知己的人，曾靜根本沒見過面，有些人的學說已嫌陳舊，像是徽州人施虹玉已經作古了。但書中提到有些人的反應卻耐人尋味：書中提到孫學儀，後來編纂了一冊呂留良的文集，這本書曾靜也有；還有毛儀因熱中呂留良的著述，而前往呂家（就如同張熙那般），花了八十兩銀子購買呂留良的書。

副都統海蘭問道，這些人之間若是沒有陰謀或事先謀畫，那「六省一呼可定」這句話究竟是什麼意思？曾靜回說，「這是我同張熙商量，看見時疫流行像個天心不順，想來天心是一樣的，故如此說，並沒有成見。」

同曾靜一起被捕的六個湖南人，對曾靜這個給他們帶來牢獄之災的人興趣缺缺，這也無足為奇。劉之珩今年六十歲，曾在一七一三至一七二三年之間任永興教官，曾靜、張熙均敬重他學識淵博、通曉韜略、天文之學，但他謙稱才學不足，對曾靜的讚美也不敢當。他說，「因幼習《尚書》，略曉得些星像圖書，哪裡知道天文？至《八陣握機圖》俱是先賢朱熹成語，之珩纂刻起來教武秀才的，何嘗知道什麼兵法？」曾靜混說讀了這些書就通曉天文兵法了。劉之珩要求提審者，查明這些刻本底稿，提審者細閱之後並無發現任何妖妄悖亂之語，更遑論這些是逆書。劉之珩的門生陳立安也同樣否認知道曾靜逆書的內容。

曾靜對儒生譙中翼的評價似乎更高，他對曾靜和劉之珩同表懷疑。譙中翼供稱，他今年七十二歲，係華容縣學文生，入學二十八年。但今歲因貧苦患病考試不到而被除名。譙中翼說，他從不入公門，不曾出外行走，也從不管閒事，平日的消遣就只是讀書教學。「曾靜、張熙昨日忽然拿到這裡，連一生積聚得幾本書都抄了。」譙中翼不知道他們竟幹出這等事來。譙中翼說，至於劉之珩，他雖能讀能寫，但絕非才高八斗。譙中翼確實曾應劉之珩的請求，為他的詩文作了一篇序，但是僅此而已。譙中翼甚至說：「若不信，只求拿這些人來與我對質，再著兩個人扮作我，叫曾靜等認指誰是譙中翼，我這冤就申了。」

譙中翼喊冤歸喊冤，但官員仍下令徹底搜查他的書籍和家產。除了有一首題明太祖像的詩之外，並未發現有任何悖逆字跡。回頭問譙中翼時，他說這首詩不是他作的；寫的人是幾百年前住在這個地方的一位文人所題。

本案更為關鍵的人物是列名十三嫌犯的張熙親戚：張熙的父親、胞兄和堂弟。張熙十月在長安受縛之後，為保護家鄉老父而把他的真實姓名和確實住所隱瞞了一兩天，但岳鍾琪假意與張熙盟誓之後，便將父親的姓名和居址等消息全盤托出。現在，他們悉數成擒，湖南官員可從容審訊。

張熙的父親張仕璜病體孱弱，但仍勉力表達他對這宗謀逆案的看法。他供稱今年六十歲，二十七歲乙亥年時進學。但因未通過資格考試而被除名。不久前才改名作「張新華」。張熙是他的第二個兒子，但他這作父親的卻常為張熙的行止所苦：「從永興曾靜讀書，近來見他大言不慚，我趕他出去，他就住在曾家。今年回來當田房做盤費，說要往川陝上書去。我被曾靜所愚兒子做這樣不法事，我不能管束就該死了。」審問官員稟奏雍正，他們還想詰問張新華，但他有重病在身，若是用刑的話，必定熬不過，或者自知死路難逃而絕食。張新華這時若是死了，本案難以了斷，所以必須暫停審訊，交由湖南按察司嚴加看管。

張熙的長兄張照爽快應訊：「張熙是我兄弟，這兩年都在永興曾靜家住。我只曉得種田，他們做的什麼事我不曉得。」審問官員只把張照的話記錄在案，並未迫他詳細說明。但提審官員從張熙的堂弟張勘口中探得許多新消息。張勘供稱，有一段時間他稱曾靜「師父」，對他的醫術很佩服。今年陰曆五月，曾靜的長子和張熙一同來找張勘，給他幾兩銀子，叫他幫張熙照料行李，陪同張熙前往川陝。他們還告訴張勘說「前頭有好處」，但張勘並不曉得是什麼事。張勘接下這份差事。他與張熙於一七二八年十月十六日抵達陝西，張熙告訴張勘即刻去傳說中的文王陵上收集著草的莖，用來占卜吉凶。張勘於十月二十六日帶著著草的莖返回長安，這時才知張熙欲前往總督衙門投書。張勘深怕被當成謀犯而遭處決，心裡慌張，就捲起鋪蓋逃回家。張勘還說，「不知張熙後來怎樣了。」張勘由水、陸兩路走了一千八百里路，費了三十六天往南逃回安仁，於十二月一日平安返家，但翌日就被前來搜查的官兵拏獲。張勘最後說，「這些事總是曾靜、張熙做的，我實不知情，求超豁。」張勘雖經用刑，仍不改其供詞。

詰訊謀逆猶在進行，兵丁又將拏獲疑犯的家裡和家產徹底搜了一遍；今查抄之人驚訝的是，這次在張家搜出重大發現，但張家之人還是用盡各種說詞，否認他們知悉逆書的內容或曾靜的其他著述。他們在張家搜出密藏的曾靜《知新錄》、《知幾錄》，以及有關如何祭天祭祖的短文，同時還找到張熙於十月上書岳鍾琪將軍那份逆書的原稿。張熙已經關在長安大獄時，張家究竟為何還要把這些東西留在家中？

於是又將張勘提來審問，他承認這些書的確是他自長安帶回來，但非蓄意為之：張熙把這些書和手稿藏在鋪蓋裡帶到長安，張勘倉皇逃走時，把鋪蓋捲了，連同內藏的書籍一起帶走。張勘還說，「書上說的話我不曉得。」為求水落石出，張勘提議，審問官員可再提審曾靜。審問官員又再鞫訊曾靜，曾靜則一肩挑起所有責任：「書上的話俱是我做，就把與張熙的，我豈肯賴？」

審問官員讀了曾靜寫的這兩本書之後，向雍正稟奏，他們對滿紙亂言狂吠的悖逆之說感到心膽俱裂，不敢將之連同奏摺一併進呈。他們已將這些逆書固封，等到追訊確實之後再請旨焚燬。這些逆書的草稿並沒有提出原列名謀逆以外的人士。湖南方面的審問官員急於上奏，在十二月中旬即撰書奏摺，派遣撫標把總李吉馳寄北京。雍正一接到奏摺，就把消息告知岳鍾琪：「大奇事，張勘到家次日已被欽差差役拏獲。凡張熙開列名單所有之人，一人未曾兔脫，皆就擒矣。諭卿喜之。」

從這話來推敲，雍正對本案目前的進展似乎頗為滿意，但他並沒有讓湖南官員知道。

雍正的確有一度懷疑湖南官員查案的能力，他在十二月初三就決意調派斷案技巧更好的人，來取代湖南巡撫王國棟。雍正屬意的人選是杭奕祿，他是出身滿洲鑲紅旗的年輕滿族官員，甫被拔擢為刑部左侍郎，擅長精細的詰問。雍正在十二月初三給了杭奕祿幾條類似他給岳鍾琪的建議：杭奕祿一到長沙，應提醒曾逆，本朝皇帝與聖祖仁皇帝帶來的太平盛世，以瓦解曾靜的心防；並要曾靜解釋為何他要對朝廷採取這等極端的手段。但杭奕祿與湖南官員也應追蹤曾靜以及目前查獲的其他人犯，散播之悖逆話語出自何處。他們在這點上應該有耐心、有條不紊，找出所有可能的禍首。同時，雍正也要杭奕祿帶一道口諭給湖南巡撫王國棟：王國棟就任湖南巡撫僅一年，何以湖南百姓冥頑不靈至此？王國棟應勉力改過，留心地方事務，不時曉諭愚蒙、稽查匪類。

杭奕祿於十二月二十六日抵達長沙，把皇上的指示給了欽差大臣海蘭和巡撫王國棟；這三人立即依雍正的提議行事。曾靜又被提審，但這次是在巡撫官署內另闢密室審理。審案官員提醒曾靜，他的生死就操在他們三人手中，當今皇上恩澤及人，力勸曾靜解釋在他謀逆、著述背後的真正動機。杭奕祿深入探究，曾靜的供詞也中肯痛切。曾靜解釋，他撰述《知幾錄》原是作為張熙此行前去陝西路上的指示：「當日遣張熙前去，實係獨得之祕，毅然而行；既非他人所能參贊，亦不屑與聞于人，且自以為成固有利，止亦無害。故知幾錄內諄囑張熙一路訪問，如所聞與在家所傳不合，即回來另作主意，不可輕舉。原非預有邀約謀定後行，實無同黨，有書可證。」

接下來的審問是關於如今已被拏獲的謀逆或可能的黨羽，曾靜在兩本書中提到這些人。提審官員不得不承認曾靜的供詞或許屬實，這些人無一承認曾與聞曾靜本人著述或逆書的內容。

曾靜的動機到底為何，他到底要達成什麼目的？曾靜的供詞即使在某方面滿足了審理官員的要求，但另一方面來說，根本無濟於事。誠如這位審訊官員向雍正的稟告：「（曾靜）痛哭流涕，叩頭不已。臣等見其醉醒夢覺，然後將逆書所載逐條追究。該犯茫無所指，非云齊東之語，即云臆度之私。詰問再四，毫無風影。」這位審理官員決定，唯一的辦法就是不用口頭詰訊，「當給紙筆，令該犯詳細寫供。」

曾靜已是嚇得心驚膽顫，要他寫筆供更是十分費勁，但他還是整理思緒：

「彌天重犯是康熙十八年生，生在湖南近廣東界。祖父以來，歷世積善。常言三代行善人家，在彌天重犯的祖父，可稱得一句十代積善人家。」

「彌天重犯幼承父訓讀書，粗知仰體朝廷作養人材之意，不肯虛度歲月，自了其生。平常有志於聖賢、大學之道，期勉躬行實踐，以副朝廷之望。無奈身處幽僻山谷，名人文士足跡不到，而慈父棄世又早，且家貧力單，勢不能出外遠遊，就正有道。彌天重犯所住之地離城市遠，無交易買賣；即間有買賣，亦是用稻穀，不惟不使錢，竟少用銀子。窮民無所出息，亦無處交易得銀子。所使用者只有穀耳。惟富戶積得稻穀多，方以穀去賣得銀子用。至若錢，則無論康熙錢、雍正錢皆未用。」

「陳梅鼎是安仁縣百姓，於康熙五十二年老死。彌天重犯的岳父名國衡，是陳梅鼎之弟，亦是箇百姓，於康熙四十六年病死。其子貧不能自立，於康熙五十七年搬往四川去了。陳梅鼎之子今不知其在否？陳元章是茶陵州人，不知是士是民，不在已四十多年矣。陳梅鼎是彌天重犯的岳伯，彌天重犯娶他的姪女、陳國衡之女，十八歲到他家中。」

「一日某到，他迎接某，吾岳翁出見乃大聲指某曰：『此詩禮大家，方正君子。』又曰：『吾老三生平做事，惟擇婿一樁眼力高過天下。』又曰：『賢婿有濟世之德，宰相之量。』又生平極鄙薄當今，屢嘆先朝衣冠文物。」

「因應試州城，得見呂留良所選本朝程墨及大小題房書諸評，見其論題根本傳注文法規矩先進大家，遂據僻性服膺，妄以為此人是本朝第一等人物，舉凡一切言議，皆當以他為宗。其實當時並未曾曉得他的為人行事如何。直到中年得知呂留良為文人所宗，而其議論亦間有幾處與本心相合者，遂不覺好之，妄引為修身之助。」

「自幼以來講解經書，講到孟子滕文公問為國章說那井田法制，心中覺得快活，私地暗想以為今日該行。由是屢去問人，卻無一人說今日行得。心下聽著人說行不得，甚不快活。後看見呂留良此章書文評語，竟以為行得，且說治天下必要井田封建。井田封建復了，然後方可望得治平，遂不覺賞心合意。從此遂深信呂留良的說話，且執著這個死法子。」

「聖祖皇帝賓天詔到，雖深山窮谷亦莫不奔走悲號，如喪考妣。即以彌天重犯冥頑無知至此，亦曾廢食輟飲、慟哭號涕，被素深山、居喪盡制。然在當時皆起於心之不及覺，發於情之不容已，非有所為而為。」

「西遊的話，是雍正三年事，當時並沒有別意。因彌天重犯所住的地最狹僻，在山谷中，左右方圓十餘里盡是耕戶山農，並沒有個讀書識字的人相接。彌天重犯的父親在日曾嘗有個遷居的志，而不能得遂。復因近來人多田貴家事單寒，轉移不得。後得學徒張熙、廖易在門往來，居宿安頓不得，而張熙、廖易家事亦貧寒，因見這些去四川的傳來，以為四川田賤。乃與張熙、廖易商量，思欲去四川尋採個安靜的所在，以為安耕搬家之計。且與張熙、廖易同住，並可遂其讀書之志，於是有去四川之行。」

「於七月二十五日起身搭船到長沙上岸，因到長沙城中走一回。蓋彌天重犯從未出門，只因考試到過郴州，餘並未曾走動。不意到長沙，竟看見有一告示上說『五星聯珠，日月合璧』的話。彼時大喜，以為有好世界來。畢竟會復井田封建，復井田封建畢竟要人，到那會用人時，我輩的藏就不可得知。且既有井田，則到處可以安身，又何必搬家帶屬走四川做甚？於是去四川之志遂灰了，就要轉身來。」

「那時並沒有一點別樣志向，唯有心中打量要來京城上書獻策。再三不決者，苦為匪類一篇說話，在胸中狐疑。乃轉身到長沙獄麓山一看，由是往湘潭一路回來，並沒有會見別樣人物，說一句異話，到九月初三日歸家。」

「唯回來有兩年，見得這兩年的收成不好，接連水荒，米貴穀貴，百姓艱難，逃荒避水的多。乃翻疑此『五星聯珠，日月合璧』的兆，恐另有別應。」

「總之，彌天重犯狂舉的心肝肺腑、一絲一毫、點點滴滴盡載於《知新錄》、《知幾錄》。此兩本書雖然有兩個名號，確不是立意著作的書、裝點的話。《知新錄》乃是倣張橫渠先生心有開明即便箚記之說，隨每日所知所見，不論精粗是非寫放於此，以便自家翻閱，考其所學之得失。議論固未曾斟酌，文法亦未曾修飾，原是隨便寫出的口語。《知幾錄》不過寫出叮囑張熙的話，明說與他恐左右人聽聞，且慮他未必記得，因寫放紙上。到寫了多了，遂取個名號，此是暗地遞與他的話。今二書俱已搜獲進呈御覽矣。」

「適值雍正四、五兩年，湖廣、廣東等處百姓搬家到四川。往還有從彌天重犯門首過者，傳說西邊有個岳公，甚愛百姓，得民心，西邊人最肯服他。那傳說的百姓也不知道岳公是甚名字，是甚官職。」

曾靜的供詞還沒寫完，杭奕祿這三名審訊官員就連同曾靜供詞趕緊上奏，還附上到目前為止所搜查到新證物，包括新供詞的抄本，曾靜的《知新錄》、《知幾錄》二書，逆書的原稿，曾靜之前為孩童學習經文而寫的《小學開蒙》一冊，張熙先前造訪浙江時呂留良第九子給他的呂留良文集的綱目凡例和未發之蘊，有曾靜題字的扇子一柄，自曾靜推崇的文人、讚揚的門生處沒收而來的書籍，曾靜被拏獲時寫在衣衫內的數聯對句（當時曾靜意圖自盡）。這些證物都置入特別固封的匣子內，委交撫標千總吳傑送抵京城，並於一七二九年七月順利送到雍正手中。雍正讀罷這份奏摺和供詞抄本之後寫道：「覽，逆犯之供單更屬可笑之人也。」

雍正之前有過旨意，甚至還派了杭奕祿前往協助辦案，但他認為湖南的審案官員顯然沒能查出曾靜從哪兒聽來那些憑空杜撰、無故指控的悖逆情節。雍正收到岳鍾琪於一七二八年十二月十四日發自長安的長摺，既然逼供不懈可釐清問題的癥結，那麼湖南的臣僚應可以做得更好。

張熙以自己的愚行而憂懼倉皇，身染重疾，但岳鍾琪還是不斷施壓，要張熙供出他是在何時聽聞涉及皇上的種種奇駭之說。張熙最後供稱：「前自湖南往浙江時，乃由水路，有搭船之人所言如此。」岳鍾琪問道：這些旅客是什麼樣的人？他們住在何處，是何姓名？張熙回說，他們只是適巧乘同一艘船，不過是普通的行路客商。張熙並未詢問他們的姓名或居里何處。岳鍾琪問道，這些人是什麼面貌？張熙說，「匆匆問答，但記其言，至其人實不能記憶。」岳鍾琪又問張熙，從四川到陝西是否亦有聽聞這類說詞？張熙回答，他是在今年循旱路來，不但未聞有這類說詞，百姓還頌揚皇上，讓他感到萬般疑惑。張熙問他們今上如何天德聖治，但他們也說不出個所以然。

岳鍾琪心想，張熙對雍正與其聖明燭照一無所悉，而張熙的執迷不悟即使是堯、舜等古代聖王亦莫不震怒，岳鍾琪告訴張熙，「爾等或不能通曉，即如爾等如此大逆不道。」設若與張熙聽聞的說詞相反，岳鍾琪有關雍正的聖德所言皆屬事實，「果如此是我等悖謬。」

岳鍾琪在十二月十四日的奏摺提到他與逆犯的長談，思索流言是怎麼傳開的：有人說了某些話，其餘的人曲解了這些話並加以傳播，有人初次聽到這些前所未聞的話便信以為真。岳鍾琪認為，邇來傳說皇上飲酒無量即是典型例子，岳鍾琪本人曾聽過這流言：最初據官員在京報上奏稱，皇上厭惡飲酒有礙身體健康，但謠言卻盛傳皇上飲酒毫無節制。岳鍾琪評說，雖是股肱大臣，若非親侍燕飲也不能深悉傳言的悖謬，「此皆係從前不軌之徒捏造流布。今曾靜等既敢謀大逆，則污天巘日之言所何不至。臣細訊張熙，既毫無指實，即所供舟中傳說者若果有其人，亦未必非前此造言之餘黨。」

才過了九天，岳鍾琪又得到新的證據，說這傳言迅速傳布，後果將不堪設想。現在長安城內盛傳岳鍾琪已與張熙祕密結盟。若非如此，那為何張熙在審訊期間還能受到盛情款待，而且還從獄中放出，而與岳鍾琪座下的官員飲宴？長安城內的將官人人忐忑不安，唯恐受到流言牽連。岳鍾琪覺得也有必要將這些道聽途說情節稟奏皇上。

岳鍾琪對於流言的推敲，以及收到發自湖南的奏摺，促使雍正於一七二九年元月底擬了新的廷寄，透過怡親王轉發送抵湖南的審理官員。雍正說：「前岳鍾琪奏呈曾靜、張熙逆書，朕覽之不覺失笑，不知從何處得此奇幻荒誕之語。但曾靜等既為此書，必有奸逆之人造作流言，希圖煽惑者。朕不得不一一剖晰，宣示于眾。」雍正又說，杭奕祿先前取得曾靜口供今日方到，所以來不及細閱。但他對於曾靜遣徒投書的意圖了然於胸。若真如曾靜在逆書中所述，他的措辭用語與行徑僅是滄海一粟、微不足道，則邦國會因曾靜這類懷叛逆之心的人而動盪不安。所以，審理官員務必逼使曾靜供出每一則流言的來源，究竟哪些是他自己所造的謠，哪些是他聽自別人處：「即曾靜不能確指其人姓名，亦必略知其來由蹤跡。」

於是三度提審曾靜，他再次痛哭流涕，深悔前非。但曾靜一明白雍正上諭的要旨，就平復情緒，收攝心神：「小的書館在安仁縣路傍鵬溏地方，偶聽來往路人傳言，實未詢確姓名住址，不敢信口妄報。惟雍正元年四月二十七日有一人至小的書館，據云向名王澍、號燕山，係丙戌進士，曾與十四爺同窗讀過書來。小的恐係職官，不敢深問。伊稱有子現在川陝統兵，疑即係岳鍾琪父親。故《知幾錄》內亦載有此段，令張熙訪問等語。此外，實不能指出造言之人。」提審官員詰問曾靜王澍居址何處，年歲多大，身材形貌？曾靜回說，他不知王澍居址府縣，只知他是江蘇或浙江人；王澍「彼時有四十多歲，如今有五十餘歲了；五短身材，胖胖的，微鬚。」這些細節雖然清楚，但曾靜卻說不出這人的名字。

曾靜雖然不復記憶，但湖南的審理官員心裡一定清楚，這則新的訊息扭轉了整個案子的性質：現今看來，顯然若干關於皇帝的惡毒流言係出自進士，呂留良的長子與此人也是同榜進士及第；不惟如此，他還是皇上最痛恨的勁敵——十四皇弟的老師，十四爺與雍正系出同母，現在已被圈禁在北京宮中。皇上才要審理官員深入謀逆內心，這個新消息似乎頗能切合皇上的準則。

但是基於某些理由，湖南官員並未急於把這個發現向皇上奏報。部分原因是，他們還在想辦法從曾靜挖出更多訊息，無論是關於王澍本人或者隨他旅行之人。另一個理由是，早在一七二九年初，雍正下旨，將各地逆犯聚於長沙，所以湖南官員可以透過各省逆犯的口供，反覆確證曾靜的供詞：岳鍾琪於元月十九日將張熙遞解到湖南，而他本人也在一個月後抵達長沙；車姓兄弟和孫姓夫子由范時繹總督派人自江寧押解，而於二月二十六日抵達湖南首府。然後由這些亟欲想向皇上表明忠心的官員，一一將之提來鞫訊。

到了一七二九年四月七日，前往北京的行程一切準備就緒，大隊人馬取道長沙城門。這個行列頗為奇突，層層警衛戒護著一群戴上枷鎖腳鐐的重犯，他們的命運都與曾靜相糾纏。全隊由兩名軍官、一名文官負責安全警戒與食宿安排等事宜，並委交副都統海蘭與甫走馬上任的刑部左侍郎杭奕祿都率帶領。除曾靜本人之外，他的七十七歲老母和兩個兒子也都被拏獲，同曾靜一道前往北京。這一行人之中還有張熙，他的病還沒好，身體孱弱，他自長安解到長沙不久，現在又要解送到北京。還有張熙的父親、胞兄和堂弟。曾靜逆書中論及的湖南籍文人。此外，還有來自江寧的車姓兄弟，他們在不久之前被解送至長沙，應其所請與張熙、曾靜當面對質。車家的前孫姓教席，仍苦於痢疾而十分虛弱。湖南審理官員上了一份長摺，簡述其計畫嚴密詳細，逆犯插翅難逃，並稟奏曾靜撰書供詞與新發現的首謀進士王澍，雍正看完後硃批：「覽，不數日汝等即至京也。」

註釋

❖ 海蘭抵達的正確日期：參見《雍正朝漢文硃批奏摺彙編》，卷二十三，頁六五九—六六〇（亦見於《清代文字獄檔》，頁九），未標示日期的奏摺可能是雍正六年六月二十八日，由海蘭和巡撫王國棟聯名急遞。海蘭有關疑犯居址的初步消息，可能得自岳鍾琪先前奏摺的附錄：關於曾靜的住所，見《雍正朝漢文硃批奏摺彙編》，卷十三，頁五七二；張家居住與鵬漕村的位置，見《雍正朝漢文硃批奏摺彙編》，卷十三，頁五八九。

❖ 湖南地形：路程，《永興縣志》（一八八三年），卷四，頁二。永興縣城距安仁縣和郴州界七十至八十里，距長沙走陸路是五百六十里，水路一千一百一十里。有關永興縣的山勢地形，見前揭書卷二，頁八—一五；本縣的二十「都」，詳見前揭書，卷四，頁七—二七；吳三桂，前揭書，卷二十五，頁三。有關永興縣可用兵力，見前揭書，卷十四，頁五，康熙十九年始設「把總」一員；前揭書，二十三卷，頁一b，顯示永興縣共設兵丁五十名，分駐四路，每路二至六「鋪」不等。前揭書，卷三十五，頁二二，顯示一七二五年至一七三〇年間的把總是胡其貴。

❖ 湖南方面的計畫：見海蘭與王國棟未載日期的奏摺，《雍正朝漢文硃批奏摺彙編》，卷三十二，頁六五九—六六〇；和《雍正朝漢文硃批奏摺彙編》，卷三十一，頁三五四（《清代文字獄檔》，頁九—一〇b）。對湖南省內暗潮洶湧的憂慮，見《雍正朝漢文硃批奏摺彙編》，卷三十一，頁三五四。有關境內的苗人，見《永興縣志》，卷二十四，頁一。

❖戴知縣：《永興縣志》，卷三十五，頁八，他的全名是戴文謨，山東濟寧舉人，雍正六年任知縣。《永興縣志》亦批露，戴文謨因曾靜肆逆緝獲有功而被拔擢。有關戴文謨中舉日期的不同記載與生平簡要，包括他順遂的仕途，見《濟寧直隸州志》，卷七，頁五〇，以及卷八，第三部，頁一一四。

❖湖南緝捕：海蘭與王國棟未載日期的奏摺，《雍正朝漢文硃批奏摺彙編》，卷三十二，頁六六〇至六六三（《清代文字獄檔》，頁一一——一三b）；以及《雍正朝漢文硃批奏摺彙編》，卷十四，頁一三二至一三三（《清代文字獄檔》，頁一五b——一六b），湖廣總督邁柱的奏摺，雍正六年十二月六日（西曆一七二九年一月五日）。出身滿洲鑲藍旗的邁柱，於一七三六年任職內閣大學士。他的傳記可見《清史稿》，列傳七十六，頁一〇二五三。

❖初次審訊曾靜：《雍正朝漢文硃批奏摺彙編》，卷三十二，頁六六一——六六二（《清代文字獄檔》，頁一二），見海蘭與王國棟未載日期的奏摺。費思唐（一九七四年），頁二二六——二二九，詳細描述曾靜此次與其餘的審訊過程。

❖審訊劉之珩的過程：《雍正朝漢文硃批奏摺彙編》，卷三十二，頁一七三（《清代文字獄檔》，頁十四），見杭奕祿、海蘭與王國棟未載日期的奏摺；費思唐（一九七四年），頁二二九。劉之珩，康熙五十二年任永興縣教論，見《永興縣志》，卷三十五，頁一二b，以及卷三十八，頁四b。劉之珩至少有兩本著作，一是《格物集》、一是《握機圖》。

❖樵姓儒士：《雍正朝漢文硃批奏摺彙編》，卷三十二，頁六六〇（《清代文字獄檔》，頁一一），海蘭與王國棟未載明日期的奏摺；費思唐（一九七四年），頁二二五。

❖張家人的供詞：《雍正朝漢文硃批奏摺彙編》，卷三十二，頁六六〇—六六一（《清代文字獄檔》，頁一一b—一二），海蘭與王國棟未載明日期的奏摺；費思唐（一九七四年），頁二二五。

❖搜查張家：《雍正朝漢文硃批奏摺彙編》，卷三十二，頁六六二（亦見於《清代文字獄檔》，頁一二b）。

❖雍正告之岳鍾琪：《雍正朝漢文硃批奏摺彙編》，卷十四，頁一四五（亦見於《清代文字獄檔》，頁一七），日期是雍正六年十二月七日。同一份奏摺另可見《宮中檔雍正朝奏摺》，卷十二，頁一。

❖指派杭奕祿：雍正對王國棟處事不力的批評，以及王國棟的反應，見《雍正朝漢文硃批奏摺彙編》，卷三十一，頁三五三（亦見於《清代文字獄檔》，頁一〇b—一一）。海蘭的生平，見《清史稿》，頁一〇二八七。

❖二度審訊曾靜：《雍正朝漢文硃批奏摺彙編》，卷三十二，頁一七二—一七三（亦見於《清代文字獄檔》，頁一四），杭奕祿、海蘭、王國棟未載明日期的奏摺，杭奕祿等三人在摺子裡表示決定讓曾靜寫下供詞。

❖曾靜的第一份供詞：原件業已佚失。曾靜供詞內的觀點取材自《大義覺迷錄》書中相關的片段；

雍正在《大義覺迷錄》書中經常轉引曾靜「在湖南供稱」的這第一份供詞。（曾靜後來在京城所作的另一份供詞亦部分重複了在湖南的供稱）。曾靜的出生日期和成長過程，《大義覺迷錄》，卷一，頁七五b；卷三，頁一六b；卷二，頁四四b。陳梅鼎，見前揭書，卷二，頁三三a。州城應試與引介呂留良作品，前揭書，卷一，頁六七b；卷一，頁七三b；卷三，頁一四b；卷二，頁二八b。康熙賓天，前揭書，卷一，五五b。西遷與長沙兆象，前揭書，卷二，頁二—三。路過家門的人，前揭書，卷三，頁一四b。

❖ 一七二九年一月進呈雍正的材料：《雍正朝漢文硃批奏摺彙編》，卷三十二，頁一七四（《清代文字獄檔》，頁一五b）。

❖ 岳鍾琪與張熙：《雍正朝漢文硃批奏摺彙編》，卷十三，頁九三八—九四〇（《清代文字獄檔》，頁七b—九），日期是雍正六年十一月十四日（西曆一七二八年十二月十四日）。此處提及對雍正飲酒無量的批評，見《雍正朝漢文硃批奏摺彙編》，卷十三，頁九四〇，轉引自路振揚提督在京報的說詞。路振揚提督（岳鍾琪曾與路在四川、陝西共事）的生平，見《清史稿》，頁一〇四二〇。

❖ 岳鍾琪逆反的流言：這些流言是由憎恨岳鍾琪的道士李不器散布的。岳鍾琪本人與西安將軍常色禮的奏摺，見《雍正朝漢文硃批奏摺彙編》，卷十四，頁六一與六三，兩件奏摺的日期同是雍正六年十一月二十七日。雍正對這個事件的評斷以及對岳鍾琪的袒護，載於《起居注》，頁二四六六，日期是雍正六年十二月十日。

❖ 一七二九年一月廷寄：轉引自《雍正朝漢文硃批奏摺彙編》，卷三十二，頁一七八（亦見於《清代文字獄檔》，頁一八b），杭奕祿、海蘭、王國棟未載明日期的奏摺。

❖ 三度審訊曾靜與首次供出王澍：《雍正朝漢文硃批奏摺彙編》，卷三十二，頁一七八——一七九（《清代文字獄檔》，頁一九），杭奕祿、海蘭、王國棟未載明日期的奏摺；費思唐（一九七四年），頁二三一。曾靜回憶王澍造訪的日期是雍正元年四月二十七日（西曆一七二三年五月三十一日）。進士榜單顯示，王澍本尊係於一七一二年進士及第，列為第二等、第三十二名，後供職於翰林院。

❖ 押解逆犯至長沙：《清代文字獄檔》，頁一九，顯示抵達長沙的日期分別是雍正七年一月二十二日與二十九日。岳鍾琪奏報張熙離開西安的日期是雍正六年十二月二十日：《宮中檔雍正朝奏摺》，卷十二，頁一八六——一八七，奏摺的日期是雍正七年一月十三日。

❖ 啟程前往北京：移交犯人的細節與雍正的評論，見《雍正朝漢文硃批奏摺彙編》，卷三十二，頁一七九（《清代文字獄檔》，頁一九b——二〇），杭奕祿、海蘭、王國棟未載明日期的奏摺。犯人離開長沙的日期是雍正七年三月十日。

第五章

鳳鳴

湖南審理官員加緊詰訊，而浙江、北京方面的官員也正在一一過濾呂留良及其門生的所有著述，並將發現奏呈皇上。雍正原本或許以為呂留良不過是對經典加以注疏，但他讀到這些新材料時，這種想法就煙消雲散了。從呂留良書信、日記的字裡行間所勾勒出的是一個緬懷先祖的漢人，對於同胞遭屠戮、文化遭斲傷感到痛心疾首，對入主神州的滿人和投附滿人的漢族貳臣加以詆譏。

呂留良的生命確是牢牢紮根在舊時代。呂留良生於一六二九年，一六四四年清兵入北京，明朝滅亡，這時候呂留良年紀還很輕。呂留良在一六八三年逝世，今上雍正與謀逆曾靜還只有四歲。雖然呂留良在清朝統治之下仍繼續讀書，也應試考取邑庠生，所撰寫的四書注疏還有為應試學子編輯的文選也備受好評，但從呂留良私底下的語氣來看，他還是忠於明朝、追思舊國。呂留良的文字雖然寫於半個世紀之前，但他揶揄滿人定鼎中原其語氣之尖刻，令人深信他對雍正所處世界的詭譎知之甚深。雍正愈往下讀，就愈感憤恨難消。

呂留良有多處論及他與友人對滿人在一六四五年下令漢族男子依滿俗剃髮垂辮的反應。滿洲人還堅持漢人易服，換上新主的傳統服飾。在日記中，呂留良說到有個姓沈的友人藐視滿人諭令。這沈棄車在滿人定鼎十年之後，仍閉門不見賓客，身著明代朝服，也隨明俗梳理長髮，頭上還戴著髮網和裝飾用的頭巾。沈棄車還不准兒子沈天彝出仕或接受滿人的任何賞賜，但沈天彝很想在新朝之下謀得一官半職，並代他守寡的妹妹接受貞節牌坊的褒揚。所以有天晚上，沈天彝趁父親酣醉熟睡之際，剃去這個老人的頭髮。沈棄車醒來之後發現頭髮不見了，便嚎啕大哭。沈棄車此後只能撰寫往日時光和他所珍視的價值，度過餘生。但他兒子怕這些東西會被發現，一把火給全燒了。

呂留良在日記和書信裡，對阿諛諂媚滿人、並率兵歸順的漢人仍是蔑視嘲諷。有個漢人儒士誇稱自己早在一六四四年就歸順了，之後幾年滿人在江南所下的詔書都是他寫的。這人說歸順滿人是「六合一而泰階平，禮樂興而干戈息。」但呂留良說這種對聯徒惹有識之士訕笑。呂留良也以同樣的筆調寫到，頗有治績的滿族官員就赴新職，城內漢人夾道歡送。對呂留良而言，這可看出百姓為了填飽肚子而把道德放在一邊。有個友人把一首盛讚滿人甫敉「平」反叛政權的「頌」詩拿給呂留良看，結果呂留良拒不覽讀，說必先改題目，把「平」字去掉，改「頌」為「歎」。

呂留良用一個怵目驚心的意象來表述他自己的立場。呂留良在致友人的信中提及：「有人行於途，賣餳者唱曰：『破帽換糖』。其人急除匿。已而唱曰：『破網子換糖』。復匿之。又唱曰：『亂頭髮換糖』。乃惶遽無措曰：『何太相逼』。」呂留良最後說：「留良之剃頂，亦正怕相逼耳。」落髮出家或許是宗教信念所使然；但當時的漢人都曉得，在那種環境下，落髮更可能是不想剃髮垂辮、以示臣服的手段。呂留良在日記裡直言：「死以山林隱逸，薦則剃髮為僧。」在「稚子詫衣冠」（曾靜後來引了呂留良這句詩）的世界裡，只有這麼做才有意義。

明朝覆亡時，呂留良還是稚齡幼童；但是等到南明桂王及其幼子於一六六二年在緬甸邊境被縛、斬殺時，呂留良已長大成人。呂留良在日記裡常對明末王室途窮路末有所評述，甚至還詳述永曆皇帝遇難的悲壯情景：永曆皇帝被執時，勝捷的滿人與漢人兵丁無不動容。「東宮勒馬前行，以鞭梢東指，則東邊滿漢兵皆跪；西指，則西跪。弒之日，天地晦霾，日月失光。百里之內，凡關壯繆廟皆被雷擊。」且不論呂留良語帶批評，光是用「永曆皇帝」而不是「偽永曆」，已是該當死罪了，呂留良對此必定心知肚明。

呂留良在日記裡以同樣的方式論及吳三桂於一六七三迄至一六八一年間興兵作亂一事。呂留良記載了人們對吳三桂叛變之初的反應，認為吳三桂以耳順之年舉兵，實不足慮。吳三桂特別選在甲寅元日寅時即王位，取四寅的吉兆，呂留良也對此表達看法。呂留良在日記裡多處提及出兵敉平吳三桂叛亂的先帝，但是他僅稱之為「康熙」，而不是尊謚或廟號。呂留良語帶譏諷先不去說，他竟說康熙生性甚為吝嗇，身為皇帝之尊，竟然竊佔臣下的餉銀，侵佔王公致贈其宮廷畫師的織錦綢緞。

雍正展讀的時候，也注意到呂留良的著述裡充斥各種占卜之辭和異象，並藉此臧否國事民生的蜩螗。呂留良的日記有「京中起怪風三日」一事，被怪風吹到的人，臉都給吹紅了。呂留良又寫到「有大星如碗，後有細星隨之如慧。」又云，「初五日午後，日光磨盪，有黑日如鬥狀。」又云，「日有三枚，日旁有一差小者，色白，不甚動。白日旁又一小者，色赤而動甚。」呂留良的筆下還有滂沱大雨、豁然大電、震雷隨發，令他對未來的國運心生不安。

呂留良的日記裡有一段不尋常的長篇抒發：河南郟縣有鳳凰飛至，百鳥前來朝會。數日，有二長丈許的赤鳥以身體遮蔽鳳凰。這兩隻龐然赤鳥的羽毛五色雜陳，鳴聲宛如簫韶。城內百姓對這突如其來的景象惶恐不安，便驅牛向前，好把這兩隻赤鳥嚇走，但牛隻顫抖不前。路上滿布死鳥軀體，又有死金鯉狼藉地上。呂留良那時的漢人皆知，朱紅代表前明，而鳳凰飛至則是世有遞嬗的先兆。於是呂留良在日記後作「鳳硯銘」，云：「德未嘗衰爾，或不來善。以道鳴必聖人生。」

呂留良的文字引經據典、寓譏含評，卻又欲言又止，李衛第一眼並沒有看出其中能翻雲覆雨的地方。岳鍾琪從張熙帶到西安的呂留良詩文中也看不出有何大謬不然之處。提醒岳鍾琪可從不同的方式來看待呂留良的〈錢墓松歌〉或〈如此江山圖歌〉等詩的人，就是張熙本人。既然雍正可在公餘閱覽這些詩作，各地督撫亦把所蒐集的證據呈給雍正。乍讀之下，〈錢墓松歌〉似乎僅是呂留良以儒士之墓旁奇絕老松為題抒詠。老松的年代久遠，呂留良不禁臆想，這些老松或許早在元代就已屹立在此。元代是蒙古人於一二七九年滅南宋之後所建，此後，漢人受所謂的「蠻夷」的奴役幾達一世紀之久，直到一三六八年才被明太祖逐出中原。呂留良以短短兩句詩，道出他對漢人受元朝統治的政治觀點：「陰霾毒瘴不敢入，窮崖自閉蒼琅根。」任何懷抱排滿思想的讀者自當會把暗寓蒙古人的意涵與滿人齊觀並論，並將之附會在他們所處的年代。

呂留良〈如此江山圖歌〉的篇幅長得多，歷史寓意也更為深邃精微，不過讀者也可以了解思緒翻騰的曾靜和張熙何以會認為呂留良的文字如此有力。詩中的江山圖係出自宋朝畫匠之手，他親眼目睹其所眷愛的王朝亡於元蒙；因此這幅畫作蘊含了兩層意義，既寄情於山光水色，又哀慟往日時光。呂留良講述宋朝遺民如何在蒙古異族統治下苟且偷生，並在畫作留白處題詩，呼應畫匠的情感。後來，元被明所逐，元朝的遺民又在這張畫作上抒發對那消逝世界的悲情。這麼一來，呂留良在詩中所評述的這幅畫作其實兼具了好幾重亡國滅朝的悲慟。但這種悲慟卻是無所掛搭的，因為沒人知道這幅畫作完成於何時，畫作之上的詩也不知題於何時。而錯落在山水之間的人物朦朧不清，既非穿戴山野間隱逸之士慣見的粗衣草帽，也不是向權力妥協而入仕新朝之高官朝服。就如呂留良在這首詩中所道，這些人物若是宋人，則必以淪喪於蒙古人的江山為恥。他們若是明人，必然登臨舉杯慶賀，「狂喜」山川復歸漢人之手。這些明人「如瞽忽瞳跛可履」。但他們若是亡國的元人，當會哀慟蒙古主子棄之如敝屣，那麼這種「蝍蛆甘帶鼠嗜屎」的人必已喪失明辨是非大義的能力。

當年南宋向女真人俯首稱臣時，岳飛以「收拾舊山河」來激勵士氣，而以這類詩作，還有呂家後人讓張熙看的日記，便可了解這些湖南謀逆如何以民族大義彼此呼應。一七二九年春天，雍正得以從新的脈絡來翻閱甫進呈御覽的曾靜著述《知新錄》、《知幾錄》。曾靜是不是受到呂留良的影響，才說「中華之外四面皆是夷狄，與中土稍近者尚有分毫人氣，轉遠轉與禽獸無異」？曾靜是不是受到呂留良的蠱惑才告訴門人：「以人類中君臣之義移向人與夷狄大分上」？真若如此，那麼曾靜的結論也是對的了：「君臣之義一日不可無，天下豈有無君之國哉！孟子曰：『無父無君是禽獸也。』禽獸亦有君臣，蜂螘猶如依從。如今八十餘年沒有君，不得不遍歷域中尋出箇聰明睿智人出來作主。」

曾靜在書中寫得很清楚，明朝傾覆之後應由像呂留良這類學問淵博的儒士，而不是外夷、「光棍」或者昔日逐鹿中原之「世路上的英雄」繼承大統。曾靜寫道：「皇帝合該是吾學中儒者做。」所以，解決中國難題之道就在於恢復傳統的統治形式，由謙誠的聖人治理天下，抵抗外夷。聖人明白，侵凌中國的夷狄「只有殺而已矣、砍而已矣，更有何說可以寬解得？」對曾靜而言，任何人都知道這簡單的道理：「夷狄竊天位、汙華夏，如強盜劫去家財，復將我主人趕出在外，占據我家。今家人在外者探得消息，可以追逐得他。」現在呂留良雖已不在人世，難道曾靜本人就不能「復行」政府舊制，恢復遠古「三代」的太平盛世？

曾靜及其門生之所以有如此悖謬的觀念，不光是呂留良的言論使然。張熙在前往浙江的路上，曾與呂留良的門生嚴鴻逵相處了幾日。嚴鴻逵以保存呂留良的著作為己任，收了呂留良未刊的箚記，並出示給張熙。嚴鴻逵自己的日記在入冬之前已被總督李衛在浙江查獲，讓審訊官員手裡有了另一批充斥凶兆異象與明目張膽抨擊滿人統治的文字。嚴鴻逵在應訊時說他今年七十四歲，所以他應當生於一六五四年，亦即明朝覆亡十年後。然而，嚴鴻逵顯然踵繼其師呂留良的思想，以明朝遺民自居。嚴鴻逵在日記裡也記載了浙北家鄉附近對於滿洲人剃髮易服令的態度。嚴鴻逵在日記裡讚賞友人在滿人統治下終身穿著明朝傳統的直領長袍，頭戴「孝頭巾」為明思宗戴孝，表示哀慟。嚴鴻逵還有一位友人，在一六四四年明亡之後，終其一生都穿白衣冠孝服，不從滿俗去髮留辮，而無視於此舉的凶險。嚴鴻逵本人則戴有古風的「六合一統帽」，以倣效「四方平定巾」，象徵緬懷過去的太平年代；地方人士群起效尤嚴鴻逵的行徑，他在日記中提到此事，言語之間頗感滿足。嚴鴻逵遍讀明朝遺民顧炎武的論著，顧炎武提到四方平定巾，說這乃是由明太祖本人親製，名士穿戴這款頭巾已有三百年的歷史，嚴鴻逵讀此也頗為振奮。

嚴鴻逵和呂留良、曾靜一樣，都醉心於地方上的先兆異象，所以他的日記裡也有許多康熙、雍正兩朝種種令他感興趣的兆象。嚴鴻逵還詳述了關外在冬季發生的地震。受地震影響的區域綿延九十里：飛石騰地而起，地底竄出火焰，居民悉數遷避。幾日之後，避暑行宮與木蘭秋獮所在的熱河洪水氾濫，有兩萬餘滿洲人溺斃。嚴鴻逵寫道，這些兆象顯示匡復明室在望，一如嚴鴻逵所載，北京官家僕婦做了個夢，她在夢裡見到貴者三人端坐在廳堂之上。眾人忽報明偽朱三太子到。這三位貴人步下階梯來迎接太子，他們見到太子滿臉血痕。朱三太子向他們要三道黑水，最後這三人應允，並約以某日將發大水。

官僚體系之內也有徵兆的記錄。嚴鴻逵載及，欽天監官員預言諸星將聯成一線，這是可能國家分裂成西南與東北，發生內戰的先兆。兵丁將起於市井之中，且聯成一線的諸星成白色，而白色主喪事，象徵王朝將亡。嚴鴻逵亦說，他聽聞江南滿族要員與轄下的漢人儒士同樣反對清朝。嚴鴻逵為了強調時代動盪，天地失序，所以隨時記載了他聞悉的自然異象：雄雞生卵，犬產蛇，鱉胎生、而不產卵，蛙吃人。日記裡還夾雜了嚴鴻逵與友人的談話，論及遠古聖人治天下的言行，遙想拒絕出仕的隱逸之士的高風亮節。嚴鴻逵在日記裡也記述了遠方的訪客：其中有一位遠自湖南而來，此人名叫張熙，帶著尊師「蒲潭先生」曾靜的口訊。

天佑雍正，凶兆為瑞相所驅。雍正在這個月也收到雲貴總督鄂爾泰的奏事，令他龍心大悅。鄂爾泰奏報，去年（雍正的五十聖壽）陰曆十月最後一天，五色瑞雲繞日，達數時辰之久，而日輪則高懸在雲南的聖廟之上。這幅悖常的景象，翌日又再重現，鄉間各地無數百姓均親眼目睹。鄂爾泰寫道：這誠屬「從來未有之嘉瑞。」鄂爾泰乃是雍正最寵信的大臣，曾靜逆書的抄本最先就是送到鄂爾泰的手中。雍正當朝說了這個異象，群臣奏請皇上下旨，把這個吉兆景象載於史冊。

一七二九年二月六日，雍正應允群臣奏請：「宣付史館，朕之允行者，非欲誇示於眾也。蓋以天人感召之理，捷於影響。」雍正下了這道諭旨之後數日，將鄂爾泰晉封為滿族貴族的最高階，由一等阿達哈哈番超授為三等阿思哈尼哈番，賜予特恩以示優獎者遍及鄂爾泰治下縣令以上的所有官員。三月中旬，雍正廣引古例，下旨修葺宏偉廟宇虔奉「雲師」、「雷師」之神，這項計畫由禮部、工部聯合督導。一七二九年這一整年，總計有餘十六份發自雲南、貴州、山西、四川有關祥雲瑞兆的奏摺進呈雍正。在前朝還未曾出現過如此眾多天人感應的吉象。

這類兆象不只是一個接一個出現而已。皇帝可運用為他所控制的強大機制，來傳播有益於他自己的訊息，但不利於皇帝的訊息總是有可能透過無從防範的謠言加以散布。會把這些見不得人的事情記在日記裡的，或對朝廷欽天監所說的異兆深信不疑的，也不一定就是朝廷的死敵。福建總督高其倬在一七二九年四月三十日上給雍正的密摺裡，就說類似的流言蜚語從北京傳到浙江他的轄區裡。這件事是發生在三月，漕運督與浙江觀風整俗使兩位大員的家臣在京城南方偶遇。孫從與巴蘭泰兩人都是到北京把主子的密摺進呈皇上，現在要返回浙江，於是兩人就結伴南歸。在山東，又有個姓馬的人與他們同行。這馬廷錫也是官宦的家僕，主人是福建省境內的父母官。三人循陸路走了一段路程之後，即改轉乘舟楫，順大運河南下。他們到了揚州時，馬廷錫說了一個故事，讓孫、巴兩人聽得惶惶不安。他在北京等候啟程返鄉時，聽聞朝廷的欽天監官員觀到一異象：北斗七星最北的紫微星——一般咸信天帝住在這裡——將落於福建。這乃是一個凶兆。馬廷錫告訴旅伴，皇上為了安撫上天，以降旨殺掉福建省七歲至九歲的男童，而朝廷派出的人甚至已火速馳至福建，執行這道命令。馬廷錫之所以告訴他們這則故事，是因為他知道其中一人是福建人，家裡可能還有人住在福建。馬廷錫講完此事不久，便與孫從、巴蘭泰二人告辭，繼續南行。這兩人一到杭州家裡，就把此事稟報主人，然後主人再奏報總督李衛。

李衛此刻正在籌備北行覲見皇上的事宜，忙於託付繁瑣的業務，但他仍抽空協調福建、山東的大員，來調查這則匪夷所思的謠言。馬廷錫遭拏獲詰訊，他也坦承散播這件事，但堅決否認自己就是謠言來源。這事是他從山東路上遇到的張姓之人那裡聽聞的。追查這姓張的並不難，因為他自稱是巡察山東御史的家僕。不久之後便循線查獲。然而確證、捉拏這張文修後，他也否認自己捏造了這事，而說他是從名叫俞成的人那裡聽到這則故事，此人的家鄉在南疆的桂林城內。俞成被追查、捕獲，但他也供稱是從家住廣西的人聽聞這則故事。這件案子如今還在查。

曾靜在離開長沙前夕，已經供出有關詆毀皇帝、攻訐朝廷的說法所源何處。在審訊官員奏報北京的供詞裡，曾靜證實他所聽聞之謠言是來自一七〇六年進士及第的王澍，他曾在一七二三年五月借住在曾靜的校舍。這個王澍說他曾是雍正的親弟弟、十四皇子的先生、侍讀；王澍還提及他的兒子曾任駐防西南的將領。

當然，像這類故事未必是虛構的街談巷議。先帝康熙在位時，即企盼皇子們皆能操流利的漢語，熟讀中國典籍，又能不忘滿洲人的根本；所以皇子多半均曾從漢人侍讀學習。當今皇帝雍正還是藩邸皇子時，即由一七〇〇年榜的進士年羹堯侍從讀書。皇三子允祉由一六七〇年進士及第的陳夢雷侍讀經年，陳夢雷並佐助皇三子窮蒐博採各家書籍；皇三子與陳夢雷還編修了一部卷帙浩繁的《圖書彙編》（雍正即位後更名為《古今圖書集成》）。現任廣西巡撫先前曾以家臣身分跟隨皇十二子允祹數年。皇八子允禩（於一七二六年被雍正降旨誅除）甚至還把萬貫家產交給一七〇九年榜進士的夫子管理。同樣被當今皇上虐殺的皇九子允禟，係由全國聞名的八股文碩儒何焯侍讀；何焯於一七〇三年因皇帝加恩而進士及第。皇十四子雖沒有這種出類拔萃的侍讀碩儒，但卻與各類漢人、伙伴論交。其中有人還宣稱皇十四子才是先帝屬意傳位的人，當今皇帝雍正理應讓位，結果被拏獲處決。別人難道不會有類似的想法？或許係出身皇家的儒士，而今適逢凶歲？

北京審訊官員不久便發現一大問題，在一七〇六年進士中舉者之中並沒有王澍這個人，但有位專精財政、擅長八股文和書法的模範官僚名叫王澍。他從未出任皇子的侍讀學士，亦無子嗣領兵鎮守西南。這位王澍年六十二歲，不久前才因丁憂而告老返回江蘇祖厝守孝。他的確有直言不諱之譽，但他不像是會跑到湖南，散播有關皇帝汙天衊地謠言的人。假若供詞中的王澍並不是這個王澍，那供詞中的王澍究竟是何許人？除非曾靜捏造整樁事，但這樣的可能性似乎又微乎其微，所以可以大膽推定必有人假托王澍之名，並利用他進士及第的聲譽，而使他的反滿情節更為可信。

如果雍正從這裡有所領悟的話，那就是每一則流言必然源於某人之口，而無論此人是否誤信遊手好閒之士的奇談異誌，或處心積慮惡意中傷。同時，謠言也可能伺機流散。岳鍾琪有寥寥幾句話來論定：謀逆所言所撰的「奇駭之說」，以及他們密謀造反的訊息已「流布在外」。這會對雍正的統治能力造成什麼影響？雍正在即將發還雲貴總督鄂爾泰的密摺結尾處提筆沉吟，他問這位寵臣該如何處置曾靜逆書中的棘手難題：「覽其言語不為無因，似此大清國皇帝做不得矣，還要教朕怎麼樣？」或者，換另一種說法，該如何讓鳳鳴沉寂。

註釋

❖ 呂留良的生平與思想：英文著作的主要資料來源，見費思唐一九七四年的博士論文《呂留良與曾靜案》。尤其見第五章，論呂留良的「種族思想」。自此之後，又有幾篇中、日論文分析呂留良的思想，本章特別參考邵東方的〈清世宗「大義覺迷錄」重要觀念之探討〉，《漢學研究》，一九九九年，第十七卷，第二期，頁九〇—九六。呂葆中為父親呂留良所作的行略，收錄在呂留良的《呂晚村文集》，卷二，頁一—一五。Wm. Theodore de Bary and Richard Lufrano, *Sources of Chinese Tradition* (New York: Columbia University Press, 2000), vol. 2, p. 18-25，概略勾勒呂留良的思想。

❖ 呂留良排滿思想：見費思唐（一九七四年）廣泛閱讀呂留良原典之細膩、精闢的分析。儘管呂留良大部分的文學、哲學著作至今仍留存（雍正下令保留，見第十二章），但他的日記唯因雍正的引述而得以窺知部分片段。這部分內容見《起居注》，日期是雍正七年六月二十一日，頁二八八九—二八九八，後分散在《大義覺迷錄》的行文間，卷四，頁一—一七b。（《清實錄》的引述則更為簡略。）但由於這些片段的言論十分露骨，很難相信雍正會如實轉引原文。

❖ 呂留良的友人沈棄車：《大義覺迷錄》，卷四，頁四。

❖ 呂留良論漢人的逢迎奉承：前揭書，卷四，頁四—五；這首詩即「平平涼頌」，平涼位於甘肅省。

❖ 呂留良說及賣錫者：前揭書，卷四，頁三b；費思唐（一九七四年），頁一三四—一三五，曾分析過這段文字。

❖歸隱山林：《大義覺迷錄》，卷四，頁二a，以及前揭書，卷二，頁三三a，曾靜的引述。

❖明永曆帝被執：前揭書，卷四，頁六a；概略觀點可參考《清實錄》，卷八十一，頁二八b，以及呂留良在個人日記中對這段過程的佐證。有關這位南明藩王朱由榔令人動容的傳記與他的基督教家庭，見《清代名人傳略》，頁一九三—一九五。

❖呂留良論吳三桂：《清代名人傳略》，卷四，頁五。

❖呂留良論康熙：前揭書，卷四，頁一一b—一二。這位宮廷畫師是顧雲珵。

❖呂留良的占卜：前揭書，卷四，頁一〇。

❖鳳凰：前揭書，卷四，頁一〇b—一一a。呂留良提到鳳凰是現身於河南郟縣。

❖〈錢墓松歌〉：呂留良，《東莊詩存》，「悵悵集」，頁一〇b—一二。對於這首難解且內容交織深邃評論的詩的解讀，我受益於費思唐（一九七四年），頁一九七—二〇〇，三六八註五，以及頁一九九的引文。

❖曾靜論夷狄：轉引自《大義覺迷錄》，卷二，頁一三b；卷二，頁二一b；卷二，頁二七。

❖曾靜與明朝傾覆：雍正語多輕蔑，指出曾靜所用的「光棍」一詞是湖南俗諺：見《大義覺迷錄》，卷二，頁五b—七；與卷二，頁八b。清人對永興縣方言的討論，見《永興縣志》，卷十八，頁六—七。（譯按：雍正謂「光棍」即湖南俗諺老奸巨猾之意。）

❖滿人如強盜殺人越貨：《大義覺迷錄》，卷二，頁一一b—一二；卷二，頁二一b；卷二，頁二七。

❖嚴鴻逵：這道上諭見《起居注》，頁二八六六—二八七〇，雍正七年六月十四日，後收入《大義覺迷錄》，卷四，頁二四—二九。

❖嚴鴻逵的服飾：《大義覺迷錄》，卷四，頁二六。這種特製的帽子名為「六合一統」，嚴鴻逵自承，他對這種帽子歷史的認識是得自顧炎武《日知錄》。

❖嚴鴻逵論熱河洪水：《大義覺迷錄》，卷四，頁二四b—二五。

❖血痕：前揭書，卷四，頁二五。

❖諸星聯成一線：前揭書，卷四，頁二五b。

❖嚴鴻逵論自然界異端：前揭書，卷四，頁二六。

❖嚴鴻逵與張熙的來訪：雍正特別批判了這本日記，前揭書，卷四，頁三〇。雍正稍後亦發布上諭抨擊嚴鴻逵的門生沈在寬：見《起居注》，頁二八七四—二八七六，雍正七年六月十五日。這道上諭並未收在《大義覺迷錄》內，但《清實錄》，卷八十二，頁一三b—一六（《清代文字獄檔》，頁二五）則有節錄本。

❖鄂爾泰有關瑞兆的奏報：《雍正朝漢文硃批奏摺彙編》，卷十四，頁一四九—一五一，鄂爾泰奏摺的日期是雍正六年十二月八日（西曆一七二九年一月七日）。《清實錄》，卷七十七，頁四b—五，六至七b，一二；以及卷七十八，頁一三b全面記載了這些事件。

❖ 福建男童案：《宮中檔雍正朝奏摺》，卷十二，頁七九〇—七九二，福建巡撫高其倬的奏摺，日期是雍正七年四月三日（西曆一七二九年四月三十日）。其他官員關於此案的奏摺，見《宮中檔雍正朝奏摺》，十三卷，頁一二〇—一二一；與《雍正朝漢文硃批奏摺彙編》，卷十五，頁八二五—八二六。雍正在《大義覺迷錄》，卷三，頁四五b曾論及這個案子。

❖ 諸皇子的侍讀夫子：雍正與年羹堯，《清代名人傳略》，頁五八七—五八九；三皇子與陳夢雷，《清代名人傳略》，頁九三—九四；十二皇子與金鉷，《清代文字獄檔》，頁二八；皇八子與秦道然，《清代名人傳略》，頁一六七，以及佚名，〈允禩允禟案〉（《文獻叢編》卷一），頁四b—五；皇九子與何焯，《清代名人傳略》，頁二八四；皇十四子與蔡懷璽，《清代名人傳略》，頁九三一。探討滿族、其餘友伴在清皇子生活中所扮演的角色，可參考 Evelyn Rawski, *The Last Emperors: A Social History of Qing Imperial Institutions*，特別是頁一七三—一七四。

❖ 真正的王澍：有關他的生平，見《清史稿》，頁一三八八七，以及《清史列傳》，卷七十一，頁三三b—三四b。

❖ 岳鍾琪的評述：《雍正朝漢文硃批奏摺彙編》，卷十三，頁九四〇，雍正六年十一月十四日的奏摺（亦見於《清代文字獄檔》，頁九）。

❖ 雍正對鄂爾泰的硃批：《雍正朝漢文硃批奏摺彙編》，卷十三，頁九一五。

第六章
駁斥

呂留良及其門生的言論駭人聽聞、令人心緒不寧，雍正在一七二九年前幾個月把全副心力都放在這上頭，但是到了四月中旬，突然又被拉回曾靜案的細節上。因為雍正此時不僅已獲悉麇集湖南的謀逆已啟程前來北京，同時曾靜亦坦承他曾見過皇十四弟的心腹、化名王澍的儒生。雍正在去年十二月下了一份長達八十三頁的諭旨，這份諭旨不僅透露了曾靜逆書的內容梗概，而且也扼要而確鑿地提到雍正紹承大統的驚險過程。此時，雍正的注意力轉到這份諭旨上。

這份長篇大論的諭旨只有在京官員才能看到，而且過了之後便有如船過水無痕。所以雍正雖說要讓這份辯駁的諭旨廣為流傳，以使仍有疑慮的人不至受到曾靜汙天衊地的言論煽惑，但這份諭旨卻始終沒有循正式途徑，在全國各地傳布。起居注官繕寫了一份抄本，收在防範森嚴的朝廷檔案中。此外，京報上也刊了一份謗讟的言論，焦點集中在投書人遞給岳將軍的逆書，在某種程度上這是可以見諸於公眾的。不過，京報刊印量少，還是不足以遏制四處汙衊的謬論。

那麼，該如何因應？雍正的第一著是先下一道諭旨給遠在雲貴的總督鄂爾泰。年羹堯失勢之後，鄂爾泰即是雍正最寵信的輔弼大臣：他出身滿洲貴族，先祖是入關時的滿族名將，漢語流利，舉人及第。鄂爾泰論事析理極有見地，他也總是知道如何振奮雍正，在二月奏報聖壽之時的祥瑞兆象就是一例。鄂爾泰的親信齎摺家奴保玉碰巧人在北京，雍正在四月二十日把內置駁斥曾靜諭旨的黃袱摺匣交由保玉帶回給他的主子。除了這份諭旨之外，還有御賜厚禮：銀鼠袍掛兩件、果乾一盒、乳餅一盒。保玉也因為來回馳驛而御賜賞銀十兩。這份諭旨連同雍正的指示於五月十二日送抵鄂爾泰手中：「此因逆犯曾靜之論朕欲遍示天下，錄來與卿看。俟各犯至京審明，尚另有旨諭。」

就在把這份諭旨遞送給鄂爾泰的翌日（四月二十一日），雍正就降旨要內閣傳布這道長諭：讓閣臣命令底下僚屬，把十二月下的那道諭旨抄錄個百餘份，使其數量足以分發給各省巡撫（總計有十七人）每人九份——自己留一份，巡撫之下的布政使司（掌管財政）、按察使司（掌管刑名）、學政（掌管教育）每人各一份，三份則給省內戍守各地的將軍、提督、鎮台。各省巡撫手上還留有兩份抄本，數量稀少，所以往往會委由下屬再行抄錄，或者交由地方上的工匠刊刻印行。（以當時的作法，工匠會把這抄本的反面放在木板之上，然後沿著字跡把字刻在木版上；之後再在已刻了字的木版上墨，就可以用來印行了。）這些新印的抄本就可分送給各省的文、武胥吏，以達成雍正「廣行宣布，務使窮鄉僻壤家喻戶曉」的目的。供職京城的大員、署理數省的總督、以及暫時駐紮在各省的官員也都必須人手一冊。

像這樣把逆書案的細節向百官萬民廣行宣布雖非常見，但雍正與臣僚當然曉得，在一三八〇、一三九〇年代間（即明太祖朱元璋在位晚期）已有前例，當時朱元璋希望天下臣民能認清其政敵的反叛之心。湖南謀逆與呂留良的門生意圖把明初的皇帝塑造成道德的典範，那麼援引明人舊例來宣達對清朝史實的解釋，以將這些謗誣化為無形，實在是再適切不過了。

到了四月底，大量謄抄的工作已經展開。一抄好九本，便直接交給人在北京的巡撫家臣，或是由兵部掌理檔案的官員特派信差，分別馳遞各省，親手把一組抄本交給巡撫。這套機制的運作順暢，從收到抄本的日期便可得知整件事所花的時間：供職華北、署理灌溉抗洪的總督於六月二日收到抄本；位於偏遠西南的廣西巡撫則於六月四日接獲抄本。

雍正接到最詳盡的奏摺是由鄂爾泰所發，這也是可想而知的。鄂爾泰先對身受皇帝信任感戴在心，然後又對雍正的縝密心思敬佩不已，並對曾靜滅絕天理的著述、行止感到痛心疾首，鄂爾泰還提了幾點他個人的想法。鄂爾泰奏道，滿洲臣僚之中無知無恥無殊異類者固然不乏其人，但敦倫明理、自省自立、不愧不怍並以中國夙昔能臣為模範者亦不可勝數。但在處理此案則會面臨棘手難題：「逆賊曾靜捏造浮詞，恣意妄悖，暗布匪黨，聳動大臣。其所以能如此、得如此者，臣以為其事有漸、其來有因。如誣謗聖躬諸事若非由內而外、由滿而漢，誰能以影響全無之言據為可信，此阿其那、塞思黑等之本意，為逆賊曾靜之本說也。」

鄂爾泰繼續說道，任何江湖惡類、山野狂愚皆能詆毀天朝，但他們無法杜撰出如此悖謬絕倫的偽說：「此懷疑貳蓄怨望諸漢人等之隱意，為逆賊曾靜之藉口也。」儘管滿人入主中原、教養備至八十餘年，鄂爾泰一眼看出，天下始終無法真正上下一心：「漢人之心思終不能一，視滿洲之人物猶未如爭光。」鄂爾泰坦承這令他心有餘憾。雍正對此心有戚戚，在這段話旁邊打圈加以強調，並寫說：「嘆息流涕耳。」

鄂爾泰以略帶宿命論的筆觸來總結：人非獨存，而是與禽獸生活於天地之間。誠如諭旨所言，即使在禽獸之間亦有邪惡、嗜殺之物，一如在人類之間也有邪惡、嗜殺之人。像曾靜這類的人，就如同禽獸之中最下等之物，但無論如何他還是存活於人世間，「上諭坦然惻然、自問自慊，不為一曾靜而為百千億萬人，遍示臣民，布告中外。」雍正的硃批簡短而真情流露：「為朕放心，絲毫不必憤悶。遇此怪物，自有一番出奇料理，卿可聽之。」

雍正駁斥皇弟與曾靜的激昂言論昭示天下之時，已囚禁在京城的曾靜則繼續接受詰訊，大多是由隨同逆犯自湖南返回京師的杭奕祿來審理。曾靜與迄今已供出的謀逆均被囚禁在京城，日以繼夜地接受盤問。每個嫌犯均可與他人對質，或當面與置身案外的證人相對。記憶被喚醒、被撩撥。審訊官員有信心，沒有人可以永遠隱匿實情。

在六月十五日到六月二十日這段期間，曾靜終於供出了杭奕祿等待已久的口供。曾靜供稱，除了王澍告訴他的事情之外，他還在不同時間從兩批人那裡聽到議論朝廷、褻瀆皇帝的傳言。有關皇帝縱慾的說法，尤其是他將廢太子允礽的妃嬪據為己有一說，係源出一七二七年夏天被押解往衡州路上而途經曾靜學塾附近的囚犯。另一方面，有關岳鍾琪諫議當今皇上，以及京城裡種種歷數宮闈權力鬥爭的傳言，則聽自同鄉安仁縣生員何立忠和永興縣大夫陳象侯之口。這兩人在告訴曾靜時，說這些話聽自擅長占卜、算命的茶陵州人陳帝錫。

雍正知道這條新線索之後，就讓兵部差員急遞給湖南巡撫王國棟一份廷寄，王國棟在七月初收到，便承命立刻採取兩個步驟：他翻閱湖南衙署內的檔案，追查所有在一七二七年夏天被流放廣西而途經衡州的囚犯姓名，並逮捕曾靜提及的三個人，予以審訊。王國棟命陳象侯和何立忠詳述他們告訴曾靜的故事；王國棟也要他們說明是在什麼情境下、在什麼地方聽聞堪輿師陳帝錫的故事。王國棟把他們的供詞一字不漏地記下。王國棟亦曉諭這三名嫌犯已身觸法網，並威脅若不吐實，將以大刑伺候。但王國棟也向他們三人保證，假如只是散播他人講述的謠言，且能正確指證當初是誰造謠，將可免去刑責。但若對謠言來源有所隱諱，就會被施以刑訊。即使動了刑還堅不實供，王國棟就只好把這三人押解至京，與曾靜當面對質。

廣西乃煙瘴之域，朝廷要犯常流放至此，所以廣西巡撫也收到類似的訊息，追查在一七二七年夏天途經衡州的犯人。雍正特別提醒負責調查的大員，切勿責罰僅止於聽聞這汙天巇地逆言的人，責罰無辜，只會讓人人默不作聲。

雍正不待這部分的疑點完全釐清，就分別抨擊呂留良及其門人嚴鴻逵、以及嚴的門生沈在寬。這些駁斥一一完成後，便以上諭的形式向朝廷宣達，只是這幾道諭旨不像處理曾靜的諭旨那樣長篇大論，也沒有大費周章廣為刊行。雍正的想法是揭露呂留良、嚴鴻逵和沈在寬等人的悖論，而不是將之隱匿：如何揭發所有的說法，並粉碎其中令人不悅的部分，而不是假裝若無其事，讓臆造訛言不脛而走。

雍正於一七二九年七月九日當朝頒布的上諭中，首先針對呂留良門生嚴鴻逵的論點予以嚴正駁斥。雍正言簡意賅，意不在詳述嚴鴻逵著述中複雜思辨，也不是重複嚴鴻逵日記中令他心煩意亂的片段。雍正認為，這些段落實在不勝枚舉，而且大部分都不正確，毫無價值可言——在一七一六年到一七二八年這一段的荒誕無稽尤其明顯，雍正自己對嚴鴻逵所提的幾件事仍是記憶鮮明。嚴鴻逵的日記只有一七〇九年爆發洪澇一事說的是實情。因此，他只就這件事來指出嚴鴻逵的謬誤之處，則嚴鴻逵在別的地方的虛妄之言，便能不攻自破。

如嚴鴻逵所記，一七〇九年七月期間熱河一帶確實發了大水。但這並不是因為渾身血痕的偽朱三太子要守護神靈傾洩黑水之故，而是連日大雨，地方溪澗自然會大漲。當時康熙駐紮該地，也自然會把營紮在地勢高處。所以當河水氾濫時，臨時扈從康熙巡幸的兵丁、官員都處變不驚，而對河流倏忽暴漲習以為常的當地百姓也安然無恙。只有一些從京城來的、隨行以照料康熙需要的工匠，因為從沒見過水漲得這麼高而驚惶失措，所以有人做了簡單的木筏，拼命想划到安全之地。有些木筏觸石而沉入水底，以致有數人溺斃。雍正繼續說道，巧的是，一七〇九年同月，他自北京啟程前往熱河拜望父皇，隨從侍衛、家僕百餘人。雍正記得很清楚，在另一個同受洪澇的地方卻無人陷於危亂，也無人溺水而亡。何來有如此妄誕之事，謂滿人淹死兩萬餘人？況且在像熱河這樣的地區無分種族，各省人士畢集。大水究竟如何能淹死滿人而獨厚其他人種？

雍正又說，更荒謬的是嚴鴻逵自比為明朝的遺民或隱士，是獻身於信仰之人。呂留良至少還生在明代，先祖曾與明王室結親。然而嚴鴻逵出生於一六五〇年代，彼時滿清已定鼎中原。不惟嚴鴻逵的父親、甚至祖父，都已在清朝統治之下安居樂業經年。「何託心於遙遙不相關涉之非其主？」雍正如此問道。嚴鴻逵生性猖狂，可從他違逆恩澤拒絕入館編修明史，以及他對遠來訪客張熙諂媚奉承的行徑得到證明。誠如雍正在其七月九日的上諭中提及，嚴鴻逵「是朝廷如兒戲等，徵召於弁髦。而於逆賊曾靜等叛亂悖惡之徒，只書馳問，一介相通，則數千里之外，呼吸相應，親如同氣。」嚴鴻逵乃是滋事之徒，「好亂樂禍於昇平寧謐之時。」再者，嚴鴻逵也只不過是「拾呂留良之唾餘」。所以，雍正諭令朝廷官員議奏該治嚴鴻逵何罪。一天之後，雍正又發布更為簡短的上諭，嘲諷嚴鴻逵的門生沈在寬追思明朝種種的荒誕藉口；呂留良授業並賦詩，以弦外之音諷刺清朝的敗德時，沈在寬甚至還尚未出世。雍正諭令刑部加緊審訊沈在寬並處予應得之罪。

雍正把針對呂留良而發的最嚴厲抨擊，於七月十六日以上諭的形式對外宣達。為了這最後一擊，雍正自北京西郊的閑緻夏宮返回紫禁城宮內。這次雍正的論點就較為詳細且全面，立論的取徑亦為之一變。在十二月初對曾靜的撻伐以及邇來針對嚴鴻逵、沈在寬所發的上諭中，雍正似乎認定呂留良與曾靜的行徑同屬謀逆之罪，然而在七月的上諭裡，雍正開始改變策略，把這兩個主犯分別看待：「呂留良生於浙省人文之鄉，」雍正如此告訴臣工，「讀書學問初，非曾靜山野窮僻冥頑無知者比，且曾靜祇譏及於朕躬，而呂留良則上誣聖祖皇考之盛德。曾靜之謗訕由於誤聽留言，而呂留良則出自胸臆造作妖妄。是呂留良之罪大惡極誠有較曾靜為倍甚者也。」雍正指出，從呂留良的著述，到查嗣廷、汪景祺之流的悖逆謗讟，乃至近來繪聲繪影，說是將有海寧平湖闔城屠戮，釀成千餘人聞訊奔逃的傳言，足證浙江通省風俗澆漓、人懷不軌。呂留良就是那種「好亂樂禍」之人。

雍正揶揄呂留良自比是追思已覆亡明室的高風亮節之士。顯然呂留良的先祖曾與明王室的旁系成親一事令他縈懷難忘。雍正說道，呂留良其實「生於明朝末季」，當北京陷於流寇之時，「年方孩童。本朝定鼎之後，伊親被教澤始獲讀書成立，於順治年間，應試得為諸生。」那時，呂留良並未對被俘的明將表示同情，而是繼續接受朝廷津貼苦讀，期望來日功成名就。到了一六六七年，呂留良於三年一次的科考名落孫山，遂捨棄秀才功名，才突然追思明代，深怨清朝；這時呂留良口出逆言，聲稱不惜剃髮為僧、隱逸山林。十年後，但推崇呂留良學問淵博的人薦舉參加朝廷特開的博學鴻詞科，呂留良峻拒應試。雍正說，千古未曾有過像呂留良這樣悖逆之人，「怪誕無恥可嗤可鄙者」。呂留良肆無忌憚，著邪書、立逆說，其實只不過是「賣文鬻書營求聲利，遂敢於聖祖仁皇帝任意指斥，憑虛撰造，公然罵詛。」呂留良所撰書文一如日記，無論是刊刻流傳或珍藏密留，就雍正所翻閱而知者，盡是悖逆狂噬之詞。

雍正在這道上諭裡，並不想轉述呂留良著述中令他不勝惶駭的篇章，反而集中抨擊呂留良藐視育之以德、供其食宿以及使他有能力教養子嗣的滿清王朝。雍正指出，呂留良提到清朝與其統治者時，從來不曾以敬稱；而是用輕率、貶抑的字眼稱滿人皇帝或「北」、或「燕」、或「彼中」。反之，呂留良在提及南明諸王、甚至逆藩吳三桂時則使用敬語。

雍正在上諭中用了相當的篇幅，來駁斥呂留良記述清軍征戰西南時曾跪倒在永曆皇帝馬前之說。雍正說道，事實是，亡命逃竄的偽永曆竊立於流寇群中。轄下的兵丁自相殘殺，貽禍周遭的貧民百姓，而後兵敗逃往緬甸。日後緬甸王執偽永曆交予大軍壓境的清軍。雍正說，整件事大抵若此：沒有人跪倒馬前，以示效忠。呂留良在日記、著述內所提的自然異象，就像這則無稽之談一樣荒誕謬極。自然災變隔一陣便會降臨，歷朝歷代皆然，但從呂留良的著作中來看，他就是不了解這一點。諸如此類的危殆並非唯獨存在於呂留良所處時代的現象。盱衡朝代良窳的真正判準在於其是否有能力拯民於水火之中，先帝康熙即箇中仁君。現今，儘管呂留良散布的邪說仍充塞於浙江境內，但像總督李衛這類封疆大吏，正致力於移風易俗整頓該省民情。諸如此類宵旰勉行的封疆大吏必會讓呂留良這種自詡為傳承儒家維新思想的偉大傳統，動輒在其著述、編撰書冊中言必稱孔孟的人無地自容。雍正寫道：「朕即位以來，實不知呂留良有何著述之事，而其惡貫滿盈、人神共憤、天地不容，致有曾靜上書總督岳鍾琪之舉。」

曾靜的行為固然可惡——畢竟散播逆言且意圖造反舉事的是他，但他的罪會比呂留良的還大？呂留良的後人不思焚燬呂留良的著述和木版，反而密留保藏並廣行天下，他們的罪愆更勝於曾靜？雍正的結論是，「凡天下庸夫孺子，少有一線之良，亦無不切齒而豎髮，不欲與之戴覆天地，此亦朕為臣子者情理之所必然。」據此，雍正諭令京城大員與各省督撫提督兩司秉公各抒己見，裁定已故呂留良和其在世的子、孫旁系親人應服之罪。若有定奪，具摺奏報。

雖然雍正特別諭令滿朝臣工具摺奏呈呂留良與其門人一干人應得之罪，但夏季已過，朝中大臣並無人再提出什麼意見。然而，曾靜提及的若干途經安仁縣、衡州的罪犯及其確切落腳之處的消息，經過過濾查證之後也已在夏天回奏北京。諏訪線索之後，廣西巡撫拼湊出若干罪犯及其途經之地、食宿處所以及押解罪犯的兵差等言行的訊息。

到了一七二九年八月底，廣西巡撫奏報，曾靜特別提及一七二七年陰曆五、六月，有八名罪犯隨同押解的兵差路過衡州。其中兩人病故。還活著的六人當中有兩人是宮中茶葉庫大使和他六歲的兒子，這兩人自抵達廣西之後甚為安靜守法。其餘四人係出身北京宮中諸王府邸裡的閹官，他們的行為各有不同：其中一人未聞有何言語上的失當；一人據報亦有悖逆之言，但未獲證實，目前正在密查之中；另外兩人名叫馬守柱與霍成，顯然就是滋事之徒，口出之言近乎悖逆，或怨懟揭發他罪行的人。廣西巡撫的屬下又查獲並未列入這份名單的兩名太監，它們分別在一七二六年十二月、一七二七年十一月被流放廣西，這兩人說話沒遮攔、尖酸刻薄。特別是幾杯黃湯下肚之後，這兩人即盛讚他們原來的皇子主子，堅稱他們係被無辜羅織罪名。怡親王又發了一道上諭之後，這五名可能散播逆語的嫌犯在層層戒護之下被押解至北京。

雍正在廣西巡撫奏摺後硃批：「料理可嘉之至。犯口供單留中，地方中既被此輩流言已蠱惑數年矣。但鄉愚無知者信疑之間不可言無，常竭力留心開示。凡有發往人犯處皆不可疏忽，務將阿其那等不忠不孝不法不臣處一一詳細委曲宣諭，務人人知悉，方是不可草率疏忽從事。祝汝先在允禵屬下，雖任外吏，朕弟兄輩從來情形汝不可言全不知也。勉為之。」

隨著雍正親自細查、拼湊細節，整件事情的輪廓漸漸成形：雍正在隨後發出的上諭解釋：「從京發遣廣西人犯，多係阿其那、塞思黑、允䄉、允禵門下之太監。」廣西巡撫已在奏摺裡指證若干造作逆語的凶犯，他們皆是出自痛恨當今皇上的幾位皇子門下。這些太監意圖為他們已故或受辱的主子報仇。套用雍正的話：他們「經過各處，沿途稱冤，逢人訕謗。」解送的兵役以及安排住宿的店家對此知之甚詳。凡入村店、城市，他們就高呼百姓：「你們都來聽新皇帝的新聞。我們已受冤屈，要向你們告訴，好等你們向人傳說。」有些太監甚至還說：「只好問我們的罪，豈能封我們的口？」

追查發配廣西的罪犯正是如火如荼之時，巡撫王國棟則設法辦好雍正在上諭中的第二則指示，逮捕曾靜於最後供詞內所提及的三個人。王國棟做事向來有條理，他率領下屬官兵、縣令詳細諏訪涉案的每一個縣分。陳象侯大夫最先在永興的家中被拏獲。陳象侯坦承，他曾與曾靜晤面。不過那大約是在五、六年前：曾靜的妻子染患惡疾，召陳象侯為她診治。

曾、陳二人自然彼此認識，閒話家常並討論病情；陳象侯告訴曾靜堪輿師陳帝錫口傳的故事。雖然陳象侯轉述陳帝錫所說的故事，但陳象侯其實沒見過陳帝錫本人。陳象侯在安仁縣附近行醫時曾替一名武生看病，他說岳鍾琪將軍不計個人生死而抗旨。這大約是在陳象侯醫治曾靜妻子的一年前。

曾靜提的第二個人是生員何立忠，曾靜把他的名字記錯了，但仍將他順利緝拏到案。（譯按：根據王國棟的奏摺，何立忠的本名叫何忠立。）何立忠稟告王國棟，過去幾年他與曾靜雖偶有往來，但他們兩人談不上是朋友。一年前，曾靜前往弔唁何的女婿時曾與何立忠碰過面。曾靜說起何立忠的女婿為人度量褊淺，甚為失禮。何立忠於是順口回曾靜說，現今只有皇上的度量大。朝中若有官員不知避諱上了諫本，皇上還是一笑置之，沒有因此予以治罪。這名生員說，這些話「也是因話答話，並不是犯生造的。是族間何獻圖對犯生說是一個堪輿陳帝西講的。」（譯按：根據王國棟的奏摺，曾靜在口供裡不僅記錯了何忠立的名字，他也記錯了陳帝錫的名字，陳帝錫的本名應是陳帝西。）

堪輿陳帝錫雖然住在安仁縣東、鄰近江西邊界山區偏僻荒涼的茶陵，但也不難找。審訊官員出示大夫陳象侯、生員何立忠與何的族人何獻圖三人的名字，但陳帝錫供稱他並不認識這三人，只說去年秋天，何獻圖確實曾叫他到家中去看風水。陳帝錫為何獻圖看風水時，何的妹夫張繼堯閒談了一段流傳四川的謠言。據說岳鍾琪將軍上了諫本，力勸皇上修德行仁。何的妹夫張繼堯還說，四川百姓議論一首寫在坍塌廟牆上的詩。這間廟奉祀的是諸葛亮。張繼堯記得碑上的詩句，當場就吟了出來。堪輿陳帝錫亦清楚記得詩文：

孔汝僅留二八邦，
花木流落在四方。
秦楚士卒千萬丈，
郊外東方荒又荒。
秦晉兵來燕趙地，
秋后鴉雀盡無糧。
四民遍地遭淹沒，
天下從此動刀槍。
若問人民太平日，
除非山山口口藏。

王國棟雖然設法逼問，但還是無法解開迷霧，得窺全貌。他的奏摺語氣頗為挫餒，每個人的供詞都兜不在一起，也沒有人願意承認自己是最早聽聞詩句或關於岳鍾琪故事的人。

看來只能讓犯人對質，為才能探得實情。

雍正回覆王國棟的口吻慍怒而輕蔑：「你地方百姓如此風習而不能覺知、而不肯奏聞，他處特命欽差來究審而又不能將此等一類匪物究出。今從京指名交與你數人審究，原為恐姦民聞風遠揚，方著你就近作速設法誘問。今但將此已經問出口供，而令彼此推卸，耽延時日，總不能體察其出之誰口，亦可謂才德兼全忠誠任事之巡府矣？」雍正最後說，王國棟自然應把這一干新的人犯解京進一步審問，再究問出其餘嫌犯，然後再把供出的這些嫌犯等押解進京。

王國棟與甫由皇上欽點派任的李徽會同審問，這表示雍正認為王國棟無能。李徽是新近設立的湖南觀風整俗使；而此一官職的設置意味著雍正認為湖南澆薄的民情與三年前的浙江不分軒輊，而王國棟當年正是浙江第一任觀風整俗使。如今，在一七二九年夏末，王國棟和李徽想法子取得突破案情的有利證據，以贏回雍正的聖眷。他們之所以有此自信，是因為有一個湖南人向觀風整俗使遞狀，指證長沙驛站之長乃是曾靜的密友，一直與曾靜有書信往返。這兩位官員心中竊喜，未經細查就把這則消息上奏，不久又不得不向雍正坦承這整件事情原是誣揑而來。這人與曾靜素昧平生，只因為訴狀之人原是他的下屬，妄圖皇上加恩而揑造不實指控。

雍正予以痛加訓斥，之後他們重新提審堪輿陳帝錫。起初，案情似乎頗有斬獲：陳帝錫告訴審理官員，有關湖南東南一帶的人士向他口述種種悖逆流言原是他憑空杜撰的；陳帝錫只因懷恨在心就任意誣指他們，因為這些人不是對他的病情無動於衷，就是暴力威脅他。事實上，陳帝錫是在前年（一七二八年）夏天聽聞岳鍾琪將軍勸諫皇上一事。當時堪與陳帝錫奉母命前往衡州購買綢緞。是日豔陽高照，他走到一座小涼亭乘涼、歇歇腳，並買了茶喝。當他坐著歇息時，只見四位高頭大馬的官爺，身上都穿馬掛子，而隨同的第五人顯然是個挑擔的。陳帝錫聽見他們的對話：他們說著岳將軍直言不諱勸諫皇上。陳帝錫不敢探聽細節或詢問他們的姓名，因為他們口裡說的是官話，可能是京城來的旗人。不過他倒是問那位挑擔的要上哪兒去，他回答說：「往城裡去。」

至於初次審訊時背的那首關於諸葛亮的詩，陳帝錫其實並不是聽自湖南的鄰人，而是在前年十月一趟衡州之行時聽來的。陳帝錫進城是為了買口鍋，卻看到同年橋畔擠滿了人。人人都在看一個白髮長鬚、背著葫蘆的道人，這道人看起來有九十多歲，但圍觀的人相信他已有百歲。道人在橋上立了一個招牌，上面寫著「雲水道人，善觀氣色」。另有一個招牌寫說八文錢看一相。陳帝錫混入人群排隊看相，等候時他瞧見寫有孔明碑文詩句的紙張貼在橋上。陳帝錫於是把這首詩文背了下來。這位道人自稱來自四川。身為同行的陳帝錫也不得不承認，這位老道人看相時確實是有些對證。

這些事情聽來的確匪夷所思，但這次雍正對湖南官員的奏摺卻沒說什麼，既無斥責也無讚許，而且也未諭令他們追查這個背著葫蘆的百歲老人。雍正暫且按兵不動。這個堪輿師不久即能押解到京，屆時就能和人數日增的嫌犯一起仔細鞫訊。

還有一個人，雍正沒忘掉。這人在一七二三年時曾冒用王澍的名字，假稱中過進士。天下如此之大，要如何查獲此人？雍正心生一計：他諭令職司考課晉用百官的吏部翻閱檔案，察看是否有失蹤、可能取得進士功名以及曾任皇子侍讀夫子的人。檔案內符合這些條件的人不可能太多。

人數的確不多，至少有個蘇州人王倬是其中之一。這王倬原係駐守湖北西南方、緊鄰湖南的千總，當時他因康熙晚年整頓官僚機構而丟官。按常理，王倬應訴請北京另補職缺，但他並未這麼做。王倬就此不知去向。怡親王與幾位大學士指示湖南巡撫會同湖北官員密行查訪，終於查獲王倬下落，旋即予以逮捕解送北京。王倬被押解到京城後即由杭奕祿審訊；杭奕祿之前曾南下湖南負責調查審訊曾靜的一干共犯，現在他人在北京，全權負責本案。杭奕祿親自押解王倬與業已鋃鐺入獄的曾靜當面對質，以確證王倬是否就為曾靜在一七二三年見過的那個人。但他並不是。曾靜這輩子沒見過這人。

於是，另有一個說法：這假王澍或許與真的王澍熟稔、甚至還曾是他的下屬。但問題是真的王澍已辭官歸隱無錫，而他並不記得曾經延聘湖南的幕僚或塾師，或者與曾靜口供吻合的人。在那個夏天，審訊官員委派京城內的畫師盡可能畫了一幅符合曾靜所描述之假王澍的畫像。這幅畫像流傳於可能見過假王澍的人之間，但無一能確鑿指認。

這是一種漫無標的的追索，且仍有種種疑點有待釐清。但到了夏末，雍正已不再像案發之初那般對千頭萬緒的案情感到憂心忡忡。雍正在五月時告訴鄂爾泰：「遇此怪物，自有一番出奇料理，卿可聽之。」隨著夏季近尾聲，雍正開始讓這有如公案的話語有所頭緒：他默默地、一步一步地轉向曾靜。

註釋

❖ 湖南與王澍：詳見第四章。

❖ 十二月十一日的奏摺：見第二章。全文收錄在《起居注》，頁二三九二──二四一三，雍正六年十一月十一日。廣西巡撫金鉷在雍正七年六月四日上的奏摺裡提到京報摘述了這道上諭，得知有湖南逆賊曾靜造為逆書一案。

❖ 諭知鄂爾泰：《宮中檔雍正朝奏摺》，卷十二，頁八七六──八七七，鄂爾泰的奏摺日期是雍正七年四月十五日（西曆一七二九年五月十二日）。鄂爾泰稱這個版本是「鈔錄」，並敘述部分的內容，因而斷定它就是雍正六年十一月十一日發布的那道上諭。鄂爾泰又提及他所看到的鈔錄本共有五十二頁。這或許是謄寫著在每一頁所寫的字數較起居注官尤多。雍正六年十一月十一日這個版本的全文是由起居注官戴瀚、開泰抄寫，後成為《大義覺迷錄》，卷一，頁一四──五二b的主體。幾年後，戴瀚仍稱這道上諭為「十一月戊午諭」。見佚名，〈范世傑呈詞案〉（《文獻叢編》卷七）。

❖ 四月二十一日大量抄錄：抄錄以及分發的細節，記載於廣西巡撫金鉷及河東總督田文鏡兩人分別在《宮中檔雍正朝奏摺》，卷十三，頁三二四；《雍正朝漢文硃批奏摺彙編》，卷十五，頁三四四的奏摺。金、田均提到雍正七年三月二十四日上諭命每省應發若干等的量，廣行宣布，且不約而同飭令布政司在其管轄地大量刊刻，廣為發放。有關前明類似的文件發放，可參考

Anita Marie Andrew, "Zhu Yuanzhang and the 'Great Warning': Autocracy and Rural Reform in Early Ming"(Ph. D. theses, University of Minnesota, 1991)，特別是第二、四章。

❖鄂爾泰的回應：《宮中檔雍正朝奏摺》，卷十二，頁八七六—八七七，日期是雍正七年四月十五日。

❖曾靜的六月新供詞：收錄在廷寄中由怡親王發出，廣西巡撫金鉷於雍正七年六月十八日收到廷寄，見《雍正朝漢文硃批奏摺彙編》，卷十五，頁八二五—八二六（《清代文字獄檔》，頁二五b—二六）；湖南巡撫王國棟於雍正七年六月十日（一七二九年七月五日）收到較長的版本，見《雍正朝漢文硃批奏摺彙編》，卷三十一，頁三八七—三八九（《清代文字獄檔》，頁二八）。以北京到長沙急遞需十五天計，這份廷寄撰於六月二十日左右。

❖抨擊嚴鴻逵：這道上諭載於《起居注》，頁二八六六—二八七〇，日期是雍正七年六月十四日（西曆一七二九年七月九日）；這道上諭亦收錄在《大義覺迷錄》，卷四，頁二四—三〇b，但未載明日期。《清實錄》卷八十二，頁一一—一三（《清代文字獄檔》，頁二三b—二四b）記載的上諭內容較簡略，標示的日期是雍正七年六月十三日。熱河洪水一事，見《清代文字獄檔》，頁二四；前揭書，頁二三b，嘲諷嚴鴻逵對明朝的愚忠；前揭書，頁二四b，羞辱嚴鴻逵是諂媚的人。費思唐（一九七四年），頁二四五，概略述及抨擊嚴鴻逵的內容。

❖撻伐嚴鴻逵的門生沈在寬：全文見《起居注》，頁二八六六—二八七〇，雍正七年六月十五日。

《清實錄》，卷八十二，頁一三b—一六（以及《清代文字獄檔》，頁二五），亦記載同一日期。另外，可參見費思唐（一九七四年），頁二四六。

❖ 批判呂留良：標示的日期各不相同。刊載全文的《起居注》（頁二八八九—二八九八）標示的日期是雍正七年六月二十一日（西曆一九七九年七月十六日）；《清實錄》（卷八十一，頁二十六—三三）中刪節本的日期是雍正七年五月二十一日；《清代文字獄檔》，頁二〇—二三b，採用的是《清實錄》的日期，《大義覺迷錄》，卷四，頁一—一七雖收錄了全文，但是未載明日期。我在此處採納的是《起居注》的日期。細膩概述雍正對呂留良的批判，可參考費思唐（一九七四年），頁二四二—二四五，以及頁四六五—四六七，附錄RR；費思唐在〈清代文字獄迫害和「製造異己」的模式〉（該文收錄在《清史國際學術討論會論文集》，遼寧，一九八六年，頁五三一—五五三）文中，分析了雍正基於個人和政治的理由扭曲了學術脈絡，而使呂留良成為代罪羔羊的整個時代背景。

❖ 論呂留良與曾靜：《清代文字獄檔》，頁二二。

❖ 論查嗣廷與汪景祺：前揭書，頁二二b。

❖ 呂留良的早歲生活與忠誠：前揭書，頁二一。費思唐（一九七四年），頁四五—四六，分析呂在深思之後，決定不參加科舉考試。有關呂留良雅好出版、編撰、藝品買賣事業之引人入勝的描述，可參考費思唐，前揭書，頁三一—三五，三八—三九，九四—九六，一〇五—一〇六。

❖ 雍正論呂留良的著作：《清代文字獄檔》，頁二三。

❖ 徵詢案刑：前揭書，頁二三b。

❖ 廣西巡撫奏報流放太監：見金鉷奏摺，《雍正朝漢文硃批奏摺彙編》，卷十五，頁八二五—八二六；《雍正朝漢文硃批奏摺彙編》，卷十六，頁二四〇—二四一；《雍正朝漢文硃批奏摺彙編》，卷十六，頁四六四—四六五（《清代文字獄檔》，頁二六—二八）。雍正對金鉷的嘉許，見《雍正朝漢文硃批奏摺彙編》，卷十六，頁四六五後的批語。有關這些太監的奏摺，另可見費思唐（一九七四年），頁二三三—二三四。心思縝密的新任湖南巡撫趙弘恩又再重提這方面的調查，見《宮中檔雍正朝奏摺》，卷十四，頁八六九—八七〇，日期是雍正七年十一月七日。

❖ 雍正的隨後上諭：轉引自《大義覺迷錄》，卷三，頁四三；和卷三，頁三六，其內容或許取自連同趙弘恩雍正七年十一月七日奏摺一起寄來的材料。

❖ 王國棟巡撫的搜捕和審訊：《雍正朝漢文硃批奏摺彙編》，卷三十一，頁三八七—三八九（《清代文字獄檔》，頁二八—三〇），有關雍正七年六月十日收到詢問之未載明日期的奏報。關於陳象侯大夫，見《雍正朝漢文硃批奏摺彙編》，卷三十一，頁三八七；生員何立忠，前揭書，頁三八七—三八八；堪輿師陳帝錫和詩，前揭書，頁三八八。對於夏天的這些調查的精闢解釋，見費思唐（一九七四年），頁二三四—二三七。這段期間雍正對王國棟曾有施恩：王國棟奏報他連同有關財政的奏摺一併收到荔枝賜禮，日期雍正七年閏七月十八日（一七二九年九月十日）。

詳見《雍正朝漢文硃批奏摺彙編》，卷三十一，頁三九一（《清代文字獄檔》，頁三〇b）。

❖ 雍正的震怒：雍正第一次以敕令王國棟有關堪輿師奏摺的方式表達，見《雍正朝漢文硃批奏摺彙編》，卷三十一，頁三八九（《清代文字獄檔》，頁三〇）；第二次長篇大論的斥責，語氣更為憤怒，則是以廷寄的方式於雍正七年九月六日（西曆一七二九年十月二十七日）季抵王國棟手中：詳見《雍正朝漢文硃批奏摺彙編》，卷三十一，頁三九四—三九五（《清代文字獄檔》，頁三五—三六）。

❖ 新任官風整俗使即李徽，他於雍正七年五月二十日（西曆一七二九年六月十六日）抵達長沙，見《宮中檔雍正朝奏摺》，卷二十五，頁八七〇。有關李徽、王國棟隨後未載明日期的奏摺，見《雍正朝漢文硃批奏摺彙編》，卷三十一，頁三八九—三九〇；卷三十一，頁三九一—三九二；卷三十一，頁三九四—三九六（《清代文字獄檔》，頁三〇b—三一，三五—三七）。陳帝錫提及四位官爺，見《雍正朝漢文硃批奏摺彙編》，卷三十一，頁三九五；道人與詩文，見《雍正朝漢文硃批奏摺彙編》，卷三十一，頁三九六。另可見費思唐（一九七四年），頁二三五—二三七。

❖ 王倬：未載明日期、未署名的摘要，見《宮中檔雍正朝奏摺》，卷二十五，頁六七一，發自刑部，陳述杭奕祿即將緝拏王倬與曾靜當面對質；又《宮中檔雍正朝奏摺》，卷二十五，頁八六四，王國棟在未載明日期的奏摺上奏，王倬已被拏獲，並於八月二十七日押解進京。

❖王澍本尊：尹繼善總督的再三確認：詳他於雍正八年二月三日的奏摺，見《雍正朝漢文硃批奏摺彙編》，卷十七，頁八五一—八五二（《清代文字獄檔》，頁三九—四〇）。王澍畫像，見《宮中檔雍正朝奏摺》，卷十六，頁五二六—五二七，以及《雍正朝漢文硃批奏摺彙編》，卷十九，頁九〇九—九一〇。另參見第十一章。

第七章
炯戒

一七二九年六月，雍正在準備撻伐呂留良，並下旨追查曾靜所供出的流放太監、堪輿師、陳象侯外，他又接到雲貴總督鄂爾泰對雍正十二月所發布之長諭的觀感。沒有跡象顯示雍正對於發出如此坦率的上諭並下旨廣行宣布感到後悔，但從後續的動作卻可看出，他正在思索如何消解曾靜的指控，並驅散仍圍繞著雍正的流言陰霾。鄂爾泰的奏摺迂迴複雜，他認為雍正的上諭批駁了謬論，但也引發了問題，雍正想把曾靜塑造成呂留良陰謀的無知愚夫，這似乎並未奏效。或許貶抑曾靜，循線追查曾靜何以誤入歧途並非上策，最好還是讓曾靜自己駁斥自己：讓曾靜站在朝廷這一邊，把他從一個大逆罪犯變成一個改過自新的人，來為雍正說話。讓曾靜彌補罪愆之道不在刑罰，而在教化。而教化的第一步就是「事實」。

雍正在六月二十七日正式展開新的計畫。雍正透過內閣轉交上諭給審訊官員杭奕祿、海蘭，諭令審訊官員讓曾靜知曉朝廷如何運作。曾靜在筆供、口供中坦承，他之所以心生逆反之念，是因為他相信岳鍾琪對雍正有所怨恨懷疑。證據是傳言岳鍾琪兩度不應京城之召。所以，讓曾靜改邪歸正的第一步是讓他知道雍正與岳鍾琪君臣之間肝膽相照。為此，大學士交給杭奕祿數十份奏摺，每份奏摺均有雍正親書的硃批，以表明雍正在這幾年來與岳鍾琪君臣融洽。杭奕祿把這些奏摺帶到羈押曾靜的大牢裡，讓這逆犯從容閱覽。等曾靜看完奏摺、撰書讀後心得，這些材料可再拿給投書人張熙。雍正還說，這些奏摺只是他與岳鍾琪君臣交心的千萬分之一，所以曾靜從這些奏摺也只能看到岳鍾琪所受恩澤的萬分之一而已。

雍正為表寬宏和憐憫，下旨釋放曾靜老母和幼子；祖孫兩人是在春天連同長沙押解到京的一干謀逆、嫌疑犯被關押在京城天牢之中。北京夏季溽熱，兩人若是仍舊羈押獄中，則必死無疑；其他關押的謀逆也有身體孱弱者，須特別調治。

曾靜讀完岳鍾琪的奏摺和雍正的硃批，奉杭奕祿的指示寫下他的觀感。曾靜先是對自己的莽撞追悔不已，對雍正皇恩浩蕩深感惶恐，然後盡其所能詳述他為何會誤解、又如何誤解岳鍾琪與雍正之間的君臣關係。曾靜詳細說明他從鄰人那兒聽來有關岳鍾琪的故事，又進一步說他從路過的人口中聽到一些故事。這些人主要是從湖南、廣東遷往四川，他們似乎都曾聽說「有個岳公，甚愛百姓，得民心，西邊人最肯服他。」但轉述這些故事的人並不知道岳公的名諱官銜。

曾靜上稟雍正，他還從別處聽來有關陝西總督的一些故事，這讓他情緒為之澎湃。這是鄰人何立忠在一七二七年冬末告訴曾靜的。曾靜最近供出了生員何立忠和堪輿師陳帝錫、大夫陳象侯的名字，這何立忠儼然是散播謠言的中心，曾靜對他所講的到現在都還記得一清二楚，。因為曾靜把何立忠在「永興縣十九都石塊村低聲獨白告訴彌天重犯的話」寫了一頁又一頁。何立忠當時講得很隱諱，充斥著荒謬情節，暗藏恐懼、陰謀，又因為何立忠不記得主角的名字而益發複雜。就如何立忠自己所概述，皇上三番兩次召那總督進京，計畫他進京之後削奪那總督兵權、甚至取他性命。那總督懷疑皇上的意圖而屢召幾次不敢進京。直到皇上特命心腹大學士、保舉他出仕的人朱軾，確保那總督安全無虞，他才欣然進京。俟抵達京城，那總督即勇敢陛見奏說：「用人莫疑，疑人莫用。」皇上有感於此人的勇氣卓絕，稍釋前疑，遣他返回任所。那總督又拒絕，除非有人肯保他。但滿朝文武無人肯作保人，最後皇上親自立誓保他。方四日，皇上便收到奏本說那總督與朱軾內外陰結黨援，皇上乃差遣心腹朝官吳荊山前去追趕那總督，拏他回京城。那總督不肯回京，吳荊山恐有負職責而自刎於路上。那總督到了長安後，即隨上奏本，說皇上有如此不是之處。

曾靜聽了豁然開朗，這印證了他聽自陳象侯大夫的說詞。陳象侯也住在永興縣不遠處的十八都，他轉述了堪輿師陳帝錫口傳岳鍾琪上奏朝廷的故事。這些故事皆直指同一人，曾靜立刻覺得五臟六腑為之翻騰。由於湖南這兩年來五穀歉收，又受到呂留良著述中華夷之分謬論的汙染，才使他自己的「山鄙無知」有滋生之沃土。曾靜最後說：「除前此所供外，實實別未有人傳說。」

這看在雍正的眼裡，讓曾靜覽讀原初奏摺的用意已卓有成效。於是他決定讓曾靜對官僚體系的運作有更多的了解，以及他所謗讟的皇上是如何決斷朝廷面臨的問題。雍正下了另一道簡短的上諭，令杭奕祿檢視京中皇上硃批發與各省督撫、大吏奏摺、諭旨「數百件」，讓曾靜閱讀、摘錄雍正對政務所做的硃批裁示。這種作法不僅能讓曾靜徹底瞭解雍正與岳鍾琪推動政務的內情，亦可讓曾靜知道自己這個案子是如何輾轉傳遞四境。

曾靜讀罷，又上稟雍正。雍正處理細枝末節之事的明察秋毫，即使奏摺出現錯字也不放過，尤其令他動容。縱使是上奏皇朝盛世之祥瑞徵兆的奏摺，倘若寫得囉囉嗦嗦，也會被雍正退回。例如，江南學院李鳳翥奏賀發現象徵吉瑞的罕見靈芝，或者衍聖公孔傳鐸奏賀親眼目睹萬波祥雲。甚至像福建總督高琪倬這樣的封疆大吏，密奏彈劾貪汙的案子，也會被雍正指證疏漏之處。曾靜特別留心奏摺中有關出身閩省的家奴馬廷錫近來妄言雍正下旨屠戮福建男童一案的密摺。曾靜表示，這類故事簡直就像他讀到有關江西巡撫巴蘭泰刻薄寡恩的奏摺一般。曾靜有感皇恩浩蕩，讓他有幸看到所有相關奏摺，而得以明瞭這類流言是如何滋生散播。曾靜向雍正坦承不諱，過去的他會對這類事情信以為真，並且也會將之記載在自己的書中。曾靜說，他幾個月前離開長沙之後，事情的確已不相同。到了此刻，證據都在面前，他才能認清自己誠屬「螻蟻度天，何處測其高深」。

曾靜並未逐一摘錄奏摺的要旨，也沒有逐一對雍正的硃批表示意見，他心悅誠服，總括這浩瀚的文牘對其思想猶如暮鼓晨鐘。曾靜說：「今伏讀聖諭，而知我皇上渾然一理，泛應曲當。其施之於政刑，見之於德禮者，無一處不知之極其精，無一事不處之極其當。」

曾靜寫道，雍正不僅德配歷代哲君之典型，且聖明直追先君聖祖仁皇帝。雍正以德合乎天地至誠令曾靜印象深刻，而他的宵旰憂勤、以蒼生為念的任事態度亦不遑多讓。曾靜說，「自朝至暮，一日萬幾，件件御覽，字字御批。一應上任官員，無論內外大小，每日必逐一引見，諄諄告誡以愛民綏撫之。至意事，至物來，隨到隨應、不留一毫不周不密不精不當之憾。直到二、三更，方得覽批各省督撫奏摺，竟不用一人代筆，其焦勞如此。」曾靜總結，他現在終於豁然開竅，自知狹陋，認清詆毀雍正人品之粗鄙流言的蒙昧無知，看穿呂留良這種人的謀逆本質。

曾靜提及祥刑之事恰與雍正過些時候預將遂行的目標一拍即合：雍正欲讓曾靜瞭解官府如何斷案，以及雍正又是如何經常在初步定讞的死刑案上開恩示德。彷彿曾靜未到而雍正已預知他將來京，在另一道由杭奕祿轉交的特發上諭裡，雍正告訴曾靜，他已彙整了今歲春、夏期間開始重審的棘手案件。根據歷代慣例，舉凡死刑案，無論是由各省督、撫或刑部大員議決，執法之前必先上稟皇上。雍正讀過初春曾靜在湖南的供詞之後，決定設法讓曾靜瞭解他是如何審理這類死刑案。因為在湖南的那份自白裡，曾靜特別說他相信「極好殺人，京城凜凜。」駁斥這類指控，最有效之道就是提出證據。所以，雍正透過杭奕祿轉交給曾靜成打的刑案抄本，藉此展現雍正衿恤民命之案不勝枚舉。曾靜細讀這些刑案抄本，並回稟他對這些判案的觀感，尤其是否真如外界傳言，說雍正極好殺人。曾靜亦告訴雍正，他所聽聞雍正嗜殺成性的流言究竟源於何人、出自何處。

選擇的案子分屬六省：雲南、江西、安徽，東南沿海的浙江、廣東，以及華北的山西。被告者居各年齡層、操不同職業，從事各種犯罪類型。其中年紀最長的是雲南八十二歲的寡婦何氏，她涉嫌與三個兒子毆人致死，意圖趁黑夜裏草燒屍。雲南司吏以主謀造意之罪判處何氏斬首之刑，她的三個兒子因罪責較輕而處以絞刑。雍正翻案時，質疑年老體衰的婦人如何有能耐毆人致死或撿拾大把的稻草？況且何氏夫死，在家中理當唯長子是從，他為何不諫止老母作奸犯科？這顯然是一樁集體殺人案件，何氏的罪刑沒有道理比兒子重，雍正因而諭令重審本案。但是，雍正也留意到，讓兒子一人承擔所有這類刑案也是於理無據。有一個類似的案件也是同時更審，案發時兒子外出，父母命人召他返家，強逼他同謀助毆，鬧出人命。在此案中，兒子本不在家，復被父母威逼共謀，所以應曲諒施恩。

在給曾靜看的其他毆打或殺人案件中，雍正解釋存在有若干減刑的理由促使他修正原初的罪刑。發生在廣東分奪謝姓族人所屬本作為祭天祀祖之用的祭田的糾紛，致使謝家人嚴重毆傷服叔。像這類越份以下犯上的行為本應判處死刑，但誰持棍棒、爭執前誰先咒罵誰的問題仍有疑義。在江西，姦夫謀殺親夫一案，姦婦原則上有罪，理應判處絞刑。但雍正在裁奪時仍滿心狐疑：顯然犯婦事前並不知謀殺計畫；又通姦在前、謀殺在後；何況犯婦已與其夫離居多年；且這對夫妻仍共同養育八歲的兒子。證據在在顯示，謀殺其夫一事犯婦並不知情。又安徽一案，弟以酒壺擲兄致死被判處斬首之刑。同樣，本案存在幾點減刑的理由，其中關鍵因素是本案並非蓄意行兇。這對兄弟素無嫌隙，卻因催逼小錢而違意生怨。在喪失理智的情形下，兄以酒壺擲弟不中，弟拾起酒壺反擊兄以致命喪黃泉。這種情節應被視為意外殺人，理應減刑。

在其他不同類型的案件，犯案者固然有錯，但仍必須釐清他們如何或何故犯錯。例如，浙江曹姓之人因向妻子索茶不予，其妻不受叱責，反以石頭擊夫，所以其夫才以柴片毆妻以致殞命。有司判決曹姓之人依律當絞，但雍正基於其妻自失「三綱大義」而赦免其夫死罪。反之，雍正從寬處以枷刑。枷具是由兩片厚木板作成，中間留有細長的孔後套在犯人的脖子上，其設計的目的是讓犯人雖能呼吸，卻無法自己進食。枷刑足以威嚇曹姓之人日後不再暴力相向，並作為前車之鑑，以端正鄰人夫妻相處之道。

曾靜奉旨閱覽的最後三個案件罪證都十分確鑿，但當事人均不知業已觸蹈法網。其中山西張聞聲一案，此人無疑是一幫盜匪之首，但他實非本意行劫。張聞聲乃誤聽了李瞎子之言，意在強奪、焚燬地契，俾以賠償昔日的不公。雍正從寬赦免了張聞聲的死罪。像這類情節還有三囚越獄案：監禁逃縱例當加倍治罪、甚至得處以死刑。但雍正慮及他們未必知曉逃縱行為的後果，所以諭令這三名罪犯仍照舊擬議處。雍正甚至還敕令刑部須飭天下衙門，將新的律例張示禁門使犯囚入監即知。

張仙因私鑄錢文依律判處斬立決的案子性質大異其趣，但還是可以一體適用這種斷案的精神。據悉，張仙以造賣銅器營生，但皇上因礦脈蘊藏量枯竭而諭令禁止黃銅器皿造賣，致使張仙的生活陷入困頓。張仙為因應變局，用所存的稀有銅器私鑄錢文，罪證雖確鑿，但其情可憫。於是雍正把張仙一案原擬的斬立決改判斬監候。

曾靜讀完這些案例，並對每一個案子略加評論，然後向杭奕祿概述自己的觀感。曾靜說，他對雍正的看法已為之一變。曾靜說他於今明白，雍正純粹是以「道」撫育天下蒼生。道並無定體，而法則拘泥執滯；道隨時隨地變異無常，法則僵直不知變通。曾靜一再重申，說他再也不敢批評雍正不知體恤民命。至於從何人何處聽來雍正極好殺人一事，曾靜感嘆自己孤陋寡聞。他只不過是不學無術的尋常之徒，蒙昧無知地聽信鄉人的街譚巷議罷了。

雍正瞭解這些奏摺和抄本足以讓曾靜認清他的治國方略，但這些文牘不必然會涉及日常生活的民生經濟細節，而曾靜的逆書中有多處言及於此。要讓曾靜了解這點，就必須把焦點放在特定的議題上。最好的例子就是讓曾靜讀的張仙一案，裡頭凸顯了鑄錢的問題。本案緣起一七二九年夏天，雍正亟思禁止黃銅器皿造賣，並與群臣在廟堂之上共商大議。國君為了造福天下蒼生而決斷大事，即使令少部分人心生不滿也在所不惜，這就是個例子。嚴禁造賣黃銅器皿的立意，主要在於防止百姓銷毀制錢取銅改造器皿，以賺取其間的差額利潤。長期來看，這項禁令可理順全國的經濟。對雍正而言，這項決策類似於近來嚴禁宰殺家畜，而使回人群起抗議。有些回人大加抗議，這項禁令意在打擊回族部落的生計，但其目的並非如此，而是要增加耕牛的數量，促進農業的繁榮。（由於牛肉價格昂貴，導致農民宰殺牛隻，且彼時仍有人藐視朝廷禁令，使得農產品的產量因缺乏深耕而銳減。）近來頒布的禁賭令亦有異曲同工之趣。這項禁令不僅針對賭場，也要阻止百姓沉淪於一無是處、不事生產的活動，同時端正社會道德的淳良風尚。

於是在這年夏天，雍正把他對這個問題的長篇駁斥送給曾靜。雍正立論的根據在於曾靜逆書《知新錄》所提及有關當前使用制錢的情形。雍正留意到，曾靜於《知新錄》書內論及自癸卯到今已有六年，鑄造的錢不精緻，圖樣字跡模糊難辨，民間無人肯用。百姓甚至還編歌謠唱曰：「雍正錢，窮半年。」若身上有一個雍正錢文，即投之溝壑。雍正向曾靜解釋，制錢表面字畫精美與否，乃是銅與鑄錢時摻雜其他金屬如鉛所成的比例使然。（長久以來，銅與鉛的比例即幾經變化，從十六世紀中期銅九的最高比例，迄自一六二〇年代的銅三最低比例。）先帝康熙鑄制錢時，敕令以銅六鉛四搭配，所以錢文字畫精美。但問題是銅多於鉛時，百姓銷熔制錢取銅，添加錫或鋅打造成黃銅器皿則可獲得更多的利潤。隨著銅錢日漸稀有，銅與銀的兌換率也隨之攀升，迄至一七〇六或一七〇七年時，每一兩銀僅可兌七、八百文銅錢。雍正敕令錢局鑄錢時銅鉛各半，就是要使百姓銷毀制錢時無利可圖，而非關謠傳朝廷貪婪成性或想在滿洲以銅修葺宮殿所致。

雍正指稱，實施之後，錢價漸平，每一兩銀可兌換制錢一千。這個兌換率遠比錢上圖文精細與否更為重要。當然，銅鉛各半的制錢流通至農村偏遠地區的速度遲緩，但卻是行之有效的貨幣，百姓會願意以錢來購買糧食柴薪，並依可接受的匯兌比例換許銀兩。究竟是誰告訴曾靜如此狂妄之說？曾靜本人果真親見把雍正錢文投之溝壑的人？若真有此事，那發生在何處，何時發生？把雍正錢文投入溝壑的人又是誰？為何江蘇、安徽兩地的民情與湖南如此迥別；在蘇、皖，雍正錢文普遍用於交易買賣，甚至還可兌換更多等值的康熙舊錢。

可惜，曾靜稟奏他無法交代散播狂悖傳言之人的姓名；他當時只是「聽得人言如此」，不思窮究事理便載入書內。曾靜說，因為他所住之地離城遠，幾無錢銀流通；即使間有買賣，亦是用稻穀易貨，所以不疑有他。曾靜最後看到了雍正通寶，覺得雍正錢文比之康熙舊錢拙劣，遂印證了所聽聞的各種傳言：新皇帝因鑄錢不成而殺了鑄匠，嚴禁造作黃銅器皿是因為皇上密藏全國的銅建銅殿。曾靜說，假若村野的衙門能清楚解釋皇上的銅錢政策，就不會妄生疑義。同理，若能建構先哲心目中所嚮往之古樸淳良、運作順暢的社會。朝廷的政策便可輕易地在「每月一會」上廣為宣達。否則，「以訛傳訛，傳妄踵妄。」曾靜的結論是，他到今天因得見皇上的解釋，才能對所發生之事大寐初醒，知道這事的來龍去脈。

雍正由杭奕祿奉旨詰問曾靜，這年夏天都在經濟民生上頭打轉。有時雍正也會語帶譏諷：中國其餘各地或有旱澇不濟之時，但何獨湖南一省四時寒暑易序，五穀耕作少成，恆雨恆暘？說不定這是湖南有像曾靜這類的狂悖逆亂之人伏藏隱匿其間，秉幽險乖戾之氣，才導致上天以江水犯漲示儆。曾靜又如何能在書中把朝廷糶米賑災的良法美意扭曲為與小民爭利？難道曾靜不明白皇上下旨各省米糧互通有無或轉運大量銀兩，並非出自一己之私或貪婪慾念，而是為了平穩物價和酌盈濟虛？每當雍正執意曾靜枚舉「虐我則仇」的例證，並指名被虐之民居於何處、抱怨何事時，曾靜又總是語多閃爍曖昧。然而，這類百姓確實是有的：長沙以北、環洞庭湖的農民，因邇來湖南大水而生計全失。他們流離失所，等待賑濟。雖有朝廷微薄的救濟，但大多數人還是被迫離鄉背井，無能遷居而固守者就只能自力更生。

皇上與逆犯之間言詞你來我往的細節，唯有杭奕祿和大學士等少數官員知悉。雍正亟望廣徵眾議，但群臣對於雍正諭令他們各抒己見評斷曾靜與呂留良應有的刑責卻又不敢置喙一語，到了七月底，雍正只好另謀他法。雍正利用的是廣西儒士陸生楠。陸生楠曾任吳縣知縣，後遣至軍台效力，因庸碌無能且倨傲誕妄被雍正革職。雍正對滿朝臣工耳提面命，他曾將陸生楠發往邊疆軍前效力，使這有罪之人能領略紀律和逆境的真諦，端正他對這世界的視野：「一則令其觀滿洲尊君親上之心，如此其謹凜。一則令其觀我朝兵營之制，如此其整嚴。一則令其觀蒙古部落熙皞淳樸之風，如此誠實。庶冀伊等化去私邪，勉於自新之路。」對歷史認識更廣當然也有益於陸生楠：他才能明白塞外一統始於朱明之前的元蒙，猶如關內一統始於兩千年前的秦朝。現今輪到清朝，既要賡續昔日偉業，更要開創千古未有之盛世。雍正言語之間頗為得意，「自古中外一家，幅員極廣，未有如我朝者也。」

雍正說陸生楠不思以史為鑑，反而在軍中借託古人之事著述盛讚秦始皇一統天下前所實施的封建分權之制，並暗批我朝政策的種種不是。雍正說，陸生楠必有與李紱、謝濟世等人結為黨援，隳壞當地與北京的箴規；甚至還與雍正深惡痛絕、現已謝世的皇八弟沆瀣一氣。陸生楠乃與呂留良、曾靜之流不分軒輊。但雍正又說，陸生楠出身書香門第，享有榮華富貴，並受不次拔擢，其罪大惡極更勝於僻處深山曠野、不知天高地厚、冥頑不靈的曾靜。於是雍正認為，應將陸生楠極典正刑。這次群臣倒是立刻處置，在兩天之內就速速審理本案，將陸生楠處以極刑。雍正在行刑之前又予以緩刑，希冀陸生楠果能自知罪過、痛改前非；但陸生楠卻依然故我，不知悔悟，最後在軍前被斬首示眾。

這也算是雍正領導的風格，在某種程度上他這是沿襲自父皇康熙。從許多方面來看，雍正稱得上是專制君主，他的權力雖然不受任何正式制度的牽制，但他在決策時還是希望能得到臣工的認可和道德上的擁戴。處置呂留良、曾靜的案子便是一例，他希望所採取的步驟能得到百官的贊同：雍正顯然傾向原宥曾靜的謀逆，但對於撒手人寰已有四十五載的呂留良絕不寬貸。群臣將陸生楠典刑正法，毫不拖泥帶水；但對呂留良一案何以又如此裹足不前？難道群臣對曾靜與那些享有特權且狂妄自大的儒士之間的天淵之別視而未見？縱使雍正百般暗示，此時已是夏秋之交，到了十月二十八日，岳鍾琪將軍接獲逆書即將屆滿周年，為何大臣還是無動於衷？

最後，雍正在十一月二日下旨，措辭嚴峻，探討種族、罪愆、朝廷責任的問題，藉以對朝臣再施加壓力。雍正說，自古溯今帝王之所以能統有天下，莫不由衷常懷保民之心，恩加四海，而協億兆人之歡心。這正是「惟有德者可為天下君」萬世不易之常理，非鄉曲疆域之淺見所能妄加月旦者。雍正心有戚戚，引述逾兩千年之歷史古籍：「皇天無親，惟德是輔。」但卻不見這本古籍說「第擇其為何地之人而輔之」的道理。雍正試問，為何當滿洲人入主中原一統塞內塞外，漢人卻仍以「中外」之殊，而存「華」「夷」或「華」「狄」之分？這只不過是因為後者衣冠殊異或者殺伐之道迥別使然，但此與治天下之道無涉。現今像漢人一樣受到景仰的古聖如舜、周文王，其實是夷狄之人，而讓神州蒙塵的也有漢人。

他們揭竿而起並不是因為統治者何處出身，而是因為統治者忽略了仁治之道。孔子刻畫他所處之分崩離析的年代時說道：「夷狄之有君，不如諸夏之亡也。」疆界、甚至語言都是時移勢易：現今的湖南、湖北與山西諸省一度還是「夷」域；北人詆毀南人為「島夷」、南人詆毀北人為「索虜」，諸如此類種族間的彼此羞辱，乃是特殊歷史環境下的產物，卻永難磨滅。

雍正在十一月二日的上諭內還論了別的議題。雍正舉無道之人欲問鼎中原的歷史事蹟為例，陳述他們如何走上窮途末路——即使他們一時得逞，最終卻不免灰飛煙滅。雍正以為，人之所以異於禽獸，乃是人懂得人倫大義。但雍正卻百思不解，仍有不少漢人猖狂驕橫、理屈詞窮，詆譏入主中原的外來者，即使外來之人定鼎之後政教興修、萬民樂業、寰宇安詳、天地清寧。然而，正是我大清於明末疆圉靡寧之時，「出薄海內外之人於湯火之中。」在兵連禍結、生靈塗炭的年代，明將經常假征剿之名肆行屠殺，殺戮良民「請功」。雍正估計，當時兵馬倥傯之時，百姓死者過半；例如在四川，竟致靡有孑遺，而偶有倖存者，不是肢體不全，就是耳鼻殘缺。這種聳人聽聞的事件過後六十年，目睹當時情景的耆老回想起來仍不免垂淚涕泣。即使如此，仍有謗讟大清的妄言甚囂塵上，奸民、僭越之徒假稱朱姓、謊托明室苗裔興風作亂，而不若古之隱士伏處草野隱姓埋名。似此蔓延不息，雍正說：「必至於無噍類而後已。」

雍正繼續論道，其中又以謀逆呂留良尤為凶頑悖惡，譏評宋元嬗替，天地裂變，亙古未有之星象異兆於今又復現。逆徒嚴鴻逵則轉相附和，餘波終至及於曾靜。在曾靜內心，「幻怪相煽，悠為毀謗」，竟致使他寫出「八十餘年以來，天昏地暗，日月無光」這等荒誕不稽的事情來。

雍正最後說，像呂留良、嚴鴻逵、曾靜等「逆天背理惑世誣民之賊，而曉以天經地義綱常倫紀之大道，使愚昧無知、平日為邪說陷溺之人豁然醒悟，不致遭天譴而罹國法，此乃為世道之人心計，豈可以謂之佞乎？天下后世，自有公論。著將呂留良、嚴鴻逵、曾靜等悖逆之言，及朕諭旨，一一刊刻通行，頒布天下各府州縣，遠鄉僻壤，俾讀書士子，及鄉曲小民共知之。並令各貯一冊於學宮之中，使將來後學新進之士，人人觀覽知悉。」雍正這次並未敕令如何刊刻通行，也未諮詢滿朝臣工對此事的進言。

到了十一月十九日，群臣依然沒有反應，雍正又再次催逼。雍正的上諭頗為簡略，幾個月前，他下旨杭奕祿、海蘭嚴加審訊曾靜。在這段期間，雍正每提詰訊，曾靜則逐一回答。雍正認為，「曾靜逐款回供，俱是悔過感恩之語。」但像曾靜這類奸險之徒語多詐偽或畏懼誅戮，才勉強作此認罪之詞。職是之故，雍正諭令朝臣將從前詰問各款逐一再詳加訊問，確證曾靜本人的口供，以驗明曾靜果真「自知罪大惡極，愧恥悔恨出於本心。」待群臣詳加審理之後，再具摺向皇上奏報新的證據。

群臣接獲此諭，別無選擇，唯有銜命遵辦。他們花了七天的時間重新審理口供，而於十一月二十六日奏報雍正。

群臣的奏摺簡潔明快。曾靜提出三點理由作為其行為的遁詞：居址深山窮谷，愚昧無知；阿其那、塞思黑之羽黨以及發遣廣西之人等奸謀流謗的惑聽；以及呂留良的邪說悖論對他蒙昧之心的汙染。由於邇來長期、廣泛的展讀，曾靜宣稱他現今已明白，悔悟從前的過錯，並領略大清王朝的睿智與寬仁，德化之盛及於板蕩的中土。曾靜本人坦承罪愆不諱，且得皇上出格之殊恩。

依群臣之見，曾靜罪證確鑿：詆毀本朝，汙衊君上，編造逆書從湖南至陝西勸封疆大臣反叛。意圖搆亂於昇平之世。曾靜為何以一介山野細民，戴高履厚五十餘載，忽然圖謀叛逆之事？自古以來，亂臣賊子之中從無此類之事。傾聽曾靜的供詞，群臣無不感到切齒恨憤。

群臣奏道，依律，這類謀反大逆之罪，應凌遲處死，正犯男性族人，十六歲及以上者皆斬，十六歲以下之男子並女眷發配為奴或流放邊疆。正犯財產悉數沒入官府。群臣認為，曾靜理應照此律即刻凌遲處死：「伏乞皇上，允臣等所請，將曾靜立正典型，以彰國法，以快人心。」

以往涉及本案的文牘，多由個人、專門衙署或少數心腹股肱之名具摺奏報雍正。但這份奏摺卻非比尋常，眾口同聲，由一百四十八位大臣聯名並附官銜上奏。這份名冊洋洋灑灑，通紙顯貴，琳瑯滿目，其中有主掌京畿要務的內閣大學士；處理朝廷日常政務的六部尚書、侍郎；考校文武百官行為曲直的御史；順暢全國文牘流通的通政使；北京翰林院的侍講、侍讀學士和編修，這些人嫻於典籍，歷經全國、各省科考勝出而蒙拔擢出仕；以及掌管民生經濟的專職官員，他們負責綜整各地源源不絕上奏朝廷有關稅賦、財政的奏摺。曾靜的悔恨之語並不能讓這些朝臣動容。法律就是法律，絕不容稍加寬貸。無論雍正心中所思可能與法律斷處相左，但在這件案子上群臣顯得口徑一致。

註釋

❖雍正的新計畫：在給內閣的上諭中宣布，日期是雍正七年六月二日（西曆一七二九年六月二十七日），證實杭奕祿、海蘭是主審官，以及岳鍾琪的逆書是最初的關鍵。這道上諭及其日期，見《大義覺迷錄》，卷三，頁一三—一四。這道上諭指稱「從前」偶檢幾件所批的岳鍾琪奏摺發與曾靜看，這大概是新策略的試驗。

❖曾靜老母、幼子的獲釋：前揭書，卷三，頁一七a。

❖曾靜對於岳鍾琪奏摺的觀感：前揭書，卷三，頁一四b—一七b。在幾個案例上，曾靜對於審訊京官的答覆全被記錄在冊，這個抄本存放在宮中。見《雍正朝漢文硃批奏摺彙編》，卷三十，頁九五七—九六二。

❖各省的奏摺：雍正指示，硃批發與各省督撫大吏諭旨「數百件」給曾靜看。見雍正的簡短上諭，未載日期，《大義覺迷錄》，卷三，頁二四a。

❖曾靜看過各省奏摺的觀感：《大義覺迷錄》，卷三，頁二四—二七。同一件抄本，見《雍正朝漢文硃批奏摺彙編》，卷三十，頁九六三—九六七。有關雍正宵旰勤勞的任事態度，見Silas Wu, *Communication and Imperial Control in China: The Evolution of the Palace Memorial System, 1693-1735*。

❖刑案：杭奕祿提及，這些都是雍正七年四月十一日（西曆一七二九年五月八日）以後督撫刑部擬定的刑案，見《大義覺迷錄》，卷三，頁五。從不同日期的廷寄顯示，雍正和他的大臣確實重新審理這些棘手的刑案。

❖曾靜對這些刑案的觀感：《大義覺迷錄》，卷三，頁六b—八。曾靜逐一閱讀杭奕祿所做的簡略摘要，並提出他的感想。曾靜於文後提出他對流言與奇談異誌的觀感，前揭書，卷三，頁一〇。

❖禁宰牛隻和禁賭：《清實錄》，卷八十二，頁二二b，雍正七年六月二十三日（西曆一七二九年七月十八日）。

❖鑄造錢文：雍正的分析，見《大義覺迷錄》，卷二，頁四一b—四四。關於清代錢文金屬比例的變更與早期的錢文，以及變更的理由，詳見Richard von Glahn, *Fountain of Fortune: Money and Monetary Policy in China, 1000-1700* (Berkeley: University of California Press, 1996)，特別是頁一四七、二〇八—二〇九。

❖曾靜的回應：《大義覺迷錄》，卷二，頁四四b—四五b。曾靜舉「鄉約」為例，見前揭書，卷二，頁四六a。同一文件的副本，見《雍正朝漢文硃批奏摺彙編》，卷三十，頁九五一—九五七。

❖民生經濟的對話：論湖南的艱困，《大義覺迷錄》，卷三，頁一—三。論轉運糧食與銀兩，前揭書，卷三，頁三b—四b。論虐民，前揭書，卷一，頁六〇。然而，《永興縣志》並未披露曾靜家鄉這時曾遭逢凶歲；反之，縣志記載雍正二年是特別豐收的一年。見《永興縣志》，卷五十三，頁三。

❖陸生楠案：這道上諭見《清實錄》，卷八十三，頁一b—一五，雍正七年七月三日（西曆一七二九年七月二十八日）。滿清與蒙古的典範，前揭書，卷八十三，頁二b；將陸生楠案比附曾靜案，見前揭書，卷八十三，頁五；陸生楠案與曾靜案的差異，前揭書，卷八十三，頁一四b。

❖陸生楠的死刑：論斷，《清實錄》，卷八十三，頁一九b—二〇；執行，前揭書，卷八十九，頁三〇b—三一（西曆一七三〇年二月九日）。

❖十一月二日上諭：《起居注》，頁三一二八—三一三四，日期是雍正七年九月十二日，以及《大義覺迷錄》，卷一，頁一—一三（未載明日期）。節錄版本見《清代文字獄檔》，頁三一—三五，以及《清實錄》，卷八十六，頁八a—一八。卷首引自《書經》的話，見James Legge, "The Shoo King" in *The Chinese Classics*, 7 vols. (Taipei: 1963), p. 490，以及《清實錄》，卷八十六，頁八—九；呂留良、嚴鴻逵對曾靜思想的負面影響，前揭書，卷八十六，頁九b；無關乎地域出身的差異，見前揭書，卷八十六，頁九b—一一b；新形態的遁隱，前揭書，卷八十六，頁一二；文官衝突的恐怖與不良效應，前揭書，卷八十六，頁一三；假托明室，前揭書，卷八十六，頁一三b—一四；孔子論夷狄之有君，前揭書，卷八十六，頁一四b；這道上諭的刊刻印行、頒布天下，前揭書，卷八十六，頁一八。《東華錄》卷十五，頁四一b，日期是雍正七年九月二日的上諭，與《大義覺迷錄》內收錄的上諭同，但它的刊刻印行是在幾個月後。

❖十一月十九日上諭：轉引作為大臣的序言，日期是雍正七年九月二十九日（西曆一七二九年十一月十九日），見《雍正朝漢文硃批奏摺彙編》，卷十六，頁八五二。令可參見《起居注》，頁三一六六——三一六七。

❖十一月二十六日上諭：《雍正朝漢文硃批奏摺彙編》，卷十六，頁八五二——八五五（該奏摺附有官員名冊，前揭書，頁八五五——八六〇），日期是雍正七年十月六日。《起居注》，頁三一八〇，刪節這道上諭作為雍正七年十月七日上諭的前言，以及全文作為雍正七年十月八日上諭的序文（前揭書，頁三一八六）。全文收錄在《大義覺迷錄》，卷三，頁二八——三一b，但並未載明日期。

第八章
赦免

在這幾個月的工夫裡，雍正想方設法在臣下之間造成一種氣氛，促使他們去看出曾靜根本上是一時糊塗——他的糊塗甚至還有幾許天真的味道，而呂留良的汙衊乃是包藏禍心、誣謗悖議，兩者相較之下，分別極大。但仍有許多大臣力主對曾靜處以極刑，說明了雍正的苦心並未竟其功。要求處死曾靜，是否也表示朝臣不同意雍正對呂留良的看法？這些朝臣難道想顛倒雍正的看法，呂留良乃無罪可言，曾靜才是居心叵測？雖然雍正再三催促，但刑部仍然不願將呂留良定讞。

雍正起先在十一月二十七日下了一道諭旨，可謂不厭其煩，諄諄教誨。文武百官奉旨齊聚乾清門，雍正言明國有國法，此案斷無輕饒之理，曾靜難逃一死。但是他決定網開一面，不誅曾靜、張熙，其原因有二：岳鍾琪為了讓送信的張熙吐實，曾立誓絕不出賣曾、張師徒；為了顧全岳鍾琪，以及他在此案所表現的不貳忠心，應維護岳鍾琪所立之誓言。

其二，經過幾個月的追查發現，許多最惡毒的謠言是幾個與雍正作對的皇弟的太監與門人所散播，衡量罪行輕重，曾張二人應以從犯視之，而非主犯。

曾張二人究竟應該如何處置，康熙當年（一六七〇年代）處置隨吳三桂造反者乃是關鍵所在。康熙平定三藩之亂之後，隨即下旨，凡是從犯，若有悔意且一心改過者，一概赦免。這個道理在此案也說得通。雍正為強調整個訴訟程序照章辦理，命李紱須得在場聽宣。李紱曾任直隸總督、現在刑部掌管曾、張這等欽命要犯。在場的官員都知曉，三年前皇九弟允禟囚禁於保定獄，將之銬上枷鎖、不給飲食的就是這個李紱。宣讀聖旨既畢，雍正只淡淡說道，之後還有旨意要宣。

從各省傳來的消息亦可看出，對此案的不安不僅止於在京官員而已。湖北按察使王肅章便是一例，此人對呂留良的詆毀極感痛惡，消息還傳到雍正耳裡。雍正寫道，王肅章因「含憤激切，一時昏昧，致失檢點。」但是雍正以王肅章之用意不惡，「著從寬免其究問」：王肅章若為無心自免國憲，如果是有意的話，那麼自然會遭上天責罰。

還有一份奏摺是廣州布政使王士俊所呈，說廣州府理猺同知朱振基「性僻行怪」，供奉呂留良的牌位，後來朱振基得知雍正對呂留良大加撻伐之後，才將呂留良的牌位私下收回，藏在家中。

還有一份奏摺是浙江布政使程元章所呈。浙北臨運河的富庶城鎮嘉興，有個曾任嘉興府訓導的張昌言，他私自做了一個呂留良的長生牌位，不但如此，他還將此牌位供在鴛湖書院中。另一名致休官員將此等大逆不道報與官府，官府立刻抓了張昌言，把匾額給燒掉。張昌言知所悔改，有司懲以鞭笞。程元章也上奏雍正，此案「嚴提各犯候審」。

這幾件事或許彼此並無關連，但擺在眼前的是，至少有三個省分，領俸食祿之人，其中還包括掌理司法、教育的官員深受呂留良所影響，甚至還公開表達對他的追思遙想。眼前有在京一百四十八名官員奏請處死曾靜，雍正在琢磨要如何好好回應的時候，心中也必定想到這些事情。

雍正在次日（十一月二十八日）便已將他對此案的看法整理妥當。有一事乃是至為明顯：聖旨的口氣現在像是為一個待罪之人做正式的懇求，而不只是駁斥官員的看法。「自古兇頑之徒，心懷悖逆，語涉詆誣者，史冊所載不可枚舉。然如今日曾靜此事之怪誕離奇，譸張為幻，實從古所未見。」曾靜一案固然是人心所共忿，為國法所難寬。然而，審理此案的用意就在於看看，是不是皇帝自身或臣下有什麼不可問心之處，可坐實曾靜訕謗之語。「若所言字字皆虛，與朕躬毫無干涉，此不過如荒山窮谷之中，偶聞犬吠鴞鳴而已。」

雍正繼續說，他當初聽聞此事，就坦然於懷，絲毫沒有忿怒之意，這是左右大臣都親眼看見的。後來侍郎杭奕祿、副都統海蘭到湖南把曾靜拘提到案，「明白曉諭，逐事開導，動以天良，怯其迷惑，」於是曾靜親筆寫下口供數萬言，雍正才漸漸曉得曾靜確是真心悔過，也得知造謗陰謀者用心之深。分別華夷滿漢之見，任誰都可看出這個想法是來自呂留良。而曾靜對皇上的侮蔑顯然也得自阿其那、塞思黑、允䄉、允禵這幾個皇弟及其門人太監所傳布的惡毒謠言。雍正思索此案已一年有餘，有一事已經都弄得一清二楚：此案的邪書造謗，其主要罪證都不是始於曾靜。是故以雍正的看法是，「曾靜之誤聽尚有可原之情，而無必不可寬之罪也。」

雍正為了說明曾靜的想法另有其源，在諭旨裡用了好多頁來講述這一年來所蒐集到的證據。關於此案的消息定期會送到宮裡，其中以新任湖南巡撫趙弘恩所提供的最為寶貴。趙弘恩出身漢軍鑲紅旗，處事俐落明快。前任巡撫王國棟行事遲滯，時常教雍正大動肝火，而趙弘恩一上任，果然比王國棟更有作為。雍正根據新的事證，解釋如何從曾靜的供詞循線查到南行的四名王府旗員，雖然這四人還未確定身分，但他們應是前往廣東無誤。還有幾名宦官被捕受審問，並押解到京城，也從他們口中獲得新的消息。這些宦官和其他流放之人在何處散播惡毒謠言，一路上與何人交談，還有有些女眷後來又轉述所聽聞之事，這些都已經查出。

雍正在十一月底的諭旨中，也把這些宦官說到康熙皇十四子為何未能繼承大位的謠言告訴了臣下。康熙皇帝賓天之前原本屬意皇十四子繼位，並在傳位遺詔中明言；但就在康熙大行之際，皇四子胤禛的一名親信趁著宮中混亂竄改了遺詔，把「傳十四子」改為「傳于四子」，胤禛方得克承大統。雍正還把其他的傳言告訴臣下：說他逼先帝退位，以致先帝氣急攻心而崩（譯按：《大義覺迷錄》收錄之上諭，內述聖祖康熙皇帝「在暢春園病重，胤禛進了一碗蔘湯，不知如何，聖祖皇帝就崩了。」）又說皇太后欲見被圈禁的皇十四子允禵，雍正不許，以致皇太后一頭撞死鐵柱上；還有雍正將塞思黑下獄，結果逼得他的母妃懸樑自盡。

雍正一點一點把這些謠言說出：先帝原本打算傳位十四子，任命他為大將軍王，率大軍入藏，既讓他有帶兵的經驗，又可以有一支效忠於他的鐵衛。而雍正也一步一步拆穿這些流言：英明如聖祖者，怎麼會明知自己行將不久於世，還把默定繼承大位的人派到邊疆去打仗？「皇考春秋已高，豈有將欲傳大位之人令其在邊遠數千里之外之理？雖天下至愚之人，亦知必無是事矣。」而且路遙道難，又怎能趕回繼位？允禵手下兵士的家眷都在北京，若舉兵奪權，「所統者不過兵丁數千人耳，又悉皆滿洲世受國恩之輩，而父母妻子俱在京師，豈肯聽允禵之指使，而從為悖逆之舉乎？」

雍正不厭其煩，把曾靜在僻遠湖南所聽到的種種傳聞，根由都給追了出來。說雍正令浙江開捐納之例，以六百萬銀兩把西湖修為遊幸之地；又說雍正在蘆溝橋上蓋官房，向往來客商收取飯錢，而且荒淫無道，縱酒無忌。雍正把這些說法都歸咎於那幾個蓄心陰險的弟弟，還有與他們交往的心懷怨懟的人，表示追蹤這些謠言的來源並一一駁斥，阿其那、塞思黑這幾個弟弟的罪證也就愈加確鑿。雍正相信後人當會看出他不得已的苦衷，這讓他有種寬慰之感，即使是「此朕不幸中之大幸，非人力所能為者，即此則曾靜不為無功，即此可以寬其誅矣。」

雍正的意思是，犯下滔天罪行的另有其人，曾靜的作為只是顯出環環相扣的罪證之一罷了。光憑這點就可以考慮免除曾靜的罪。但是雍正欲赦免曾靜，「非矯情好名而為此舉，」而是印證了虞書所言：「宥過無大，刑故無小」。所犯之罪以及由犯行所獲之刑，乃各以其方式取決於犯人改變一己命運的能力與真心悔過到什麼程度而定。此乃何以「過大而能改，勝於過小而不改者。」

更何況，「曾靜狂悖之言止於謗即朕躬，並無反叛之實事，亦無同謀之眾黨。」那又為何不相信曾靜親筆書寫數萬言乃是真心悔改，而饒他一死？若是有人以為曾靜曲意阿諛，諂媚頌揚，令雍正龍心大悅，所以才赦免了他的話，那麼這種人正無異於曾靜之前的「犬吠鴞鳴」。

雍正的意思是繼續審訊捏造、散布各種惡毒謠言的人。雍正還想刊行曾靜和張熙的供詞，甚至大逆不道的言辭，讓天下人都了解此案的來龍去脈，尤其是讓楚地大小官員知道自己平日不能宣布國恩，化誨百姓，盡去邪心，以致出了這麼個曾靜。而那些對於曾張二人未獲極刑而忿忿不平的人，或是想利用這情勢來遂行不法之目的者，都會受到嚴厲處分。

曾靜既已獲得特赦，與他為鄰的人就不應亦欲加害於他。而雍正的子子孫孫「將來亦不得以其詆毀朕躬而追究誅戮之，」因為曾靜和張熙可是雍正「特指赦宥之人」。

但是，呂留良一案則完全不同。先帝康熙對呂留良的罪行一無所悉，自然也就不可能赦了呂留良的罪。由是之故，定呂留良什麼罪乃是掌握在雍正手裡，「朕今日可以明正其罪」。

這份詔書沒有要臣下繼續議論之意，更何況雍正在三日之內又發了兩份詔書，縷述幾個皇弟的罪行，好像這個關鍵凌駕於其他之上；在國家政事與宮廷鬥爭的問題下，赦免曾靜反而是次要的問題了。雍正在這兩份詔書中歷數阿其那、塞思黑、允禩所犯之罪，而雍正皇恩浩蕩，對他們已是百般善待，此外也說了正關在大牢的允禵。雍正告訴臣下，允禵知道自己所犯之罪，連在拘禁之地都還行「鎮壓之術」。但是這些都沒個作用，他最信賴的太監因為皇上「若據實供出，絲毫不隱，必寬宥汝罪，」所以已經背棄了舊主。這名太監供出，雍正初踐大統，亟謀穩定局面之際，那阿其那、塞思黑、允禩結黨密謀不軌，最後把他的主子允禵也給扯了進去。諭旨裡面還說，舊事歷歷如在目前，雍正他寫這些話的時候還「揮淚書此，再示臣民，天下亦可以知朕之心矣。」

朝廷對此事既然有了如此的提防，為今之計，百官的不平之鳴或許只有在最得雍正寵信的人的翼護下，才能孤擲一試了。一百四十八名京官十一月是以刑部之名，奏請將曾靜凌遲處死。十二月五日，京官則是以和碩怡親王允祥之名再奏此事。此案在審訊的過程中，怡親王在許多關鍵點上奏請雍正明察。假如怡親王願意對雍正聖意獨裁表示懷疑，就有可能重開此案。果若如此，縱然雍正有言在先，也不至於處置隨怡親王上奏的官員。

奏摺面上寫著「諸王大臣等再疏請曾靜題本」，大膽點出怡親王與朝臣所要說的題旨：

> 滔天之罪惡難寬，率土之同仇甚切
> 祈
> 乾斷明正典刑以昭
> 國憲，以快人心。

犯何罪，該當何刑，朝廷都有律例，按律行事，如此才能保律例之尊嚴，安天下之人心。皇帝「不忍以雷霆殲滅，欲使之革面回心，自堯舜禹湯以至於今，未聞此寬大之典也。」如今年歲豐登，民氣和樂，曾靜卻偏要讀呂留良的反書悖論；嘉祥駢集，風俗阜成，可曾靜偏偏要去聽阿其那、塞思黑門下奸徒誣捏的流言，還要其徒張熙從湖南遠至陝西，赴總督岳鍾琪衙門投遞逆書。皇上雖然在諭旨裡頭說，「曾靜狂悖之言止於謗及朕躬，並無反叛之實事，亦無同謀之眾黨，」但是曾靜有意舉事謀反，卻是不爭的事實。同理，雖然「過大而能改，勝於過小而不改，」但曾靜所犯之罪在十惡，原來是三宥所不及，而張熙與曾靜共謀不軌，罪亦難寬。怡親王最後奏請「皇上俯允臣等所請敕下法司，將曾靜張熙按律處決，碎屍懸首，查其親屬逆黨，盡與殲除，以明朝廷之憲章慰臣民之公憤，臣等無任懇篤激切之至，為此謹題請旨奉。」

雍正當天就有了旨意，行文簡短，用語不加修飾，直接了當。雍正把意思說得很明白，既然他沒辦法得到臣下的支持，那麼他就乾綱獨斷，憑一己的良知來行事，其餘的，就讓後人來評斷吧。

「寬宥曾靜等一案，乃諸王大臣官員等所不可贊一詞者，天下後世或以為是，或以為非，皆朕身任之，於臣工無與也，但朕亦再四詳慎，所降諭旨俱以明晰，諸王大臣官員等不必再奏，倘各省督撫提鎮有因朕寬宥曾靜等復行奏請者，著通政司將本發還。」

雍正話說得很明白，要放了曾靜和張熙。

雍正的話雖然說得斬釘截鐵，卻也不是「皆朕身任之，與臣工無與也」。因為有個沒沒無聞者識得的人寫了一篇長文，支持雍正的看法，結果登載在京報上頭，這件事極為不尋常。寫這篇文章的是福建泉州的一個年輕文人，名叫諸葛際盛。他最先是寫了一篇討呂留良之義檄，之後顯然是官府裡贊同雍正對曾靜與呂留良立場的人拿到這份揭帖，決定把它登在京報上，刊行各省。

諸葛際盛從雍正的諭旨裡讀到呂留良日記的片段，自言他能從這些日記中看到呂留良是如何蓄意辱及先帝。而呂留良的子孫顯然也是故意藏匿此等大逆不道之說。任何明理的人都看得出，呂氏一族意欲不利於大清。諸葛際盛為了自圓其說，說呂留良的先祖出了呂產、呂祿、呂布等，呂姓不肖之人，近世也不乏其人，不但有違臣綱，還有幾人問斬。反觀諸葛際盛，乃是諸葛武侯之後，雍正最近才將諸葛武侯入祀孔廟。諸葛際盛最後寫道，既然呂留良死去已久，唯有戮屍示眾，才與他的罪行相符。

雍正以長篇大論，把自己的看法又說了一遍，並允許刊行一名年輕文人的支持，等於是藉此迫使臣下接受他的看法。雍正或許是出於同樣的想法，在一七三〇年一月二十四日又宣了一道諭旨，公開嘉許四名廣東的年輕學子，因為他們把朱振基私供呂留良牌位一事報官。雍正表示，此四人之作為證明他們「深明大義，不為邪說所惑，據實出首，以彰名教，具見士習淳良，甚為可嘉。」雍正為了獎勵這四人的家鄉，下旨增加錄取員額。「著將今年該州應試完場之舉子，交與該學政秉公遴選學問優通者四人，賞作舉人，送部一體會試，以示恩獎。」

不到七日，出現異象，雍正立刻將之告訴朝中眾臣。曾靜在逆書中提到，山東曲阜的孔廟在一七二四年幾乎毀於祝融，督修孔廟工程通政使留保在一月二十六日奏報，正當孔廟大成殿上樑之前二日午刻，慶雲出現在曲阜縣，形狀有如芝英彩鳳，五色繽紛，且歷久益加燦爛。聖廟督工濟東道張體仁與山東巡撫岳濬（此人正是岳鍾琪之子）提報之日，在正南方有祥雲，「金色輝煌，綿亙東西，丹黃紫碧，綿絲綺組，環捧日輪，經正南東南西南三面，歷午未申三時，」萬目共睹，莫不稱慶。上書房的馬爾賽、張廷玉、蔣廷錫也都認為此「皆由聖主至誠至敬知心，是以顯符前聖，協應天人，實為史冊未有之嘉祥，亙古罕逢之上瑞。」有此瑞象，雍正心裡很安慰，但是「卿等歸美朕躬之詞，朕不克當。」想來這是因為孔子對重修孔廟一事，雍正「親為指授遴選良工庀材，興造虔恪之心，數年以來無時稍間，」表示嘉許之意。雍正為了「體奉先師樂育之盛心，特行造就人材之曠典，」特地把即將於這年夏天舉行的會試名額，由一七二七年的兩百二十六名增加至四百名。各省鄉試的錄取正額，每十名加中一名。而岳濬「少年老成，克遵伊父岳鍾琪之家訓，……才守兼優且虛懷授善」，也實授山東巡撫之職。

曾靜當初在《知新錄》中說於今正值斯文厄運，以致孔廟焚燬，如今發生這事，雍正忍不住把留保所上的奏摺和慶雲圖給剛獲赦免的曾靜看，問他這到底是「斯文厄運之災異，還是文明光華之祥瑞」？曾靜淨揀災禍來說皇帝的不是，到底為的是哪端？曾靜是不是也該開始褒貶並陳呢？對這個異象，曾靜提出一個說得通的答案：慶雲五彩，捧日光華，融靄於曲阜縣，這證明了「聖心與孔子之心為一，即是與天心為一。」

曾靜只還有一件事要做，就是將供詞加以潤飾，把他有如身處夢中的奇特經驗詳細記下。他拿出看家本事，作了篇長達二十七頁的文章，名之為〈歸仁說〉。此說雖然長，但是意思很明白：上天積氣厚而生聖人，數百年有一個聖人，又數千年才出一個大聖人。就好像沒有耕種的土地，生氣鬱積既久，一耕種，收成必定數倍。但是中國已經氣竭力倦，所以聖人出在遠地，也是自然之事。本朝便是如此。勒兵入關，取明直如反掌之易；一戰而勝李自成之眾，如摧枯拉朽；以仁義之心，行仁義之政——凡此都證明了聖人不盡生於中土。所以華夷的區分不在地之遠近，而在禮義之有無。呂留良的想法實在大謬不然，那些與雍正作對的皇弟也錯了。他們執迷於造謗，不改其惡行，足見其罪孽之深。當今皇上有如堯舜再世，復備孔子之師道，天下人皆知。只須拔除呂留良的逆說，「今日之正義永有攸歸矣。人人惇悅服愛戴之忱，在在守孝子忠臣之分，各自重夫人倫，以全其天理之大。」

雍正從一注意到曾靜一案，就說要把悖逆之言和他的諭旨一起刊行於世。他甚至已經朝著這個方向去做了，把他最初駁斥逆說的諭旨發到各省。此刻，到了一七三〇年二月初，雍正已將材料備齊，不須再有添增。於是，一月三十一日對孔廟瑞象所下的諭旨，以及曾靜對諭旨的回應就成了這整個案子所收入最後的文件了。以論及孔子來標舉這個改邪歸正的時刻頗為合宜；曾靜原是「忞為毀謗」的逆賊，而後豁然醒悟，深切悔改，痛覺前非，而蒙皇恩所赦，這層層轉折，到了最後曾靜撰了〈歸仁說〉，這在雍正眼裡，實在是個圓滿的結局。也就是在這個時候，雍正將此書定名為《大義覺迷錄》。

如何篩選繁浩的奏摺、諭旨等各類文書，排列先後次序，如何安排刊刻印行諸般事宜，這就是雍正和臣工要費心思量的了。曾靜在北京已經再無事可做了，雍正恩准他離京。這兩個年屆天命的人到此時彼此都還未見過面，或許此生也再無此機會了，但是這兩個人肯定不會忘記對方的。雍正替曾靜在家鄉安排了一個差事，由湖南觀風整俗使李徽聽用。離京的日子接近了，宮裡來了人，給曾靜帶了衣物等禮物。

是啟程的時候了。曾靜在二月中離開了北京，穿過蕭蕭冬原南行。

註釋

❖雍正在十一月二十七日頒布的諭旨：我以收在《起居注》，頁三一八〇—三一八一的諭旨為定本，日期為雍正七年十月七日（西曆一七二九年十一月二十七日）；這與收在《清代文字獄檔》，頁三八b—三九的諭旨一樣（底稿現藏於北京大學）。這兩個版本都提到一六七三年「三藩之亂」一事。《清實錄》，卷四，頁四b—六所收的上諭或經刪節，或經修潤，收在《清代文字獄檔》，頁三七b—三八，日期載明為雍正七年十月六日（西歷一七二九年十一月二十六日）。

❖李紱隨入聽旨：前述幾個版本都提到此事。李紱歷任要職，極為顯赫，見《清代名人傳略》，頁四五五—四五七，與《清史稿》，頁一〇三二一—一〇三二五。佚名，《允禩允禟案》中將李紱在允禟之死的角色寫得繪聲繪影。

❖王肅章的「含憤激切」：見《雍正朝漢文硃批奏摺彙編》，卷十七，頁六八〇，雍正八年一月十三日（西曆一七三〇年三月一日）。

❖廣州布政使王士俊在雍正七年九月十五日上奏了朱振基一案：見《宮中檔雍正朝奏摺》，卷十四，頁三九〇。王士俊在雍正八年十月十一日上了奏摺，將朱振基照大逆不首律，擬斬立決，見《雍正朝漢文硃批奏摺彙編》，卷十九，頁二八一。廣東總東郝玉麟在雍正八年十二月二十日上奏乞罪，最先因誤看李衛審張昌言之案，只判朱振基以杖刑，見《宮中檔雍正朝奏摺》，卷十七，頁三九五—三九七。

❖署理浙江布政使程元章上奏張昌言一案：日期不詳，推斷為雍正七年十月（西立一七二九年十一月或十二月初），見《雍正朝漢文硃批奏摺彙編》，卷三十三，頁一四二。

❖雍正在十一月二十八日所下的諭旨：收錄在《起居注》，頁三一八六—三一九六，雍正七年十月八日，亦見於《大義覺迷錄》，卷三，頁三一—四九。雍正提及阿及那、塞思黑門下太監一節，係據廣西巡撫金鉷和湖南巡撫趙弘恩所報。趙弘恩在雍正七年九月二日（西曆一七二九年十月二十三日）被任命為湖南巡撫。趙弘恩現存最早述及流放軍犯沿途散布流言的奏摺是雍正七年十一月七日（西曆一七二九年十二月二十六日）所奏，見《雍正朝漢文硃批奏摺彙編》，卷十七，頁一六七。趙弘恩在雍正七年九月十九日，與湖廣總督邁柱聯名上了一份奏摺，奏了別的事，見《雍正朝漢文硃批奏摺彙編》，卷十七，頁六五〇，雍正七年九月十九日。兩人或許還上過一份奏摺述及宦官，但現已佚失。

❖十一月二十八日諭旨的內容：言及曾靜此案之怪誕離奇，見《大義覺迷錄》，卷三，頁三一b—三二；曾靜沉溺於呂留良之邪說，見前引書，卷三，頁三三；太監談論聖祖皇帝原傳十四阿哥允禵天下，皇上將十字改為于字，見前引書，卷三，頁三四b；言及十四阿哥在西陲用兵，前引書，卷三，頁三七—四一；湖南傳說雍正荒淫無道，見前引書，頁四二b—四三b；有曾靜造書造謗，雍正才得其情，見前引書，卷三，頁四五b；曾靜之過雖大，實有可原之情，見前引書，卷三，頁四七；人以改過為貴，見前引書，卷三，頁四七b；曾靜天良感動，誠懇改過，見前引書，卷三，頁四八；雍正言明將來子孫不得以其毀詆雍正，而予以追究誅戮，見前引書，卷三，頁四九b；論及呂留良之罪，見前引書，卷三，頁四九b。

❖ 接著的兩道諭旨：見《起居注》，頁三二〇九─三二一四（雍正七年十月十二日）與頁三二一六─三二一八（雍正七年十月十三日）。這兩道諭旨分別刊印在《大義覺迷錄》，卷三，頁五〇─五九b和頁六〇─六四b。提及雍正和皇十弟在拘禁之地為鎮壓之術，被太監出首，見前引書，卷三，頁六一；雍正垂涕揮淚，見前引書，卷三，頁六二b與頁六四b。

❖ 怡親王上奏：見《起居注》，頁三二二四─三二二五，雍正七年十月十五日。另見於《大義覺迷錄》，卷三，頁六四b─六七b，未註明日期，但是收在此的題本有一大段未見於《起居注》，怡親王的名字也不見於《起居注》。

❖ 雍正拒絕怡親王的題本：見《大義覺迷錄》，卷三，頁六七b─六八與《起居注》，頁三二二五所收完全一樣。《東華錄》，卷十五，頁四七，也收了這些文件的成份或全部，但日期皆為雍正七年十月八日，令人費解。

❖ 諸葛際盛的檄文：雖然諸葛際盛的檄文未留存至今，但從唐孫鎬對諸葛際盛的批評，便可知其梗概。見湖廣給事中唐繼祖在雍正八年二月十三日所上的奏摺，《雍正朝漢文硃批奏摺彙編》，卷十七，頁九二五─九三一，亦見於湖廣總督邁柱在雍正八年一月十日的奏摺，《雍正朝漢文硃批奏摺彙編》，卷十七，頁六七一─六七二。

❖雍正嘉許廣東連州生員陳錫等四人：見《清實錄》，卷八十九，頁一四b。

❖山東曲阜孔廟的瑞象：見前引書，卷八十九，頁二二—二四。岳濬在次日即蒙擢升，見前引書，卷八十九，頁二四。

❖奉旨問曾靜有關曲阜孔廟瑞象：見《大義覺迷錄》，卷二（譯註：原書誤作卷三），頁六四—六六b。

❖曾靜的〈歸仁說〉：收錄在《大義覺迷錄》，卷四，頁三一b—四五。

❖慶雲：雍正在訊問曾靜的問題中明確提到督修孔廟工程通政使留保是在雍正七年十一月二十六日（西曆一七三〇年一月十四日）看到慶雲。根據《起居注》，雍正在一七三〇年一月三十一日論了這份奏摺，並加以回應。據作者所能確定，這是《大義覺迷錄》所出現最晚的日期，這說明了此書的編纂始於一七三〇年二月。有關刊刻印行一節，見本書第十二章。

❖雍正和曾靜始終未曾謀面：李衛在雍正八年三月十日所上的奏摺，雍正硃批「但曾靜朕未便見面」。

❖曾靜離京，雍正御賜禮物：見曾靜在雍正八年六月二日呈給湖南巡撫趙弘恩的投遞，《雍正朝漢文硃批奏摺彙編》，卷十八，頁一〇一四。

第九章

獨鍾

曾靜的目的地是湖南永興。去年夏天，雍正下旨釋放了曾靜的老母幼子，如今他們已經獲允返家。不過曾靜這時候還回不得永興，他得先去兩江總督管轄的南京、蘇州和杭州。曾靜得先見過兩江總督府的官員，回答了他們的問題之後，方可回湖南，雍正還要他回湖南後向觀風整俗使李徽報到聽用。

張熙的審訊還沒結束，因此留在北京，並沒有和曾靜同行，但曾靜一路上也不是只有自己一個人，還有杭奕祿跟著他。杭奕祿審了曾靜一年，當時常替雍正向他問話，如今已經升了官，擔任滿洲鑲紅旗都統。杭奕祿在十一月也以刑部侍郎的官銜，聯名奏請雍正將曾靜依律凌遲處死，他對曾靜的悔過顯然是無動於衷，而他現在的差事卻是乏味得多：把曾靜蒙皇上赦免的旨意傳給南方各省的官員，並把雍正的旨意帶到：「訪拿曾靜供出詭名王澍播散流言之人。」杭奕祿也帶了王澍的畫像，這是依曾靜的描述所繪，廣貼於江南，希望藉此能有人指認。

二月二十八日，曾靜到了淮安，離江南還有三百餘里之遠，碰巧見了新上任的江蘇巡撫尹繼善。尹繼善出身正黃旗，一七二三年中進士，現在也不過三十三歲，仕途可謂青雲直上。淮安是淮河與大運河交會之處，他來此查訪民情，正要打道回蘇州。杭奕祿趁這個機會把旨意告訴了尹繼善，並把王澍的畫像和從曾靜得來的消息告訴尹繼善。王澍在一七二三年見到曾靜，提到他曾在潘宗洛湖南學差任內，替他「看過文字」。既然潘宗洛也做過不小的官，再加上他原籍常州府宜興縣，也是江蘇人，尹繼善可以循這條線索查下去。

這天晚上，曾靜夢到王澍。他在夢中已經回到永興家中，跟族人曾天祥談到這個案子。幾個此這案裡牽連到的人，曾天祥似乎都曉得，他告訴曾靜，此案的關節還在一個姓鄧的湖北人身上，此人曾在王澍家教過書。曾靜族裡另外有個曾又思知道這姓鄧之人住在哪裡，還有其他諸般細節等等。曾靜把這個夢告訴了杭奕祿。杭奕祿後來在蘇州見到尹繼善時，又把這件事告訴他。尹繼善查了潘宗洛歷任所請的幕友及教書看文字的人，但還找不到什麼線索，不過自覺職責所在，應該追查下去。尹繼善在奏摺中寫道：「夢中之語雖難憑信，但如此罪大惡極之人，天理昭彰，無不敗露，或者由此跟尋而得亦未可定。」

三月十一日，曾靜和杭奕祿到了杭州，李衛在此任兩江總督，一年前呂留良的族人、門徒被抓個乾乾淨淨，就是此人手筆。李衛這是頭一次見到曾靜，但對他的諸般大逆不道已經聽了許多，曾靜的猥瑣平庸倒是讓李衛大為吃驚。他在奏摺裡說：「觀其狀貌語言，乃係鄙陋不堪，甚屬平常者。」不過李衛也加上一筆，他的措詞口氣倒與尹繼善有幾分相似，說不定曾靜一事別有深意：這有可能是「天地祖宗之靈借此妄人以昭顯千古是非邪正之別，而使天下無不咸知，造言生事之徒，共相儆戒，誠非偶然也。」李衛令人四處張貼了王澍的畫像，也讓曾靜見了一些各個行業的人，說不定哪個耳熟的聲音會喚起他以前的回憶，但是曾靜並沒有指認出什麼人來。也沒有人有什麼關於那出現在曾靜夢中的姓鄧的人。

一時之間，曾靜是沒什麼事了。杭奕祿要回北京，曾靜則繼續往長沙去，然後再向南折，回他的永興老家，拜見高堂老母。李衛為了保護曾靜一路周全，派了外委把總吳居功，帶兵四名跟著曾靜。（李衛從銀庫裡支出這筆花費。）誰料造化弄人，天人竟成永隔：三月十七日，正當曾靜準備離開杭州，傳來曾靜母親去世的消息，得年七十有八。於是曾靜披麻帶孝，星夜趕回家中。

雍正收到底下寫來各式各樣有關曾靜的奏摺，他總是寥寥數語，迅速批示。雍正在尹繼善的奏摺上批：「覽，但夢寐之語何必如此認真也？」在李衛的奏摺上，雍正匆匆寫下：「覽，曾靜之感服情形如何？」但是御筆未落，從湖北就送來一份密摺，證明曾靜獲釋完全不能驅散謠言的陰霾，雍正的關注點又從曾靜轉向呂留良。

從文件觀之，雍正是在三月收到這份湖廣總督邁柱的密摺。雍正所倚重的官吏多為條理分明、經驗豐富、任事勤勉，出身正藍旗的邁柱也是滿人能臣，他所陳之事還沒塵埃落定，事關一個名叫唐孫鎬的浙江文人，他在離武昌不遠的通山縣為幕賓。這等文人在各地都有，他們算得上飽讀詩書，但是沒能在科舉考試及第掄元，所以也做不了官。他們往往隨著東道主，不辭長途跋涉之苦，這種工作雖然稱不上光宗耀祖，但是入帳也夠維持小康之家，所以不乏人問津。唐孫鎬的情形就是如此，他已經跟了知縣井浚詳幾年了。

照邁柱的解釋，唐孫鎬這個案子有點古怪，因為整件事起因於顯然是壓不住怒火。唐孫鎬在一七三〇年二月注意到一份一月的京報，這是唐孫鎬內心怒氣的來源。各省的知縣都會從兵部的驛寄收到一份京報，略述北京最近所發生的事，雖說這只限於官員之間傳閱，但是入幕為師爺的自然也都看得到，唐孫鎬當然也就從上頭看到諸葛際盛對呂留良的攻擊。令人料想不到的是唐孫鎬的反應。根據井浚詳向湖廣總督所檢舉，唐孫鎬讀完諸葛際盛的文章之後，「忽然瘋狂大作，詈罵號呼，無所不至。卑職再三勸阻，加以切責，毫不醒悟。及至本月初三日，忽欲辭去。」井浚詳問唐孫鎬，辭職之後做何打算，他回說：「將赴憲轅遞呈。」井浚詳追問他要遞呈什麼事情，唐孫鎬便交給井浚詳一份他這幾天寫的文章。文中對諸葛際盛析論呂留良的部分加以攻擊，又嚴詞批評「左右近臣又因聖怒未解，不敢冒昧進呈，」仗義執言，誤導雍正以致誤解呂留良的學說，唐孫鎬又慷慨盡陳自己安身立命的道理。

唐孫鎬在揭帖中說諸葛際盛「蛇蠍為心，豺狼成性」。唐孫鎬知道自己乃是一介布衣，但他至少還曉得「好善惡惡」，他這個人秉性耿介，夙有志願銘刻在心，若是遇到不平之事，必定以死爭之。唐孫鎬此人乃一「獨鍾」也。而諸葛際盛對呂留良的攻訐最為他所不容之處，在於「際盛吠聲一作，即有一二敢言之臣，亦為之氣阻」。諸葛際盛「天良喪盡，妄作謗書，上蔽聖聽，下欺士類，幾令吾道淪胥，斯文掃地。此誠危急存亡之秋，欲死已得，其所將死之言，庶裨萬一。願當事大人少垂鑒察，則死且瞑目。」

唐孫鎬認為今上從御極以來，就戮力澄清吏治，撫恤民生，勵精圖治。但是大清受到自秦一統天下之害：在唐虞之世，上有堯舜為君，下有稷契為臣，「君臣交贊，故治化臻於極隆，為千古所莫尚。」但是今天的情形則不是如此，「皇上曰可，臣亦曰可；皇上曰否，臣亦曰否，上無憂勤之聖，下無翼贊之賢。」

呂留良著書一事就是一個例子。皇上在降旨的時候，還是「疑信相參」，想探求臣下的想法。公卿大臣若是細讀呂留良之書，舉其正書而力爭的話，那麼聖心崇儒重道，必然會油然而動。「無如內外臣工恐干批鱗之咎，甘作違心之談，此曰剉骨，彼曰揚灰，此曰焚書，彼曰滅族。」舉朝眾口同聲，讓皇上難以獨斷。那麼皇上自然會以他的權力來決生斷死，曾靜的案子便是一例：「縱使百爾工臣皆曰可殺，猶將遍詢於國人，以求其一線之生路。」

在呂留良一案，根本沒人問過諸葛際盛的意見，而他卻「擅作檄文，飾奸為忠，悉圖倖進。」唐孫鎬看了之後忍無可忍，「恐此人得志，吾輩死無噍類！」

唐孫鎬認為諸葛際盛的檄文多有矛盾之處，如果諸葛際盛早知呂留良的書大逆不道，他為何不在諭旨未降之前就明說，反而是在之後才發聲？如果說呂留良的子孫窩藏毒孽，但是他的作品盈几充棟，他的子孫又如何能把所遺千卷的作品泯滅其跡？太祖太宗歷下豐功偉業，這時呂留良還沒出生，聖祖康熙和皇上的治績多是呂留良死後的事，諸葛際盛又如何拿呂留良生前死後的事情來詰問他？而拿其他姓呂的不肖古人來非難呂留良，也是堪稱一絕。若是如此，那麼不也可以找許多品學兼備的姓呂之人，來證明呂留良的學問品行足堪為後世典範？

諸葛際盛何不多花點時間，讀讀呂留良的書，由其是《四書講義》。在唐孫鎬看來，此書「闡揚聖道至精且詳，海內文人莫不宗之。聖人復起，不易其言。」為了這個原因，這部作品應該對此世有更大的影響力才對，可惜「皇上日理萬機，無暇繙閱此書，而左右近臣又因聖怒未解，不敢冒昧進呈，致使留良家藏之戲筆日暴日彰，傳世之嘉言日隱日沒。」其結果便是像諸葛際盛這類小人得以肆其謗訕。如果「外僚之奏未齊，廷臣之議未定，」皇上很可能就會誤信其言，以為國人皆曰可殺。

焚書毀板、夷族戮屍乃是蠻夷的作為，但事情已經到了有此一議的地步，若是古聖賢的奧義付諸烈火之中，數十載的枯骸飛揚於白日之下，「尚陽堡內朝朝聞稚子之啼，天蓋樓頭夜夜聽幽鬼之泣，」讀書明理之士豈不為之寒心？「孔孟在天之靈亦應為之流涕。可憐八十餘年養士之恩幾幾乎隳於奸賊一人之手，當事大人皆弗能救與。能救則此其時矣，尚何待乎？」若是不能救的話，那就把這份檄文繕呈御覽，他也願赴京師，「與奸賊際盛面質於勤政殿前。」若是蒙聖主垂憫，則「焚其邪說，留其餘書，斬際盛之頭，以懸示天下。」

唐孫鎬在檄文的最後兩頁從歷史中來為呂留良的行為辯解。呂留良並非無過，他長於東南諸邦，彼時清朝初定，還有許多洛邑頑民，而呂留良「自附前朝儀賓之後，不覺誤入頑民之列。」但是呂留良在亂世中寫出了有價值的作品——不光是論典籍，也論政制——「評選兩朝制藝，反覆辯論，義理透徹，直能窺聖賢之堂奧，兼可啟後世之顓蒙。」唐孫鎬自承才不足以論斷呂留良，也自知無法就重大議題有何貢獻。他知道自己可能會受極刑，成為天下人的笑柄。

唐孫鎬想讓人知道，他挺身替呂留良說話，是因為他認同呂的看法，而不是因為和他同鄉的緣故。他與呂留良之間非親非故，只因他身逢盛世——人若是只為私利著想，則必由盛而衰，「當無可如何之際，而迫為不得不然之辭。」

唐孫鎬最後表達出很強烈的目標感：「感悟天心十之一，身罹法網十之九，然其與無恥之諸葛際盛並生陽世，何如與儒雅之呂氏父子同歸陰府也。嗚呼，仲山甫之不作，魏鄭公之已亡，朝廷已無諍臣，草野復生，孽畜後之。修史者不幾笑我朝無人物乎。雖然莫謂無人也，猶有不怕死之唐孫鎬在。」

這份檄文讀得井浚詳心神不寧。這些話可是出自井浚詳的幕賓之手，而他竟然不知道唐孫鎬寫了這些東西。像井浚詳這般地位見識的人，都曉得唐孫鎬用的兩個典故。仲山甫是周宣王的宰相，《詩經・大雅》稱讚他進諫的手腕與勇氣，這段詩句可說是學童盡知：

人亦有言：
德輶如毛，
民鮮克舉之，
我儀圖之。
維仲山甫舉之，
愛莫助之。
袞職有闕，
維仲山甫補之。

而任何讀史的人都曉得，魏徵是唐代的名相，他比仲山甫晚了一千五百年，但情形類似，都是以剛正不阿，只要有利於邦國社稷，敢於觸犯天顏，直言上諫。

井浚詳別無選擇，只得把唐孫鎬抓起來。一七三〇年二月二十二日，他詳細敘述了唐孫鎬的行為，附上他寫的文章，呈到武昌給湖廣總督邁柱。三天之後，邁柱收到，立刻啟封細讀，「情詞狂悖，不法已極」，看得邁柱「心切痛恨」，沒想到在如此盛世，居然有這種喪心大逆之徒，於是立即下令按察司祕密提拿唐孫鎬。第二天邁柱就擬好密摺，以驛丞火速送到北京，還抄錄了原揭帖，隨摺附上。現在他就要等雍正的旨意，然後遵旨辦事了。

雍正此時才剛赦免了曾靜，正要定呂留良的罪，他看了邁柱的密摺，以硃筆草草批道：「以此妄匪之類，便令伊殺身以成其臭名，亦屬便宜他。可將伊此論密予消滅，不要說曾奏聞，不可令人知有此事。可將伊設法或杖斃，或令他法處死，暗暗外傳可也。奏朕之處井浚詳亦不可令知。伊此論揭帖井浚詳若為之傳播，將來必嚴懲參處，如此說與他。」

邁柱立刻又上了一份摺子道：「幕賓唐孫鎬作揭狂悖情由，該犯罪孽深重，法無可逭，臣恐杖斃彰人耳目，適該犯在監患病，不數日而已伏冥誅。此誠逆天大罪，覆載所不容也。至於該縣詳文揭稿在司府等衙門者，已密諭銷燬，出自臣意，無致洩露。」

雍正這廂才放了曾靜，還要把這件案子的來龍去脈刊印天下，那廂卻讓唐孫鎬死於獄中，並把他的詩文揭稿密令銷燬，似乎與雍正放曾靜的決定不相稱。但是這兩個情形實則大不相同：曾靜本來是一個草莽野夫，居於鄉間，而唐孫鎬則是衙門中人。曾靜的狂言悖語根據的道聽途說，而唐孫鎬則是衝著京報的內容來的。曾靜被捕之後，淚流滿面，頗有悔過之貌；而唐孫鎬則是狂怒不止，絲毫無悔改之意。或許還有一點可說的：唐孫鎬不同於沒讀多少書的曾靜，他熟讀深思呂留良的學說，對呂留良推崇備至。所以雍正和邁柱要把唐孫鎬的案子弄得無跡可循，也是有他的道理。

雍正自信唐孫鎬一案的威脅已經盡除，但是好景不常。三月二十八日，湘西偏遠的山城沅州，有個巡察御史讀到一份唐孫鎬的揭稿，大為吃驚。這名官員也姓唐，但與唐孫鎬並無親戚關係，唐繼祖剛中進士不久，被派到湘西督察工部。他呈了一份措詞謹慎的奏摺，言明他對這份揭稿何以出現在他的同僚之間，又是誰將之放置在此，他全然不知。但是由於內容大逆不道，他只得將此事上奏，由雍正明察。

這份揭稿雖已銷燬，但顯然並未盡除，讓雍正深為不安。雍正在邁柱的奏摺上頭硃批，此一令人不快之事非但沒有壓下來，「此事海內皆傳聞矣」。唯一還堪慰藉的是「雖與昭明此案者不同」。雍正或許還可說，此案決不會與曾靜一案相同。《大義覺迷錄》的編纂已告完成，不久將刻印刊行，廣布天下。天下人對此案是不可能存有好幾種看法的。到最後，流傳百世的將是雍正的解釋。

註釋

❖曾靜離開北京：尹繼善在雍正八年二月三日（西曆一七三〇年三月二十一日）的奏摺中，說他在淮安路見到曾靜和杭奕祿，見《雍正朝漢文硃批奏摺彙編》，卷十七，頁八五一—八五二（亦見於《清代文字獄檔》，頁三九—四〇）。根據尹繼善在同日所寫的另一份奏摺，他是在雍正八年一月十一日（西曆一七三〇年二月二十七日）啟程回蘇州，見《雍正朝漢文硃批奏摺彙編》，卷十七，頁八四八。如此推斷，尹繼善必定是在二月的最後兩日在淮安路見到曾靜，而曾靜離開北京應是在一七三〇年二月下旬。杭奕祿密帶曾靜到杭州，向李衛宣密旨是在雍正八年一月二十三日（西曆一七三〇年三月十一日），見李衛在雍正八年二月八日所上的奏摺，《雍正朝漢文硃批奏摺彙編》，卷十七，頁八九四—八九五（亦見於《清代文字獄檔》，頁四〇）。

❖杭奕祿密帶曾靜：見前註尹繼善與李衛的奏摺。

❖尹繼善在雍正八年二月三日所上的奏摺，亦將杭奕祿告訴他曾靜做夢一事上奏：見《雍正朝漢文硃批奏摺彙編》，卷十七，頁八五一—八五二（亦見於《清代文字獄檔》，頁三九—四〇）。

❖李衛在雍正八年三月十日的奏摺中又提了曾靜：見《宮中檔雍正朝奏摺》，卷十五，頁八四二。

❖曾靜離開杭州，見李衛在雍正八年二月八日的奏摺：《清代文字獄檔》，頁四〇b，以及曾靜在雍正八年六月二日所上的稟帖。

❖湖廣總督邁柱在雍正八年一月十日（西曆一七三〇年二月二十六日）所上的奏摺引述了通山知縣

井浚詳的奏報：見《雍正朝漢文硃批奏摺彙編》，卷十七，頁六七一—六七二。邁柱生平傳略見《清史稿》，頁一〇五二三。邁柱在一七三五年入內閣為大學士。唐孫鎬一案的分析，見王汎森，《從曾靜案看十八世紀前期的社會心態》，頁一〇—一一。

❖ 唐孫鎬的揭帖：雖然邁柱所附的抄錄並沒有留存下來，但是湘西的巡察御史唐繼祖也上呈了一份，見《雍正朝漢文硃批奏摺彙編》，卷十七，頁九二八—九三一，這是本書所引用的揭帖。

❖ 雍正被臣工所誤導：見《雍正朝漢文硃批奏摺彙編》，卷十七，頁九二九；諸葛際盛希圖倖進，前揭書，頁九二九；把焦點放在呂留良「家傳之戲筆」，前揭書，頁九三〇；令讀書明理之士寒心，前揭書，頁九三〇；唐孫鎬要與諸葛當面對質，前揭書，頁九三〇；唐孫鎬不畏就戮，前揭書，頁九三一。

❖ 雍正要殺唐孫鎬：見邁柱在雍正八年一月十日奏摺之硃批，《雍正朝漢文硃批奏摺彙編》，卷十七，頁六七二。雍正的字跡甚為潦草，難以辨認，但是意思卻很清楚。

❖ 邁柱在雍正八年三月十七日（西曆一七三〇年五月三日）的奏摺：其中提到唐孫鎬已在獄中伏冥誅，見《雍正朝漢文硃批奏摺彙編》，卷十八，頁一八八。

❖ 唐繼祖的奏摺：雍正至遲在四月中收到唐繼祖在三月三十一日所上的奏摺，該份奏摺連同一份日期為雍正八年二月十三日的奏摺與唐孫鎬的揭帖（見《雍正朝漢文硃批奏摺彙編》，卷十七，頁九二八—九三一）。雍正的指示出現在邁柱於雍正八年三月十七日所上的奏摺。唐繼祖，揚州人，一七二一年中進士，生平傳略見《清史稿》，頁一〇四三四。

第十章

付梓

寒冬將近，一七三〇年春初，負責官員將纂輯的《大義覺迷錄》交付修書處。四月初四，官員上奏，書已印妥，雍正親自選輯的文件集結五百零九頁之多，分為四卷，單面印刷，對半折後，每一卷分別裝訂。

《大義覺迷錄》的編纂計畫時間既緊迫，規模也龐大，雍正以既存的資料為主，或是他在曾靜案所頒行的諭旨，或是杭奕祿奉旨向曾靜問話的內容。雍正以一七二九年十一月二日的諭旨置於《大義覺迷錄》的刊頭作為序言。這道諭旨的重點放在華夷之別與施行仁政之間並無相關，「明朝自嘉靖以後，君臣失德，盜賊四起，生民塗炭，疆圉靡寧，其時之天地可不謂之閉塞呼。本朝定鼎以來，掃除群寇，寰宇又安，政教興修，文明日盛，萬民樂業，……超越明代者，三尺之童亦皆洞曉。」諭旨又細述華夷概念在古代的地位，由此而導入《大義覺迷錄》的主旨：呂留良等逆賊不論天心之取捨、政治之得失，也不論民物之安危，疆域之大小，「徒以瑣瑣鄉曲為阿私，區區地界為忿嫉，……竟敢指天地為昏暗，」惑世誣民，以致讓曾靜誤信逆說。《大義覺迷錄》第一卷多為批評曾靜所撰的逆書邪說，這部分雍正已於一七二八年十二月十一日宣於臣下。在京或各省官員已經看過諭旨，自然不覺得有何驚心之處。但是雍正把此書刊刻通行，頒布天下，各地學宮都有一部，對於那些剛進學宮的「後學新進之人」來說，這些諭旨縷述皇青天家的私密細節，引人欲知其詳，而悖逆之言的陰險惡毒、發人所未知，必定讓學子看得是坐立難安、手足無措。

在第一卷的後半部，曾靜現身，自己來說個分明。《大義覺迷錄》至此不再是朝廷一家之言，轉而為兩人之間的詰論。雍正以書面向曾靜問話——第一卷收了十三條雍正的問話，第二卷則有二十四條問話。曾靜每一條都詳加回答，通常是以文論的形式進行。曾靜在宮中倒是寫了不少東西，雍正全都細細閱覽，不過《大義覺迷錄》成書時，曾靜人已不在北京——先到杭州，再赴長沙轉往永興，回鄉探視老母。雍正和曾靜合著此書，但兩人的地位有雲泥之別，從書中的字體大小懸殊就可看出：曾靜的供詞，其字體大小僅及於雍正諭旨的一半；雍正的諭旨一頁八行，而曾靜的部分確是一頁排十六行。曾靜在回話時，用的也不是本名，而是自稱「彌天重犯」。但是在卷一、卷二共一百七十八頁的問供，卻讓曾靜有了極為難得的機會，把自己的想法公諸天下。

《大義覺迷錄》卷三的形式也大抵若此，不過現在寫明了是由刑部侍郎杭奕祿代雍正問訊，他在一年之前被派往長沙，負責審問曾靜。雍正挑了一些最能說明他的民胞物與之感以及治理天下千端萬縷的文字給曾靜看，包括刑案卷宗、岳鍾琪的奏摺、各省官員上的數百份奏摺，還有針對民生錢貨的討論，而代為轉達的人就是杭奕祿。

好像為了證明曾靜的長篇大論已充分說明了他確實有心悔改，第三卷的方向在三十頁之後有所轉變，連篇是雍正的諭旨和臣下的奏摺，論辯曾靜之罪應獲何刑。雖然朝中大臣對此知之甚詳，但是各地學宮的學子對朝中決政斷事背後的折衝一無所悉，所以雍正君臣之間就曾靜一案的激烈往復看在他們眼裡，同樣也是頗感突兀。收在第三卷的諭旨有多處透露了雍正與手足之間鬥爭的細節（第一卷亦然）——或至少透露了雍正選擇描述兄弟鬩牆的方式。有一百四十八名京官奏請雍正，將曾靜凌遲處死，並將曾靜上至祖父，下至孫兒，旁及兄弟及伯叔父兄弟之子，十五歲以上的男子「照律皆斬立決」，十五歲以下的男子及母、女、妻妾、姊妹、子之妻妾「照律給付功臣之家為奴，所有財產查明入官」，但為雍正所不允。於是京官又隨怡親王之後，奏請處死曾靜，最後聖意獨裁，還是不治曾靜的罪。

《大義覺迷錄》第四卷的方向與編纂又有異於前，收了雍正在一七二九年七月的幾道諭旨，專門討伐呂留良及其門人嚴鴻逵的誣謗逆論。刑部還沒定呂、嚴兩人的罪，諭旨便引述這兩人的著作，雖然只是片段，但這麼一來，普天下之人都能接觸到呂、嚴的想法。

曾靜學到駁斥呂留良逆說妄論的方式，從這也可清楚看出雍正希望訊問往什麼方向發展。《大義覺迷錄》最後是以曾靜悉心撰寫的〈歸仁說〉結束，倒是頗為恰當。〈歸仁說〉長達二十七頁，雍正在文首說曾靜「悖亂兇頑，譸張為幻，從來狡惡狂肆之徒，未有其比宜，」而後改過遷善。曾靜在道德上的改變，說明了聖人所說「信及豚魚」，以曾靜豬魚不如之輩，也能悔罪改過，「可見人無智愚賢不肖，無不可感格之人。」曾靜悔悟從前被邪說流言所惑，自稱「向為禽獸，今轉人胎」，所以《大義覺迷錄》以曾靜的這篇〈歸仁說〉結束，允稱恰當。

至於曾靜，他在此才重新以本名示人，象徵了他的重生。曾靜的名字出現在《大義覺迷錄》的最後一頁、〈歸仁說〉的倒數第三行「常以靜之至愚不肖，誤聽誤惑為戒，」而非之前自譴的「彌天重犯」四字。曾靜最後以自新之身寫下：「今日之正義永有攸歸矣，人人惇悅，服愛戴之忱，在在守孝子忠臣之分，各自重夫人倫，以全其天理之大公，復我所性之固有，常以靜之至愚不肖，誤聽誤惑為戒，四海同化，九州一德，各安有道之天，長享無疆之福，斯不枉為聖世之民，而為生人之大幸耳，是為說。」

《大義覺迷錄》是第一次把曾靜的看法匯聚一處，讀此書之人便可前後對照，細加思索。在讀此書之人的眼中，曾靜之所以有這麼一篇〈歸仁說〉，是因為他想歌功頌德一番，以獲得皇恩赦免。但畢竟〈歸仁說〉只佔全書一小部分，若想了解其間原委，還是可從這部書看到一個非常不同的曾靜。

雍正十一月二日的諭旨（收在《大義覺迷錄》的第一卷卷首）有一段很能表現這種發自內心的誠意《大義覺迷錄》。這是對文人「巧言令色」所作的討論。雍正以孔子《論語．先進第十一》為例，子路回以：「何必讀書，然後為學。」孔子聽了之後，頗不以為然，便說：「是故惡夫佞者。」雍正大嘆世風日下，「每見陰險小人為大義所折，理屈詞窮，則借聖人之言，以巧為詆毀，」而毀壞了聖人的原意。雍正對這些逆天背理、惑世誣民之賊，曉以天經地義、綱常倫紀之大道，便可使愚昧無知、平日為邪說陷溺之人豁然醒悟，不致遭天譴而罹國法。如果看這部書的人循著雍正的思路下去，或許可以推導出，雍正心裡想的就是那些江南文人，濫用其學識，「鑿空妄撰，憑虛橫議，以無影無響之談，為惑世誣民之具，顛倒是非，紊亂黑白，以有為無，以無為有，」混淆道德價值，令雍正既恨且鄙。

在《大義覺迷錄》裡，有些關於曾靜的新材料是以自傳的形式來呈現。雍正詳細詢問曾靜的早年著作，或是他在湖南的供詞，曾靜便得以詳細回答，因而反映了他自己的道德理念。雍正問及曾靜的叔岳陳梅鼎，為何此人說曾靜「有濟世之德，宰相之量，」曾靜回說，陳梅鼎當年說這話並沒有別的意思，也不是希望曾靜在什麼新朝做宰相。因為曾靜本來與兄嫂同住，夫妻不睦，於是曾靜之兄將嫂改嫁到陳梅鼎鄰家。這位嫂子對陳梅鼎說曾靜待她很好，所以有宰相之量，曾靜又幾次勸兄長不得嫁妻，所以陳梅鼎說曾靜有濟世之德，

「厚重敦篤不佻撻耳」。

而陳梅鼎屢次歎先朝衣冠文物，也同樣沒有異心。這話和呂留良一點關係也沒有。陳梅鼎約在一七〇〇年前後說這話，當時他已是七十老翁了，當然會記得幼年的前朝衣冠文物。曾靜還說，「陳梅鼎是個農家鄉人，沒讀過什麼書，也不曉得別樣說話。」而曾靜自己是到一七二七年張熙從浙江帶回呂留良寫的詩，才曉得呂留良也有類似的想法。

這類細節都讓曾靜躍然紙上，也讓人比較容易了解他對政治的想法。從《大義覺迷錄》的許多地方可看出，曾靜對於中國是否需要變革，有他自己一套定見。曾靜尊古貶今，中國在過去兩千年來，許多文人也有這個習慣，而呂留良也持這種看法。在《大義覺迷錄》卷二之首，曾靜供稱他受呂留良學說的影響約在一七二七年下半年到次年春天之間。曾靜當時認為，能否治天下是依個人的品德修養而定，「道義所在，民未嘗不從，民心所繫，天未嘗有違。」中土便是中庸之土，陰陽合德之地——由此而生仁義禮智。而如今，有許多現象可以證明這些德行不均，連田土也盡為富戶所收，於是富者日富，貧者日貧。

雍正駁斥曾靜，認為他的觀點過於簡化：自古貧富不齊，這乃是「物之情也」。平凡人若是能夠勤儉節省，積累成家，那麼貧者也可以富有。就如同富者若是「游情侈汰，耗散敗業，」也會變成貧者。諸如此類的往返辯論，曾靜面對雍正的追問，大多提不出有效的反論——畢竟，《大義覺迷錄》的用意在於說明曾靜是受到邪說流言所惑，在雍正的循循善誘之下，曾靜最後察覺自己昨日之非。

但是，論及治天下之道，曾靜的意見卻十分堅定，教人頗感意外。他有一次回話寫到他年輕時從《孟子》讀到了井田制，就受這套平等的土地分配制度所吸引。在井田制下，每塊土地大小均等，中間的公田為大家共耕共有，公田所生產的作為繳稅。曾靜後來發現呂留良也推崇井田制，並相信這套制度可再度行之天下，於是對呂留良更是佩服，但曾靜的想法並非源自呂留良。曾靜心裡想，若是能復行井田制，「到處可以安身」，那麼他的家族或許就用不著徙往四川了。曾靜先是從《孟子》得到啟發，後從呂留良的著作得到印證，加上又在長沙看到有揭帖「五星聯珠，日月合璧」，想法就更堅定了。

曾靜又在第二卷寫道，他向來相信天下最好是分由眾賢來治理，「以聖統賢，以大統小，事雖分於眾賢，政實頒於一人，」這是古時實行封建的原因。春秋行的就是這套制度，後來才有秦始皇一統天下。曾靜相信這套古制若是行之今日，「是聖人治天下之大道，亦是禦夷狄之大法」。

曾靜解釋他的理由：「只見得天下之大，一人生目所及，心思所繫，海隅之遠，必有遙隔不到之處，而天生人材有聖有賢，有賢之大者，有賢之小者，類皆有治民之責，以聖統賢，以大統小，錯壞以居。事雖分於眾賢，政實頒於一人，此古之王者所以有封建之制，且其中禮樂征伐雖出自於天子，而撫民之任，治民之責則分屬各國之長。」秦朝一統天下之後，分設郡縣，官員此去彼來，彼此可以推諉，而且往往在任不久，與民不親，就算有心為民，樹立法治，但是政隨人轉，新舊交遷，常有朝張暮弛之嘆。

從雍正對這段文字的反應看來，他未被說服。雍正認為，自遠古以迄於今，世事已多有變化，而歷史的發展也另取他徑，若是在今日行封建之制，則天下大亂，邊防不靖。但是曾靜已想過這個問題，他轉而提出地方秩序的問題。他相信，答案就在於「鄉約」，曾靜曾見有藍田鄉約，經過朱熹斟酌損益。曾靜說他仔細讀過這些有關鄉約的著作，而且漸漸相信，透過地方上的鄉約，得將風俗教化深入鄉里，亦能相規過失。就當世而言，理想的做法是「準古酌今」。

每一鄉選擇老成有德者為「都約正」，並從鄉里子弟中挑選十二名「端方正直，通道義而能文辭者」為「直月」。直月以一月為期，輪流記錄。記錄有三種，一是記錄姓名與參與集會之細節；二是記載鄉里中人表現傑出、獲得讚揚之處；三是記錄過失與批評。每月須至少集會一次，擇便利之處，以期人人皆得參加。行禮讀約，酒過三巡，然後直月就善行與過失告於約正，當眾詢問討論，「許各人就約所質疑問事，講辨道理，區畫家計，以及論文習射。」到了日落方散去。

曾靜又說，他希望皇上能負起提倡鄉約之責，以聖睿修改之，並將施行最成功的範例推而及於天下。皇上應責成總督、巡撫，在窮鄉僻壤也要把這套制度建立起來，並確保士農工商皆可參加。建立鄉約之制並不太難，因為官府在每月初一十五都會召集鄉民，由地方文人宣讀「聖諭十六條」，這是由康熙所書，雍正頒行。何不在此基礎上，討論鄉約的要旨計畫？朝廷也可藉此機會解釋政令，提升鄉里道德。

曾靜強調，目前的這套系統僅及於城鎮，尚不及鄉里，「蓋小民不知上之德教者，由於居鄉之日多，到縣城之日少，或又不通文義，不能仰會上意。」所以宣讀「聖諭十六條」其實成效並不彰：「宣講亦不能依期奉行，在官固視為泛常，而民之聽之，或作或輟，有來有不來。況居鄉者多，在城市者少，鄉民遠離，無人督率，雖有宣講，如何聽見？即如彌天重犯所居離城市遠，縣中講約讀法之事，生平並未撞逢一次，如所頒聖諭廣訓及我皇上斟酌取士之法，從前不惟不曾目見，並未曾耳聞。」曾靜最後說，如果鄉約的理想能深入鄉里，則無人會置朝廷律令於不理，「不惟無上行而下不效之患，且君民一體呼吸，竟可相通矣。」

從《大義覺迷錄》之中，兩人辯論的方式來看，雍正對曾靜引經據典，說明某個想法所出何處時尤其感興趣，因為這麼一來，雍正也可在字句間尋道理，予以駁斥，證明滿洲皇帝對古聖先賢學說的精微之處也是不含糊的。管仲對夷狄的看法就是一個很好的例子。曾靜當年在《知新錄》便以相當的篇幅討論管仲，說他的例子證明「華夷之分大於君臣之倫」。曾靜此一看法顯然受呂留良所影響。雍正自然要曾靜說明白，而曾靜這麼一來，便得以就先前的簡述詳加說明。管仲的事蹟，天下的文人學子都耳熟能詳，雍正也知之甚稔，所以曾靜毋須贅言。管仲生當春秋（西元前七世紀，比孔子早兩世紀），先後事公子糾、小白。小白殺兄奪位，是為齊桓公。齊桓公要管仲為相，管仲也就答應了。

孔子當時的人批評管仲未能忠於一君，但從《論語》的記載來看，孔子對此事的立場卻複雜而矛盾。批評管仲的人，理由有二：在小白被殺之後，雖然亦有大臣自盡，但管仲卻沒有自盡；第二，管仲不僅為弒主之人為相，還拓展齊國的疆域，凌駕於鄰國之上。

前明遺民的立場也從孔子的回應得到支持，雖然所持的觀點大不相同。孔子說：「管仲相桓公，霸諸侯，一匡天下，民到于今受其賜。微管仲，吾其披髮左衽矣！」曾靜當時的學子都曉得，披髮左衽是夷狄的習俗。照曾靜在《知新錄》裡頭的說法，孔子之所以稱許管仲，是因為當時夷狄環伺中土，而管仲為相，才使中土人士不必著夷狄之服。衣著髮式算是文明價值的表徵——雖然並不完全代表文明。曾靜由此得出結論，「華夷之分，大於君臣之倫，」維繫文明價值，使之不受蠻夷所侵，顯然優先於臣下對君王的忠貞。

曾靜談的這個問題仁智互見，難有定論，但是雍正的回覆甚是堅決。他強調「君臣為五倫之首，斷無有身缺一倫而可以為人之理？」君臣之義既定，父子、夫婦、兄弟、朋友四倫才得以張舉。曾靜若是認為人與夷狄之間的關係沒有君臣之分，那麼他當何人是君？如今，在討論種種夷狄的時候，曾靜還相信這與君臣之義無涉嗎？到了這個地步，曾靜還相信與夷狄無君臣之分嗎？這個題目是辯不下去的，曾靜最後弄得灰頭土臉，說他是「因見得呂留良論孔子稱管仲之仁處，有華夷之分，大過於君臣之倫之說，以致推論到此。彌天重犯平昔並無此說。」曾靜細細思索雍正的話語，中國的疆域屢有變遷，而華夷的定義也是變動不居，曾靜顯然是想左了。

曾靜在《知新錄》說「天下一家，萬物一源」，又提到中土人士與外人之間的關係，雍正也駁斥其間的矛盾之處，不過他引經據典的方式又有所不同。曾靜說「中華之外，四面皆是夷狄，與中土稍近者，上有分毫人氣，轉遠轉與禽獸無異。」雍正問道：「既云天下一家，萬物一源，如何又有中華夷狄之分？」《中庸》有言，「致中和，天地位焉，萬物育焉。」雍正繼續說道，以九州四海之廣，中華再怎麼大，也不過佔百分之一而已。「東西南朔同在天載地覆之中者，即是依理一氣，」怎麼會說中華有一個天地，而夷狄又有另一個天地呢？「聖人之所謂萬物育者，人即在萬物之內，」曾靜怎麼會認為夷狄不在所育之中呢？難道他們都受不到天地所育嗎？

雍正繼續論下去，他可引據的經典很多，但卻引了《易經》第六十一卦「中孚」：「中孚：豚魚吉，利涉大川，利貞。彖曰：中孚，柔在內而剛得中。說而巽，孚，乃化邦也。豚魚吉，信及豚魚也。利涉大川，乘木舟虛也。中孚以利貞，乃應乎天也。」雍正以此卦向曾靜指出：「《易經》言信及豚魚，是聖人尚欲感格豚魚，豈以遠於中國而云禽獸無異乎？」如此說來，像曾靜這種叛逆連禽獸都不如。兩人都已討論到這個地步，雍正還要問，曾靜「可能如豚魚之感格否？據實說來。」

曾靜回說，「《易經》所載信及豚魚，彌天重犯自幼亦曾讀過，既有此等誣天的說話，當時何不把這信及豚魚等經文取來印證印證，而竟狂悖率意，寫放紙上，這就是天奪其魄了。」曾靜以他一貫的鹵莽口氣說下去，卻不去提《易經》的原始段落。他只會記得「今蒙皇上開示，到此彌天重犯便是豚，便是魚，亦當感格，何況人性未泯，尚有知覺乎？」

曾靜引了管仲的事跡，似乎比雍正的說法更具說服力，而雍正用了《易經》的第六十一卦，則更勝曾靜一籌。雍正選擇此卦饒有深意，因為古來已有一些典籍討論此卦，點出另外幾層意思，這與曾靜被囚一事尤其相關。中孚卦的卦相是上下為陽爻，中間為陰爻，看起來像一艘空船，輕盈乃是空的容器的特性。輕盈象徵著靈活與輕快：即使像豚、魚此等頑冥不靈的生物，也可為信所感悟，那麼君王的德行也可達於四疆。

第六十一卦「中孚」卦皆在第六十卦「節」卦之後，此卦有控制之意。如果監禁隨著控制之後，臣對君便能忠心不貳。象曰：「澤上有風，中孚；君子以議獄緩死。」所以，雍正欲赦免曾靜的意思也已不言可喻了。

一七三〇年四月初四，雍正得知《大義覺迷錄》的木刻版已經製妥，便立刻下旨，要內閣擬個可行的章程，看看如何把這部書分送各省。六日之後，計畫已大致擬妥，雍正立予接受：北京修書處先以製妥的木版印五百部，分送六部百官。再印一批，分送各地總督、巡撫一部，供其私人閱覽。

此外，總督、巡撫會再收到一部《大義覺迷錄》，交由各省修書處，以此製作木版，作為重刻之用。每一省的修書處最先會刻印一百部，分送各縣知縣（一省約有六十縣左右）以及鄉學教諭。地方官員負責估算治下的集鎮、村莊與鄉學的學生數目，上報所需的數量。（這些數量是推得出來的，曾靜在《新知錄》之中說，光是在永興一縣，童生應縣試者就有兩千四、五百人，應道試者有兩千人。）刻印這些冊數的木版、紙張、印工所需之費用，將由地方文人富紳負責，各縣所需的數量由各縣各自負責，以期在鄉里集會宣讀聖諭十六條時討論《大義覺迷錄》——這正是曾靜認為可形成鄉約的集會。

北京的印工與裝訂工日夜趕工，以使此書早日完成，分送各地。在雍正和內閣議定刻印計畫之後不到十四天的工夫，《大義覺迷錄》已在奏事處和兵部急遞的協助下開始分送各地。根據記載，最早收到的是駐紮在北京城外的提督他在四月二十七日收到之後便回報內閣。此時岳鍾琪正奉旨在西北積極備戰，他在五月五日收到兩部《大義覺迷錄》，立刻將其中一部交付刻印。廣州總兵回報，他在六月四日收到書。但是在長沙的湖南巡撫則因天災延阻，遲至六月底才收到。要送給按察使和觀風整俗史的書在途中遇上暴雨，浸漬不堪使用。不過既然已經開始刻印新的本子，湖南的延誤也只是一時的。到了仲夏，連在永興以西、地處偏遠的縣分也收到了《大義覺迷錄》。

在如何閱讀《大義覺迷錄》這方面，雍正實在沒有留給學子和官員什麼空間。雍正在此書開頭的諭旨結尾寫道：「並令各貯一冊於學宮之中，使將來後學新進之士，人人觀覽知悉，倘有未見此書，未聞朕旨者，經朕隨時察出，定將該省學政及該縣教官從重治罪。」

於是，就在曾靜服母喪百日這段時間，一省又一省、一營又一營、一城又一城，各地官員一一回報，他們已經收到《大義覺迷錄》，並估算分送治下學宮鄉里所需之部數。到了十一月底，連最近才納入大清版圖的台灣也收到書了。雖然此時台灣還不平靖，學校也還粗具規模而已，但是台灣官府按旨估算，回報還需刻印一千兩百三十部。

這麼些年來，曾靜一直希望有人能讀他的著述。現在，他有了讀者，其數量之眾卻是曾靜再怎麼做夢也想不到的。

註釋

❖《大義覺迷錄》在四月四日完成：雍正在雍正八年二月十七日（西曆一七三〇年四月四日），當朝宣布此書刻版已告完成，見《明清檔案》，冊A四十四，文件八十三，頁五，第一節。

❖《大義覺迷錄》的篇幅：五百零九頁是西方的算法，中國古書是單面印刷，然後從中對折，因此《大義覺迷錄》有兩百五十五個雙頁：卷一有七十六個雙頁；卷二有六十六個雙頁；卷三有六十八個雙頁；卷四有四十五個雙頁。

❖《大義覺迷錄》的前言：十一月二日的諭旨刊在卷一，頁一——一三，見《起居注》，頁三一二八——三一三四，日期為雍正七年九月十二日。這道諭旨也出現在《清實錄》，卷八十六，頁八——一八，但是長度較短，又收在《清代文字獄檔》，頁三一——三五。（《大義覺迷錄》中所收的文件多未標示日期。）費思唐（一九七四年），頁二七〇——二七一：「在中國歷史上，若論以文化主義作為政治理念很難找到比《大義覺迷錄》開頭的諭旨更有說服力的例子。」費思唐就雍正對民族與統治的詳細說明，見前揭書，頁二七一——二七五。邵東方的《清世宗大義覺迷錄》是近年對這個問題所作的分析，特別是第二部分分析華夷之別。亦見於克羅絲莉《透鏡》，頁二五五——二五八，克羅絲莉認為在這些討論中有兩種「聲音」：一個是哲學的，另一個代表滿洲汗國；大學士朱軾特別擅長這兩者，克羅絲莉認為雍正有許多文書係出自朱軾之手（頁二五七），康熙、雍正兩朝的《起居注》便是由朱軾所編纂。朱軾生平見《清代名人傳略》，頁一八八——一八九。

❖《大義覺迷錄》，卷一，頁一四—五三b，這七十七頁是雍正反駁曾靜的逆書，須布於雍正六年十一月十一日（一七二八年十二月十一日），亦見於《起居注》，頁二三九二—二四一三。

❖曾靜回雍正問話，見《大義覺迷錄》，卷一，頁五三—卷二，頁六六。第七章對這些部分有所討論。

❖曾靜回杭奕祿奉旨問話，見《大義覺迷錄》，卷三，頁一—二七。

❖爭權奪位：以下的部分係《起居注》與《大義覺迷錄》都出現的地方：《大義覺迷錄》卷三，頁二八—三一b是《起居注》頁三一八〇—三一八一；《大義覺迷錄》卷三，頁三一b—四九b是《起居注》，頁三一八六—三一九六；《大義覺迷錄》，卷三，頁五〇—五九b是《起居注》，頁三二〇九—三二一四；《大義覺迷錄》，卷三，頁六〇—六四b是《起居注》，頁三二一六—三二一八；《大義覺迷錄》，卷三，頁六四b—六八是《起居注》頁三二二四—三二二五。

❖論呂留良與嚴鴻逵：《大義覺迷錄》，卷四，頁一—一七b與卷四，頁二四—三〇b，亦見於《起居注》，嚴鴻逵的部分見頁二八六六—二八七〇，雍正七年六月十四日；呂留良的部分見頁二八八九—二八九八，雍正七年六月二十一日。

❖〈歸仁說〉，《大義覺迷錄》，卷四，頁三一b—四五。雍正御書前言，前揭書，卷四，頁三一。曾靜的名字出現在頁四五倒數第三行第一個字。

❖曾靜的自傳式段落：我們有時（但不是全都如此）可看出有些是以曾靜的早年著作為本，有些是根據他在湖南所作的三次自白，有些是出自他在湖南的筆供。曾靜在北京所做的供詞有許多後來收在《大義覺迷錄》之中，亦保存在《雍正朝漢文硃批奏摺彙編》，卷三十，頁九二四—九七四，但都未標註日期。

❖曾靜的岳父陳梅鼎：《大義覺迷錄》，卷二，頁二九與卷二，頁三三。

❖曾靜見呂留良之論，見《大義覺迷錄》，卷二，頁一一；「土田盡為富戶所收」等語，前揭書，卷一，頁五八b—六〇。曾靜也指出科舉取士因利祿心而流於敗壞，見《大義覺迷錄》，卷二，頁一七b—二〇。

❖「井田制」：見《大義覺迷錄》，卷一，頁七三b—七四b；搬家帶屬走四川，前揭書，卷二，頁二—三。黃宗羲（他與呂留良相善）對這些制度規定的評價，見Wm. Theodore de Bary, *Waiting for the Dawn*, pp. 43-48, 128-138。

❖「封建」：《大義覺迷錄》，卷二，頁二四b，以回覆雍正在前揭書，卷二，頁二一b—二四的問話。亦見於de Bary, *Waiting for the Dawn*, pp. 125-127與費思唐（一九七四年），頁一六四—一六九。

❖「鄉約」：《大義覺迷錄》，卷二，頁三九b—四二b。對其歷史與實際狀況的詳細分析見Monika Ubelhor, "Community Compact"；Robert Hymes, "Lu Chiu-yuan, Academies,"pp. 440-451；Kandice Hauf, "The Community Covenant"。本書中所引曾靜的說法見《大義覺迷錄》，卷二，頁三九b—四一。曾靜對此的討論也收在《雍正朝漢文硃批奏摺彙編》，卷三十，頁九四九—

九五一。

❖ 管仲的討論：《大義覺迷錄》，卷二，頁一〇b——一一b。雍正和曾靜就管仲所進行的辯論引起很多人的興趣：見費思唐（一九七四年），頁一八九——一九六；克羅絲莉，頁二四八——二五三；一般的討論見王汎森，《從曾靜案看十八世紀前期的社會心態》與邵東方，《清世宗》。

❖《中庸》的辯論：《大義覺迷錄》，卷二，頁一三b——一四。

❖ 第六十一卦「中孚」：《大義覺迷錄》，卷二，頁一三b——一五。本卦的討論見Richard Wilhel, *The I Ching*, pp. 235-239, 698-703；以及Richard Lynn, *Classic of Changes*, pp. 523-529。

❖ 木版完成：刻版一事何時開始，吾人不得而知，但《明清檔案》所收的幾份文件都可見完成的日期是雍正八年二月十七日（西曆一七三〇年四月四日）。通須天下在雍正八年二月二十三日（西曆一七三〇年四月十日）已計畫妥當。前揭書，A四十四——八十三（頁五之二與五之三）有寄送各省官員的完整名單。

❖ 收到《大義覺迷錄》：岳鍾琪在雍正八年三月十九日收到，三月二十六日上奏，見《清代文字獄檔》，頁四〇b；湖南巡撫趙弘恩收到的日期不可辨，雍正八年五月二十六日上奏，《雍正朝漢文硃批奏摺彙編》，卷十八，頁七九二。送往湖南的受損書冊，中央研究院未出版的檔案，#091947，日期為雍正八年五月二十一日。

❖ 必讀《大義覺迷錄》：《大義覺迷錄》，卷一，頁一三。十一月二日的諭旨做此，見《起居注》，頁三一三四。明朝已有前例可循，明太祖在一三九〇年代便將一些文字分送各學塾。這些文字是明代科考所必讀（根據記載，西曆一三九七年有一九三，四〇〇人參加科考），而明代的統治者以學子對這些材料的嫻熟程度作為忠貞與否的指標，甚至還把這些書籍作為旅行的路條，見Anita Andrew, "Zhu Yuanzhang and the 'Great Warning'"，尤其是頁一五五—一五六、一六四、二一〇。

第十一章

探源

曾靜在四月十二日抵達長沙，湖南巡撫趙弘恩和觀風整俗使李徽早就注意多時，他們從杭奕祿那兒得到密諭，雍正有清楚的指示：「奉旨爾帶曾靜由江寧蘇州至杭州，由杭州差人將曾靜送至湖南巡撫衙門，令伊回家料理家務事，著伊自行提到觀風整俗使李徽衙門聽用，如伊欲他往，不必留阻。」但是曾靜老母之死，卻讓遵旨辦事平添變數。雍正並沒說曾靜可以回家待多久，但是曾靜服母喪需要百日，所以天意代巡撫下了決定。曾靜在次日離開長沙，四月二十五日返抵家門，這離上回他從家中被捕，已有十六個月的時間了。

為母親預備後事極為費神耗時。曾靜到了五月中才準備好棺木，把母親的遺體入殮，暫時放在地名山田祖塋，等找到墓地再擇期安墓。曾靜於是得空做些別的事。

曾就後來在寫給趙弘恩和李徽的投遞中解釋，他回家碰上這等事情，是頗為突兀的。他在預備喪事時見到的親戚、朋友、鄰人、舊識無一例外，都對看到他大為喫驚，對他這趟上北京的奇遇，以及皇上在釋放曾靜一事所扮演的角色既敬且畏。皇上在曾靜離開北京送的衣服、禮物，都讓他們看得嘖嘖稱奇。他們也對那偽稱王澍之人表示厭惡，要「食啖其肉，而寢處其皮」，就是他當初散布謠言，才惹出這麼多麻煩和事端來。

曾靜獲允服百日母喪，他安排底定之後，大約還有兩個月的時間。按曾靜自己的說法，他選擇運用這段時間的方式是出於蓄意的安排，要在忠孝之間求個兩全。在這百日期間，曾靜依禮循心，為母喪而哀戚；但同時，他也會努力追查那些謠言的來源，以報答皇上隆恩。七年前，那王澍來到曾靜的學塾，待了兩天，然後就不知去向，曾靜要想辦法找出當年王澍到底去了哪裡。

曾靜起先一無所獲，但是到了五月中，事情有了進展。有個鄰人告訴曾靜，說他從一個名叫曹連伊的那兒聽過一件事，說不定有些幫助。這曹連伊世居永興，幾年前中了生員，但因為在永興找不到事做，所以在一百八十里外的桂東學塾裡作先生。桂東在湘西山區之中，地當湘贛之交。一七二三年秋，有個人來到永興，說是從北京來的，舉止不似鄉野村夫。曹連伊記得他「大有才學，講說京城事務及談文論學，皆歷歷鑿鑿。」曹連伊後來聽說此人在一七二三年年底，死在桂東縣境大嶺地方。

曾靜急於追查這條線索，但是他在投遞裡寫說，如今他在鄰里間名聲太顯，不利行動。可能提供重大線索的人知道曾靜的身分之後，「人人緘口，掉頭而不敢言」，因為這些人「係讀書守法、避嫌畏事之人，恐有話不肯直言直吐，有跡不敢直露直呈。」於是曾靜決定找人陪他一起查問。曾靜找了張熙的大哥張照。曾靜並未解釋張照何以同意幫他，或許張照一直都參與陰謀，但是誑稱自己只是個農夫，對弟弟的事情一無所知，躲過官府的訊問；張照說過他不喜歡曾靜，這或許是事實，但是曾靜誘以重利，說是如果查出謠言來源，兩人會得到重賞。兩人都用化名，改換形蹤，以防被人識出。五月二十六日，兩人彼此議定，於是離開安仁，跋山涉水，往東南行去，六月五日抵達桂東。

他們在桂東找不到那曹連伊，但是有個鍾三極，他是此地文人，就曾靜的問題提供了協助。鍾三極記得是在一七二三年夏末秋初見到一個不尋常的人，此人「圍頭團面，十指尖尖，微鬚，口稱姓王名澍，到彼地書堂中歇。」後來鍾三極又聽說，這個外地人也到了鄰近各縣，和各文人見了面，查察了他們的藏書，但是每個地方都待不超過一兩天。不久之後，此人回到桂東，在一個名叫大嶺地方的一處茶館故亡。鍾三極有個名叫鍾湘的族人，他最先覺得這個王澍頗為善談，後來對他的學問也起了懷疑，但他還是出錢給王澍買了只棺木，在大嶺山找了塊墓地，好讓他入土為安。

鍾三極把此事告訴曾靜之後，桂東這個地方的其他人也就開口了：有些是有功名的人，有些是普通百姓，有些是地方富紳，有些沒什麼錢，但是都有類似的經驗，記得在一七二三年，這人留著稀疏的鬍子，長長的指甲，到有藏書的人家去，若是他們邀他，便留下來吃頓飯，講些在北京的皇家事，叫人聽了入迷。很多人也注意到，雖然此人雅好學問，隨口便能引經據典，但是自己從來不曾動筆寫字。只要是需要寫字的時候，都只口念，由身旁跟著的人謄寫。

一七三〇年六月中，曾靜又有了重大發現。他得知這個自稱王澍的人在一七二三年五月二十日曾在耒陽縣和永興縣之交的祝融庵過夜。把這事告訴曾靜的人也聽說，這外地人在廟裡寫了一些字，如今還留著。這時間甚是吻合，因為十一日（五月三十一日）之後，有個自稱王澍的人到了曾靜的私塾。曾靜曉得這座寺廟，甚至還認得住持彌增，不過稱不上熟識，彌增清心潛修，不問世事。曾靜不想驚動他，於是去找了另一個遠房親戚曾柴垣，央他問問王澍手跡的下落，也要彌增安心，若是把他拿出，說說關於那來客的事情是無害於他的。彌增被說服，同意把它取給他們看。這麼一來，曾靜手上便有了第一件證據——除了無數的口耳傳聞和他當時的記憶之外——來證明這王澍乃是確有其人。

彌增一共拿出五張字帖。一張是五十兩的銀票，這是給彌增用來買塊地的，所得租金可以維持寺廟的開支。銀票的日期寫的是一七二三年夏，上頭還有耒陽知縣張應星的名字。銀票的解款人是湖南的布政司，並有皇七弟允祐的名字。在允祐的名字與末兩行之間，歪歪斜斜地蓋著印，還有某種圖案，曾靜認出，這是王澍的親筆花押。

第二章是一幅紅紙，上頭寫了「北京皇城內正陽門上問蔭棠府中書舍人即要通報」

二十一個字。蔭棠二字與皇九爺允禟的名字同音。這是一張路條，上頭也有皇七爺蔭佑的名字，還有王澍的親筆花押，這與銀票的筆跡相同。彌增說這是那來客口述，由隨人寫下，贈與彌增，以備來日往訪北京之用。王澍還說，他也曉得彌增是修道之人，遠離紅塵，大概不太可能長途跋涉上北京，便有「你做和尚的人，幾時得到我北京城內來」一語。彌增記得，這人「口口聲聲皆是說皇家話」，還有他自己在陝西口外打仗的經驗。他在言語之間，對十四爺允禵尤其稱讚。王澍告訴彌增，十四爺「文武聖神，與他志同道合，大事全靠他兩人把定，設沒有他兩人在朝，天下一日難安。」

另外三張字帖寫的都不成篇。有一首詠自然美景的七言絕句寫在紅紙上頭，署名為蔭棠。另外兩張是寫在素花帖上頭，可能是為了張貼之用，一寫五言一聯，「見苦方知樂，觀忙始愛閒」，一寫「笑傲煙霞」四字。曾靜曉得這事隱瞞不住，這些東西也藏不安全，於是在七月七日去見了耒陽知縣，密報了他的發現。兩天之後，知縣逮捕了當年替王澍寫字的隨人，加以訊問。曾靜安排了跟他去見彌增的曾紫垣，把彌增同帶到案查問。

曾靜的服喪已滿百日，他得趕去長沙才行。他在七月十四日抵達長沙，次日在西湖橋旁的佛寺齋戒沐浴。七月十六日，曾靜遵旨前往湖南觀風整俗使李徽處報到，雍正只說「遣發聽用」，並沒有明示他的工作內容。曾靜老老實實地按旨辦差。他第一日在官府中，把他見了王澍之後至於他入獄的種種情狀，還有他目前設法得到的發現，一五一十地寫下來。

曾靜寫完之後，隨即呈交兩位上司。

曾靜的確是盡心查明王澍這案子的來龍去脈，但是他呈交投遞之後，就被派去做別的事了。此案現在由湖南巡撫趙弘恩親自審理。不過趙弘恩政務繁重，所以把此案部分工作交給按察使張燦處理。他們把曾靜在耒陽、桂東等地問過的每個人都找到長沙來詳細盤問，釐清案情，比對證詞。到了近八月底，趙弘恩等人覺得對整個案情已有足夠掌握，便詳細上奏雍正，並附上曾靜原稟兩件與字帖五張。

一七三〇年六月六日，怡親王允祥病逝。雍正登基之初，風雨飄搖，怡親王是雍正最信賴的人，凡事都與他商量。如今雍正頓失股肱，整個夏天都鬱鬱寡歡。這時的記載皆可見雍正諭旨的口氣陰鬱，訴說心中的失落感，還有這位十三弟曾經給他的寬慰與支持。西北用兵，後方的糧餉後勤多由怡親王籌辦，雍正擔心，怡親王驟逝可能會嚴重危及西北戰事的勝利。不過雍正還是一如以往，抽空看了趙弘恩上的奏摺和曾靜的報告，並以廷寄的形式把他的想法送回湖南。雍正告訴趙弘恩，他的目的就是要得到實情，以期將「可疑之處一一窮詢」。為求做到這一點，雍正就奏摺與曾靜信函的諸般令他不安之處，不論真有其事，還是他心中的疑慮，都詳加垂詢。雍正所加註標記之處，都須徹底查清楚。

趙弘恩第一個找來仔細訊問的是曾盛任，他就是在一七二三年替那王澍執筆寫字的人，他雖然也姓曾，但是和曾靜並沒有親戚關係。曾盛任供稱，他是偶然認識王澍的。曾盛任本在耒陽縣一陳姓人家做塾師，一七二三年有一自稱王澍的人來訪他的東家，表示在尋訪一個名叫曾靜的人不著。曾盛任知道曾靜住在何處，便說要領他前去，於是兩人結伴同行。途中在祝融庵借住，住持彌增和尚甚表歡迎，兩人便在廟裡住了幾日。曾盛任代王澍寫了五張字帖，作為送給彌增和尚的禮物。這些字都是由王澍口述，曾盛任書寫，王澍親筆寫的只有他那風格特異的花押。官府循線找到了曾盛任任塾師的人家，證實了曾盛任的說法。但是雍正卻對此極感懷疑，他問道，曾盛任這人在耒陽好端端做個塾師，授課繁重，又何以能放下一切，陪一個素未謀面的人走了這麼長一段路？這其中必有蹊蹺。雍正既有疑問，巡撫便再回頭訊問。這次曾盛任的說法又不相同：他之所以決定跟他同行，實因妻子病重，他急於去找岳丈家報信，恰巧會路過曾靜家。巡撫聞言，斥之為胡說，若是曾盛任真的急於到岳家報信，為何到了曾靜家卻不繼續往岳家去，也不趕忙回家照顧妻子？

曾盛任的第三個答案比較可信。那王澍招他，他便跟王澍去了，因為他厭惡「教這三兩銀子的書」。王澍說若是跟他，便「許小的一個官做」，曾盛任當然要跟著他去了。那麼曾盛任為何要相信王澍呢？因為王澍開口閉口都是他與某個權貴結交，他與皇八弟、皇九弟交情匪淺，他又曾在西疆從軍，效力於皇十四弟允禵帳下，現在有要務在身，出來密訪事情的。當彌增和尚和曾盛任對王澍授意寫的路條等文字表示懷疑的時候，王澍表示事關天家性命，要他們千萬保密，不要讓他的宏圖大業功虧一簣。

曾盛任如今聽宣了《大義覺迷錄》，才知道「這全是毫無影響的事」。他也問過王澍，怎麼沒有行李跟著。王澍說他是出來訪事的，怕人識破，所以不帶行李。其實，他有艘船停泊在耒陽，行李都放在船上。王澍見了曾靜之後，曾盛任又跟了王澍幾天，但是有一天王澍突然就告辭了，「他說還要往安仁地方去，叫小的且回罷，他過些時再來找小的，過後再沒見他來。小的也到過耒陽河裡尋船，並沒見船。小的也就止了念頭，各務生理去了。至於他的底裡，小的並不知道。」

雍正也對彌增和尚說詞的交代不清與破綻感到困惑。當王澍給彌增和尚那些紙的時候，他為何不問多一點問題？他就這麼接受一張上頭寫了皇族姓名和湖南布政使的字帖？王澍出外旅行，身邊不帶僕役，他難道不覺得奇怪嗎？他不曾對王澍的衣著外貌有過一絲迷惑嗎？

彌增和尚發誓，他就是因為不信他，所以才沒往縣裡兌銀，或是去買塊地。因為他雖然說了很多他在北京的情形，但是他操的卻是南方口音，顯然並不像他所說，自己是個北方人。彌增和尚得知雍正對他的說詞感到懷疑，他承認並沒有把這陌生人說的話忘諸腦後。事實是他漸漸相信王澍，尤其是他和幾個阿哥是朋友，他在允禩帳下效力，還有他的船停在河上的部分。在彌增和尚心裡，這些故事彼此呼應，並無破綻。彌增和尚確是記得王澍在那些日子的古怪穿著：紫紅短襖，外面又穿著藍布袍，頭戴黑氈帽，足蹬緞鞋緞襪。當時他們都對王澍所說的事不疑有他。王澍生得一張紫紅圓臉，微鬚，中等身材，都與巡撫找人繪製的像極為相似。

巡撫訊問在一七二三年年底見過王澍的文人，其中大部分都證實他們向曾靜說的話，只有一個例外。這是桂東縣一個名叫鍾湘的文人，他就是後來替王澍料理後事的人。鍾湘是個拔貢，地位比別的當地文人高，他記得一些別人已經忘記的細節。他最早是在一七二三年夏天見到王澍，看起來年紀約莫三十上下，打扮一如彌增和尚所描述的，但他頭上還戴了一頂擋雨的寬邊竹帽。他身邊沒帶甚麼衣物，甚至連鋪蓋也沒有。王澍說自己是一七〇三年中的舉人，自贊才高。王澍為了證明所言不虛，便開口吟詠了一篇詩文——王澍吟了幾句之後，鍾湘認出這其實是出自衡州一個文友周命圭之手。不過他還是讓王澍留宿一晚，次日一大早送他上路，還給了他一百文錢，並未細談深論。（鍾湘認為那王澍的畫像根本沒用處，它畫得一點也不像他見過的王澍。）

鍾湘繼續說道，一七二四年早春，就在清明過後不久，他聽說了王澍死在離此地二十里的大嶺山。鍾湘不忍王澍的屍體曝曬雨淋，於是就找了幾個人，湊錢給王澍買了副棺木。鍾湘沒有參加葬禮，也沒到墳上祭拜——不過他的墓地就在路旁，往來便可見。鍾湘還說，要是他們的交情更好的話，他會讓王澍在他家過世，而不是死在路上。

前面有幾個人證在重加審訊的時候都承認先前所言不盡確實，鍾湘也是如此。他之所以有所隱瞞，是因為「他雖是拔貢，年紀尚輕，止之讀幾句書，於世情原不諳練，從前怕供出來，惹罪上身，又怕拖累別人。」鍾湘在第二次提問時，詳細描述在桂東縣的貢生、文人之間的交情深淺與婚姻關係，還有彼此之間的往來與對話。鍾湘有次去一文友李仲舒家中，此人娶了鍾家的一位女眷，鍾湘是這樣才聽說不遠處有個王澍，大有才學。鍾湘也提到家中藏書的重要性，還有像他這樣年紀輕輕考取功名的人，在真正的大學者面前的那種不安。他自然是王澍可欺的對象。

鍾湘如今承認，王澍詳細說過他與皇八爺、皇九爺、皇十四爺的關係非比尋常，鍾湘是在讀了《大義覺迷錄》之後才知道背後原委。王澍是那種思緒飄忽的人，一會兒說他只想尋個安靜差事，一會兒又說他在從事不可洩漏的大業。鍾湘對王澍的了解比他第一次應訊所透露的要來得多。王澍後來又在一七二四年四月上了鍾家一次。這次王澍看起來病得不輕，身邊還跟了一個人。雖然王澍有病在身，鍾湘最後還是贈他一點禮物，讓他離開了。有一天，王澍隨從到鍾家，說是主人已經故亡，於是鍾湘便籌錢料理了王澍的後事。

趙弘恩對這新的線索頗感興趣，便下令全力搜捕在一七二四年跟在王澍身旁的那人。他也下令地方官府找出大嶺山王澍死的那家茶亭，並找出王澍葬在何處，把他屍體掘出。多名官員前往離桂東縣十幾哩的大嶺區第四都。他們召來當地鄉民，逐步過濾這個地區的茶亭與小客棧，終於找到那間茶館。

墓地裡找到一只白木做的棺材，木材厚半吋，長約五呎半，寬與深約一呎。棺木裡的屍首高約五呎；皮肉皆已腐爛，但是骨骸完好無缺。雖然從骨骸看不出此人原本長相年紀，但是他死時穿了一件藍色棉布長袍，外頭套一件紫色短襖。（不過這不能用作證物，因為開棺不久之後，衣服顏色就褪了，布料也破碎不成形，只剩一團棉絮，磨得發亮的牛角鈕扣間雜其間。）頭骨底下墊了一雙棉襪，腳上還有一雙緞鞋抵著棺木。縣令指責當地保正：「這大嶺坳死了個人，你們也該去查看根由報官，怎麼不報呢？」但是這幾名保正仍強詞辯論：「小的們此時都往外做生意去了，後來知道去查問，實係患病身故，並非身死不明，所以不曾報的。」

要找到王澍的隨從須花些時間。曾看過此人的人提供的線索僅限於：「有些鬍子，不高不矮，江西聲音，常在桂東一帶走的。」此人在王澍死後應該還在桂東縣，捕快應能找到他。

這人的名字叫羅一奎，家住江西信豐縣，離湖南邊境不遠。羅一奎曾在贛西的幾個小村莊以曬鹽維生。羅一奎清楚記得他是在什麼時候第一次看到這自稱王澍的人，那是在當今皇上即位第二年第二個月的第二天。羅一奎那天剛好在湖南邊境的龍泉縣做生意。天下起雪來，他便到高排廟附近鎮上（此鎮以廟得名）的一間店裡，在此見到王澍，「把腳上穿的一雙襪子脫來還店裡的飯錢。小的看那人是個斯文人，小的就問他根由。」兩人交談時，王澍把他的大計畫告訴羅一奎。王澍得知羅一奎在四處做生意，便要他做他隨從，照顧行李，直到大業有成。王澍每天給羅一奎三分銀子，當然，這筆錢要等到日後再付了。

這兩人於是開始短暫的同行生涯，白天穿過山裡的小村莊，沿路在茅舍打尖，就這麼走到湖南去。兩人在酃縣邊上碰到幾個考完科舉的相公正要回家。有幾個人同情王澍的景況，給了他幾文銅錢當作盤纏。羅一奎自己是還有一兩銀子和幾文銅錢。王澍跟羅一奎借了一些錢，說是到了衡州之後會還給他。不過衡州離這兒還有好長一段路，而王澍的身體已經差到走不動了。羅一奎用手裡剩下的錢給王澍雇了一頂轎子，好回去桂東拜訪鍾湘。他們在一七二四年四月初到鍾家，此時正是清明時節。鍾湘留他們住了一宿，請他們吃了頓飯，但是第二天卻送了雙布鞋，要他們離開。雖然王澍身體虛弱，但也只好徒步旅行，路邊上有一個姓李的人開了個鋪子，兩人在此歇了幾天。店主人讓他們留下，但是又怕王澍的病傳給他的家人，後來也請他們離開了。

他們就這樣到了大嶺山。他們發現在一處佛寺和茶菴旁有個亭子，便在此住了幾天。但是突然下起暴雨，兩人躲進茶菴避雨。王澍要羅一奎回去找鍾湘，跟他再討些錢。羅一奎照辦，鍾湘給了他一袋米帶回茶館。羅一奎拿了些米給王澍煮了頓飯，這結果是王澍最後一餐。王澍開始吐血不止，四月十三日去世。茶館主人不讓羅一奎把王澍的屍體留在茶館，羅一奎只好再回頭去找鍾湘。鍾湘給他錢買了棺木，尋塊地下葬。羅一奎沒錢給王澍買壽衣，就讓他以這身衣服入殮。羅一奎也在棺木裡頭放了一雙王澍不曾穿過的緞鞋。王澍也有一頂黑氈帽和一床紫花布被，但這兩樣東西都不知去向，想必是茶館主人把它拿走，用來抵一些花費。羅一奎還說，王澍的模樣看起來不超過三十歲，給人頗有修養的印象。

有司問道，如果王澍是這麼一個有修養的人，那麼他帶了什麼書？羅一奎回說，一本也沒有，王澍只帶了一床紫花布被。這人穿著如此寒酸，沒有長隨，也沒有行李，甚至還跟隨從借錢，一個做鹽的商人又如何會放棄一切，跟著這麼一個人呢？羅一奎回說，因為他看起來很有修養，把他圖謀的種種說與旁人知曉，言語之間又提到他的朋友和皇族，還說如果他的病情好轉，就會把錢都付清給他，於是就這麼一日過了又一日。

但這自稱王澍的人到底是誰呢？他又是從何而來的？羅一奎供稱：「他臨死時，小的也曾問他家住何處，家裡還有子弟沒有，他只兩眼流淚，竟不答應就死了。」

註釋

❖湖南巡撫趙弘恩和觀風整俗使李徽在雍正八年二月四日（西曆一七三〇年三月二十二日）聯名上摺：其中抄錄刑部侍郎杭奕祿傳達著曾靜返鄉的諭旨，見《宮中檔雍正朝奏摺》，卷十五，頁六三五。趙弘恩在雍正八年四月三日所上的奏摺中，稟奏曾靜已於雍正八年二月二十五日（西曆一七三〇年四月十二日）抵達長沙，見《宮中檔雍正朝奏摺》，卷十六，頁一三四。

❖曾靜母親葬禮的日期：見曾靜給趙弘恩和李徽的投遞，雍正八年六月二日（西曆一七三〇年七月三十日），收在《雍正朝漢文硃批奏摺彙編》，卷十八，頁一〇一三—一〇一四。

❖曾靜尋訪王澍：係依曾靜自己的說法，見《雍正朝漢文硃批奏摺彙編》，卷十八，頁一〇一四—一〇一五（見前註）。趙弘恩把曾靜的投遞與雍正八年七月十五日（西曆一七三〇年八月二十八日）的奏摺一併上呈，曾靜的投遞或許是這個案子裡頭最特出的文件。

❖王澍的五張字帖：因為趙弘恩上奏摺的時候，把王澍的五張字帖也隨件附上，所以這五張字帖仍留存至今，見《雍正朝漢文硃批奏摺彙編》，卷十八，頁一〇一八—一〇一九。

❖曾靜呈給李徽的投遞：曾靜在呈給李徽的投遞中，把他回長沙的啟程抵達日期都寫在上頭，衙門是在雍正八年六月十三日（西曆一七三〇年七月二十七日）收到這份投遞，見《雍正朝漢文硃批奏摺彙編》，卷三十，頁四三五。

❖趙弘恩的第一份奏摺：日期為雍正八年七月十五日（西曆一七三〇年八月二十八日），見《雍正朝漢文硃批奏摺彙編》，卷十八，頁一〇一三—一〇一四。

❖怡親王之死：見《清實錄》，卷九十四，頁二b—一四b。怡親王在政治經濟上的角色，詳見Bartlett, *Monarchs and Ministers*, pp. 71-79。

❖雍正八年八月十九日（西曆一七三〇年九月三十日），內閣大學士馬爾賽發了一份廷寄給趙弘恩，雍正垂詢王謝這部分的諸多疑點，見《雍正朝漢文硃批奏摺彙編》，卷十九，頁六一—六二；趙弘恩在雍正八年九月十六日（西曆一七三〇年十月二十七日）收到這份廷寄，見《雍正朝漢文硃批奏摺彙編》，卷十九，頁九〇六—九〇八。

❖趙弘恩追查王澍的相關線索：見雍正九年一月二十八日（西曆一七三一年三月六日）所上的長摺，收錄於《雍正朝漢文硃批奏摺彙編》，卷十九，頁九〇八—九一九。

❖曾盛任的部分：見前揭書，頁九〇八—九〇九。

❖僧人彌增的部分：見前揭書，頁九〇九。

❖當地文人的部分：見前揭書，頁九〇九—九一一。

❖再問曾靜的部分：見前揭書，頁九一一。

❖大嶺山區的部分：見前揭書，頁九一一。

❖關於開王澍棺木：見前揭書，頁九一二。

❖羅一奎的供詞：見前揭書，頁九一五—九一七。根據趙弘恩的奏摺，王澍死於雍正二年三月二十日（西曆一七二四年四月十三日），見前揭書，頁九〇七。羅一奎在前揭書，頁九一七也供了這一節。

第十二章

異議

一七三〇年九月二十二日，湖南的官員頭一次看到那並未署名的傳單貼在長沙的顯眼處。傳單上要長沙人群聚於數日之後，「共執曾靜沉潭」。巡撫趙弘恩和觀風整俗使李徽聯名上了一份奏摺，奏明已明令禁止此等聚眾滋擾的行徑，並派人保護曾靜的安全，還抄錄了傳單抄件呈給雍正御覽。但是趙弘恩並未提到是否著手查訪傳單究係出自何人之手，也沒有奏明是否有人已緝拿。奏摺反而點出，皇上赦免曾靜的美意似乎落空了：「竊思曾靜來楚，本欲令其宣揚聖德，化導愚民，今據該司等公稟前來，誠恐草野愚民共生義憤，無益人心，反滋事端。」雍正也不多言：「覽，另有旨諭。」

雍正的回應相當謹慎，是有其道理的。雍正將湖南人要沉曾靜於潭的奏摺透過大學士馬爾賽寄還給湖南巡撫，同時還附了一封廷寄。馬爾賽是滿洲大臣，怡親王允祥去世之後，許多機密事宜就改由馬爾賽處理。雍正在廷寄裡頭要趙弘恩給曾靜一千兩白銀。這筆錢著由湖南的銀庫支出，作為曾靜「安立家產之資」。從這可看出雍正的用意：曾靜查出王澍曾經給彌增和尚一張白銀五十兩的諭令，上頭假湖南布政司之名，簽名也是假的。（這五張字帖和曾靜的原稟，都送入宮中供雍正御覽）。如今，雍正下旨湖南布政司，撥給曾靜一千兩白銀。王澍曾估計，他給彌增的那五十兩應該可買十畝地，蓋間小廟，永遠為業，結果這根本是個空話。而雍正賜給曾靜的卻是白花花、沉甸甸的銀子，從當時的標準來看，這的確是筆財富：這至少可買一百畝地，可給他母親買塊墓地，還可靠這筆錢過著寬裕的日子。空想與現實之間的差別立判。

趙弘恩在十月底把這天大的好消息告訴曾靜，幾天之後，曾靜寫了封謝恩的稟摺呈給雍正，說是官府已經做了安排，從藩庫撥出銀兩交給永興縣，「聽從子民陸續取用」。但是巡撫和觀風整俗使在私底下，對皇上如此厚賜曾靜並不以為然。在一個很多人想淹死曾靜的省分，曾靜幾乎無法「挾此重資歸家，沿途倘滋圖謀別故，有負聖恩」。趙弘恩其實是拿養廉內動銀，密令糧道刁承租會同布政使、按察使，派人解交曾靜家鄉永興縣貯庫去，再讓曾靜陸續支取。同時也密切注意曾靜行動，並限制他到長沙去。顯然他們對這逃過一死的謀逆並沒有雍正那種熱心。一如他們的奏摺所書，曾靜的信和上稟裡頭時有腴詞諂媚，措詞不當，他們有必要予以糾正：他們當然不希望曾靜稱觀風整俗使為「君父」，自己則是「臣子」。這種用法犯了「天無二日，人無二主」的大忌。

顯然別人也跟他們一樣感到不安。一七三〇年夏秋，《大義覺迷錄》的刻本已逐漸遍布全國，從北京到各大城邑，再到縣城，最後廣布各地學宮，為學子所讀，雍正相信這在學宮裡所收的效果會最大。再重新提訊王澍案的相關證人時，已經可以看到《大義覺迷錄》的衝擊了。替王澍寫字的人供稱，他是聽到有人公開討論《大義覺迷錄》之後，才曉得王澍所說關於幾個皇弟的事有多麼荒謬；而為王澍準備棺木的鍾湘也說他是讀了《大義覺迷錄》之後才開了眼。

而其他人讀了《大義覺迷錄》則覺得受到冒犯，甚至是公然受辱，他們頭一次看到書中內容之後，反應是驚訝而憤怒。其中最明顯的就是川陝總督岳鍾琪，整個案子當初就是從岳鍾琪的總督府開始的，而他也無意在奏摺裡掩飾心中怒意。岳鍾琪是在一七三〇年五月五日收到兩部《大義覺迷錄》，雖然公務繁忙，也趕緊抽空讀了書。《大義覺迷錄》的卷三有張熙口供一七二八年十月前往長安往見岳鍾琪一節，張熙的說法是岳鍾琪萬萬沒想到的。不消說，張熙的說法和岳鍾琪當年在密摺裡所奏的頗有出入，但張熙的說法如今遍布各地，學子人人得以討論之。

照張熙的敘述，岳鍾琪雖為名將之後，但處事無能，用心不誠。張熙在書中是這麼說的：

是以於去歲戊申之秋，忽有犯師書命上陝西總督岳鍾琪，重犯無知屬在弟子，遂誤聽師命，冒然前往，及到投遁後，岳公始而嚴審，重犯以受犯師曾靜只去獻議，不必告以姓名里居之命，且彼時無知之見，誤信師說，尚固執為事關天經地義之所在，舍生可以取義，所以寧受三木之重刑，至暈絕不變。

岳鍾琪知重犯死不肯供，不能改移，旋即放夾，許重犯為好漢子，且慰之謝之以賓客禮待之，於逆書所言事理，無不盛稱以為實，復告以其家亦有屈溫山集，議論無不與逆書相合，既見重犯堅不告犯師姓名，乃呼天以示之信，乃言當身所處之危險，甚至垂淚以示其誠，且具書具儀時，告以必欲聘請曾靜以輔己，命姪整裝，即欲與重犯同行。

更以長安縣李知縣扮作親信之家人王大爺，時刻相陪伴，無一不極其機密而渾然無跡，以重犯當日之固執師說，雖死不肯搖奪者，卒使重犯實情畢露，然後具摺奏聞。

讓岳鍾琪尤其動怒的是，張熙在供詞中稱岳鍾琪家中藏有屈溫山集。這本是岳鍾琪用來讓張熙吐露他和前明遺民如呂留良者，或與吳三桂等逆賊之間關係的權宜之計，如今張熙卻倒果為因。屈溫山是一著名文人，曾多次謀反。在一六四〇年代，屈溫山與殘明勢力立誓結盟，明亡之後，屈溫山便落髮為僧，隱於山林。後來，屈溫山不安於退隱，又與一死於清兵之手的前明將領之女成婚。其妻死後，又投入吳三桂謀反。雖然屈溫山謀反累累，但是著名文人因他的著作而予以支持保護，屈溫山於一六九六年安然去世，被譽為「嶺南三大家」之一。（譯按：屈大均，一六三〇——一六九六，初名紹隆，字介子，番禺人。曾削髮為僧，名今種，字一靈。中年還俗，改名大均，字翁山，本書所引奏摺中有稱溫山、翁山者，唯以前者為多。屈大均與陳恭尹、梁佩蘭並稱「嶺南三大家」。）

岳鍾琪無法否認他曾和張熙提過屈溫山，而他在之前的奏摺中竟沒提到兩人的談話有這一節。如今事實已公諸於世，岳鍾琪所能做的就是儘可能地解釋清楚，自己實則忠心耿耿。岳鍾琪上奏雍正，說他已仔細讀了《大義覺迷錄》中張熙提及屈溫山那段。他希望能說清其中原委。張熙當時說的話與口供不同，他說的是：「聞得廣東有屈溫山者，詩文甚佳，亦未出仕，并云惜未見其文集。其時臣正在誘之矢言，隨亦云其著作大意彷彿與呂留良及爾師曾靜之意略同。其時屈溫山之為人如何，並伊之詩篇文集，不唯臣從前並未寓目，抑且並未聞人說及其書之有無邪說。無由而知是時臣之所以信口稱道者，蓋欲探逆惡之實情，使之深信不疑，直言無隱也。」

雍正無意安撫岳鍾琪，他對話說得太多的臣下往往冷淡以對：「此一語非卿提起，朕實未留意，而廷臣亦有未言及者。」不過此處還有別的原因，岳鍾琪負責對西疆準噶爾用兵，屢有敗績。我們或許可以說，這位平步青雲、正當壯年（四十四歲）的岳將軍在這份奏摺之後聖眷漸離。這年夏天，杭奕祿前往岳鍾琪的中軍大帳宣旨，令他即行回京，面謁聖上。此後兩年，大軍挫敗連連，部將之間摩擦日烈。岳鍾琪終因作戰失利，調度不當而遭解職。所有財產皆遭沒入，岳鍾琪被判死刑——不過雍正或許是念及岳鍾琪昔日忠心，對曾靜的陰謀不加隱瞞，據實上報，才法外開恩，免其一死。

對於屈明洪來說，在《大義覺迷錄》裡讀到與自己相關的部分，心中的震驚卻是更大的。屈明洪是屈溫山猶在世的兒子中最年長者。屈溫山雖然反清，但是屈明洪仍在新朝力爭上游，在廣東沿海惠來縣的縣學做教諭。屈明洪身為教諭，就有研究宣講《大義覺迷錄》的職責，他在研讀此書時，赫然讀到張熙與岳鍾琪談論先父屈溫山，廣東其他的官員自然也會注意到書上提到屈溫山。屈明洪便檢查父親留下的詩文，才知道父親的著作亂紀悖常，於是親自投首。屈溫山在一六九六年便去世，當時屈明洪年紀還小，而且屈明洪也從不知道先父所遺詩文中竟蘊含大逆不道的思想。巡撫起初不為這番說詞所動，反而懷疑屈明洪特意將溫山的著作藏匿家中，意圖將之攜往他地變賣。但是巡撫漸漸相信，屈明洪確實不知情，也絕無圖謀不軌之心。只是，光憑屈明洪是溫山之子，就足以惹禍上身。屈明洪丟了官，全家被流放到福建。另外兩位「嶺南三大家」的後人也受到訊問，藏書被搜，但人則沒受到懲罰。還有多少受到類似的株連，我們不得而知。《大義覺迷錄》裡頭提到許多人，在此書刊印之時，顯然無人擔憂文中恣意牽連會造成什麼結果。

書中提及的人，而受此書影響的平民百姓，其複雜的程度也不下於受此書直接牽連的人。其中最為離奇的是有人聽說了曾靜這個案子，或是在鄉里學宮聽了宣讀《大義覺迷錄》，開始對曾靜產生認同。浙江總督李衛在一七三〇年七月的奏摺裡提到杭州有個名叫陳詮的年輕人，他花錢捐了功名，但是鎮日卻跟一群流氓廝混，裡頭有個他在書肆認識的算命，叫呂東陽，是個羅鍋子，他給陳詮一個月三兩銀子，要陳詮幫他打點些事情。這陳詮常自誇他與張熙交好，張熙那時去買呂留良的書，順道拜訪曾靜，於是認識了陳詮。陳詮後來加油添醋，自抬身價，說自己是呂留良門下嚴鴻逵的入室弟子，常與其師談詩論藝。陳詮告訴他那幫狐群狗黨，虧得他聰明過人，才沒有被抓去。官府於是把他抓來訊問，結果陳詮不但不否認這些故事，還繼續加油添醋，說他和曾靜也有交情，當時曾靜去了杭州，官府都還不曉得這回事。

雖然陳詮的話於實無據，但實在是駭人聽聞，須以非常手段來處理：陳詮為人狂放，多年來四處遊蕩，故不准他繼續散播譫語。總督去了他的功名，給他戴上木枷，交由父親管束，終身不得離家半步。至於陳詮的動機為何，李衛上奏雍正，陳詮「好作不根之談，造言生事，哄騙愚民，假做體面狂徒」。

陳詮四處吹噓，大加渲染，不得不讓他封口，這件事並不難辦。但是其他人的異議沒那麼張揚，或只是以驚世駭俗的態度來表達心中的懷疑。在這類案件裡，即使出身書香門第，也不能倖免。其中以徐駿最為著名。徐駿的父執輩有三人在康熙年間中了進士，分佔狀元、榜眼、探花前三名，這不但在本朝前無古人，也是歷朝歷代所僅見的。徐駿和另外四位兄弟也考上進士，雖然不是名列前茅。徐駿是一七一三年第二甲第八名，隨即入翰林院，幾年之後因無心仕途而返家。江蘇巡撫尹繼善在一七三〇年七月訊問了徐駿，照他的說法，徐駿成了「為人狂妄，情性乖張，常離家遊蕩於洞庭山等處，吟詠嘯傲，輕世肆志。」在尹繼善的心裡，這等行徑已足以構成搜查徐駿藏書，有否與呂留良書信往來，並將之拘捕的理由了。「臣出其不意，將伊平日所著詩文書記逐一搜查。」雖然並沒有搜到與呂留良或其族人的通信，但卻發現徐駿的詩中「語含譏刺悖謬荒唐之處甚多，」看了之後「不勝駭異，謹將原本並草寫詩稿底黏簽恭呈聖覽」。雍正看到詩文之後，在奏摺上只批了「嚴加拘禁候旨」，之後下旨將徐駿著作悉數燒毀，徐駿著即斬首。江蘇還有別的名門世家也被搜查，下場與徐駿一樣。（譯按：「清風不識字，何事亂翻書」即出於徐駿之手。）

雍正對呂留良一門的憎恨或許也不無害怕的成分在裡頭。李衛在浙江總督任上已做了很久，他奉旨要繼續搜捕所有在逃的呂氏族人。一七三〇年八月，李衛收到一道硃諭密旨，說有「呂氏孤兒」的傳言，要他查查有什麼線索。「將逆惡呂留良子孫察訪根究，勿使隱匿漏報，并不令逆賊寸骨得留人間。」到了九月，李衛上奏雍正，已找到十八名男性呂氏族人，當初搜捕時並不曉得有這些人。有些是呂留良的曾孫。李衛也羅列了嫁入呂家的妻妾，牽連至少有二十四個家族。這還不包括那些因為某種理由幼時離家，或到別處謀生的族人。李衛上奏，他不知道「呂氏孤兒」指的是誰，但他碰上一個不尋常的情形，就是呂留良長子呂葆中的繼妻。呂葆中在一七〇六年進士及第，兩年之後便故亡，繼妻突然在一七〇八年削髮為尼。李衛的人是在南陽廟裡找到她的，如今年已六十有八。因為她出了家，所以名字沒有列在呂氏的族譜上頭。

聽起來她不構成什麼威脅，但是雍正對於有宗教神通的人愈來愈注意，且急於將之召到身邊。一七三〇年夏秋，雍正得了重病，於是四處尋訪有延年益壽之術的人，不論其學理宗教派別，「諭令訪問精於醫理之人，及通曉性宗道教者」。雍正要臣下善待這些術士，賜之以金帛，使無後顧之憂。至於這些人是不是真有本事，為臣的不必擔心，雍正所言：「其人之學術精粗深淺，朕面詢即知。」

李衛聽說有個賈士芳，「平素通知數學」，但李衛沒見過他，不能確知其人。雍正便下旨將賈士芳送來，以卜筮之事來考較。但是賈士芳言語支離，啟人疑竇，他自稱去年曾蒙雍正召見，長於療病之法，雍正才想起他是那居住白雲觀之人，於是令他調治聖躬。賈士芳「口誦經咒，並用以手按摩之術」。但雍正看他「心志姦回，語言妄誕，竟有天地聽我主持，鬼神聽我驅使等語，……狂肆百出，公然以妖妄之技，欲施以朕前。」賈士芳肆其無君無父之心，雍正認為國法具在，難以姑容，而且「蠱毒魘魅，律有明條，著拏交三法司，會同大學士定擬具奏。」但是雍正對於宮中或各部中精於醫術者，往往不次拔擢：

例如冀棟因「通知醫理」，升為左都御史；另外，劉聲芳則官至戶部侍郎。（譯按：但他後來以「不用心調治，推諉輕忽，居心巧詐，深負朕恩，」被革去戶部侍郎一職，仍在太醫院效力贖罪行走。）

在舉薦有道之士入宮一事上頭，少有官員像岳鍾琪這麼戒慎恐懼。岳鍾琪得到旨意，要他在長安去找一個有異能的道士。岳鍾琪遵旨照辦，但他也上奏雍正，這所謂的大師不過是個失心瘋的道士，無家可歸的流民。但雍正罔若未聞，次年又要幾位高官去尋訪能力特異之士，像是目能遠視、夜視，日行百里之人。

雍正醉心這些玄祕之術時，朝廷也繼續想法子解決呂留良案。到了一七三一年一月，雍正終於收到刑部對呂留良一案的判決，離當初他要求定呂留良的罪已有十八個月的時間。不管這過程之中曾遭到朝中百官什麼樣的阻力，如今都已消解，刑部下了個嚴峻的判決——嚴峻的程度一如當初一百四十八名在京官員力主凌遲處死曾靜那般。呂留良戮屍示眾，家產悉數充公。呂留良的長子呂葆中亦遭戮屍示眾。其餘呂氏族人視其與主犯的親疏關係，依大清律或問斬，或發配為奴。各地凡藏有呂留良著作、日誌或手稿者，以一年為期，須將之交付有司與以焚燬。

這似乎正是雍正一直催促刑部所做的判決，教人驚訝的是，雍正並不批可。《大義覺迷錄》的編纂與刊行顯然讓雍正相信，把朝廷對此案的審慎過程散布各地的數千名學者、甚至上百萬熱衷功名的學子是有其價值的。所以雍正不光是批了臣下嚴厲處置呂留良案的請求，他還加了一段令人不知如何以對的評註：「朕思呂留良之罪，從前諭旨甚明，在天理國法，萬無可寬。然天下至廣，讀書之人至多，或者千萬人中尚有其人，謂呂留良之罪不至於極典者。朕慎重刑罰，誅姦鋤叛，必合乎人心之大公，以昭與眾棄之之義。」雍正繼續說道，以呂留良一案而言，這意味著應重加考量刑部毀去呂留良所有著作之請：若是盡數毀去的目的無法達到，則何必有此議？若是真能盡數銷毀，則後世永遠也不知道此案來龍去脈，必會認為雍正和臣下反應過度，或是懷疑呂留良的著述能闡發聖賢精蘊，而感嘆不可復得之。

同理，在呂留良詆毀先皇一事上頭，此行固然可憎，但是懲以何刑才算恰當，前此並無先例可循。雍正因此認為，不必下旨將呂留良屍首掘出示眾，並令地方官員在一年的寬限期之後，將呂留良所有著作悉數銷毀，而是令各省學政詢問該省學宮的學子，呂留良及其族人應該如何懲處方式恰當，以及呂留良的著作無論付梓與否悉數毀去的成效如何。學政應「稟公據實，作速取具該生監等結狀具奏。其有獨抒己見者，令其自行具呈。該學政一併具奏，不可阻撓隱匿。俟具奏到日，再降諭旨。」

官員當然有本事不讓雍正知道。浙江有個三十三歲的文人，名叫齊周華。此人出身書香門第，中了生員。他在縣學裡謀了差事，同時準備考鄉試。他讀了《大義覺迷錄》中雍正對呂留良的批評和曾靜的〈歸仁說〉。齊周華雖然不認得什麼呂家的人，但是他對呂留良的學說非常欽服，尤其是他對四書的集註。雍正既要天下學子各抒己見，就寫了篇抗疏（譯按：即〈救呂婉村先生悖逆兇悍一案疏〉，根據王汎森的研究，這篇文字並不見於《清代文字獄檔》，也沒有被各種來往文書所引用，這是因為清代規定「悖逆」語不入奏摺，且這份抗疏雍正並沒有看到。今日之所以能見到原疏，完全是因為齊周華自己保留，刊附於《名山藏副本》中。）

文中強調應把呂留良對儒家典籍的研究與其他著作分別看待，並給予適切的評價。如果像曾靜這等罪孽深重的人都可因其真心悔改而獲得赦免，何不將此恩澤及於呂留良的後人？而呂留良的門人嚴鴻逵和沈在寬理應也得到寬宥。

齊周華寫道，他並不怎麼相信曾靜真如他在《大義覺迷錄》裡頭所供，對於滿人入主中原一事那般無知——譬如曾靜說他是到接受訊問之後，才曉得明朝是滅於流寇之手。齊周華認為，以曾靜對熟讀經史，這種說詞應該詳加調查。他還寫道，浙江人不似湖南人那般懷有貳心、藐視立身處世的根本原則，「未嘗有向陝西總督頭以叛逆之書也。」如果皇上恩准，他願意為呂留良的年輕後人作保，盡除心中所有謀反的念頭，使之成為忠心不貳的臣民。

這類文書如何呈給皇上，未有明文規定，所以齊周華先請天台訓導王元訓帶題，但為其所拒，於是齊周華又把這抗疏帶到杭州，但也被拒絕。齊周華把所佩的古劍在金陵典當，拿這錢當盤纏，徒步上了北京，想辦法把抗疏交到刑部去。刑部官員對此事並不感興趣。如今的刑部尚書是李衛，剛上任不久，他原是浙江總督，搜捕呂留良及其族人的逆書，就是他一手主導。任刑部侍郎的是王國棟，在偵辦曾靜一案的過程中，他先後擔任浙江觀風整俗使和湖南巡撫。刑部上下沒一個人要接這抗疏，反而要他回浙江去，把抗疏呈給浙江學政，皇上的諭旨就是這麼個意思，這樣便可透過適當的管道上呈。齊周華也老實照辦了，就回家再試一次。結果學政不但予以拒絕，還把齊周華抓了起來。終雍正一朝，齊周華都羈押在牢裡，唯一讓他告慰的，便是他不屈不懼的名聲，在一些文人學子之間傳誦著。我們無從得知還有多少人曾經往返奔波勞頓，好讓不同的看法讓皇上知道。（譯按：齊周華在牢中關了五年，至乾隆即位獲釋，此後遍遊五嶽，至乾隆二十一年才返家。乾隆三十二年，浙江巡撫熊學鵬到天台盤查倉庫，齊周華又將所著書獻給熊學鵬。熊學鵬上奏乾隆，帝大怒，於乾隆三十二年十二月七日下諭旨：「齊周華著即凌遲處死，」其子其孫俱著從寬，改為應斬監候，秋後處決，見包賚，《清呂晚村先生留良年譜》，頁二〇四—二〇五。）

齊周華四處碰壁的事，很可能雍正連聽也沒聽過，不過他當然知道另一件鬧得大的事，山西巡撫覺羅石麟在一七三一年三月十七日將此事上奏雍正。這件事發生在三月十一日，地點是在山西南部的解州縣夏鎮，此地南臨黃河，群山環抱，離太原有九百里之遠。這天一大早，秀才祭完孔子之後，門斗發現秀才們並沒有如往常到講堂去，而是聚在西角門外，興奮不已。讓他們如此興奮的是貼在牆上的一張告示，這門斗並不識字，不知上頭寫些什麼，於是趕緊回去稟知教官，這人姓高，名振，是處署教諭，於是兩人一同回到西角門。姓高的教官見到，其實是有兩段文字，一段是韻文，另一段則否。其中一段可說是短論，直指皇上開恩赦免曾靜，以及最近批駁呂留良二事：「曾靜可殺不殺，呂晚村無罪坐罪，真古今一大恨事也。為此感憤傾吐血性，倘好義君子與我同心，請將此詩傳布宇內，裨當途聞之。」

這段文字所提到的詩，乃是一首四言絕句：

走狗狂惑不見烹，
祥麟反作釜中羹；
看徹世事渾如許，
頭髮衝冠劍欲鳴。

這兩張告示牢牢貼在牆上，但是這門斗和教官好像對這類事情很有經驗，曉得如何把告示完整取下。他們先將醋含在口中，把紙噴濕，然後再輕輕將告示揭下，只有「看」、

「徹」二字因為黏貼太牢，取下的時候撕壞了。教官另外按原件寫了兩字予以綴補。這份揭帖連同此事的原委，即刻送往太原的巡撫覺羅石麟手上。

山西巡撫上奏雍正，這份揭帖出自何人之手，似乎無人知曉。不過他會加緊調查，並命手下協助當地官員，追查罪犯，尤其要查明這是出自一人之手，或是集數人之力所為。雍正說得很簡明：「若該省司教官悉心根究，自能查出。」

雍正說得沒錯。詳細查問夏縣和鄰近各縣的讀書人之後，到了四月初，已經找到寫這詩文的人。這人不是別人，就是當初報案的教諭高振，他在取下揭帖時還細心補了兩個字上去。就巡撫所知，高振是單獨行動。雖然他要為此事丟了性命，但是從某個角度來看，他也達到了目的，他對曾靜和呂留良案的看法與建議已經上達天聽，不像齊周華的信給壓了下來。寫詩文張貼是高振對這一年來公開宣讀討論《大義覺迷錄》的不滿。

不過，在一七三一年三月，有另外一件案子引起雍正的注意。這是有個二十三歲的上杭縣范世傑，因為不能上進，還在考童生，他的叔父范上達在縣裡頭作書辦，就為他在當地衙門裡頭謀了個差事。他因此有機會讀到有關曾靜一案的各種資料，並發展了一套他自己的想法：這有一部分是對曾靜的謾罵攻擊，一部分則說三位皇兄（雍正排行第四）「有撫馭之才，讓位於聖君」，一部分是他推斷雍正何以即位的理由。在范世傑的心裡，這些想法是為了奉承皇上的。范世傑或許聽聞了雍正就上呈對呂留良一案之看法所下的諭旨，便用經傳成語湊合成一篇，呈到觀風整俗使衙門，觀風整俗使顯然同意范世傑所言，寫了「忠愛之心可嘉」六字予以讚許。一日，范世傑等在路旁，攔路呈給福建學政戴瀚，戴瀚以「途中公文呈詞概不收受，以杜請託等弊」為由，要他另行投遞。戴瀚仔細看過，便將范世傑逮捕訊問，但是並沒有發現有何不軌，也沒有牽連到什麼人。一如負責審訊的官員在奏摺中所言，范世傑似乎意在加官晉爵。官府令之不得再妄圖引人注意，也不得離家遊蕩，每月兩次公開宣講《大義覺迷錄》。

雍正希望藉由《大義覺迷錄》的刊行出版，達到正天下視聽的目的，而要天下學子各抒己見，也完全沒有產生眾說紛紜的現象。到了一七三一年九月底，雍正得到奏報，說是《大義覺迷錄》的刊行已收匡正視聽之效，而各學生監也並無異議。此案除了四名往廣州的兵丁之外，所牽連的各個主謀都已緝捕到案，連王澍也已伏冥誅。但是去年所發生的許多案子，說明遠如陝西、福建各省，雜音異見甚囂塵上。雖然雍正苦口婆心，但是這些人並沒學會去尊敬曾靜，也不像雍正那麼憎惡呂留良。為了說服心存懷疑的人，必須遠及邊疆、並提高智識的層次，這不僅是曾靜力所未殆，雍正也無法獨力為之。要讓文人心服，就得要靠文人來說服。

註釋

❖共執曾靜沉潭：湖南巡撫趙弘恩在雍正八年八月十一日看到這份傳單，並在雍正八年八月十九日（西曆一七三〇年九月三日）上奏；見《雍正朝漢文硃批奏摺彙編》，卷十九，頁二〇七—二〇八，亦見《清代文字獄檔》，頁四四。

❖雍正賞銀一千兩給曾靜：趙弘恩在雍正八年十月二十八日（西曆一七三〇年十二月七日）的奏摺中引述了大學士馬爾賽發給他的廷寄，見《宮中檔雍正朝奏摺》，卷十七，頁一二七（亦見於《雍正朝漢文硃批奏摺彙編》，卷十九，頁三六三）。趙弘恩提到這一千兩銀子會從最近才設的「養廉銀」中提撥。關於「養廉銀」的起源，見 Madeleine Zelin, *The Magistrate's Tael*, pp. 95-100。曾靜的謝恩稟奏，日期只寫「八年九月稟」，見《宮中檔雍正朝奏摺》，卷十七，頁一二八—一二九。趙弘恩和李徽在雍正八年六月二十日（西曆一七三〇年八月三日）所上的奏摺中，提到曾靜引喻失義，見《雍正朝漢文硃批奏摺彙編》，卷三十，頁四三三—四三四。至於曾靜的行動受限，見趙弘恩和李徽聯名所上的奏摺，見《宮中檔雍正朝奏摺》，卷十八，頁二八七，雍正九年五月二十七日（亦見於《雍正朝漢文硃批奏摺彙編》，卷二十，頁六二三）。

❖岳鍾琪在雍正雍正八年三月十九日（西曆一七三〇年五月十二日）收到《大義覺迷錄》，於雍正八年三月二十六日上了一份的奏摺論這件事：見《雍正朝漢文硃批奏摺彙編》，卷十八，頁二六六—二六八（亦見於《清代文字獄檔》，頁四〇b—四二）。

❖ 張熙對於受岳鍾琪計誘一節的敘述：見《大義覺迷錄》卷三，頁一七b—一八b。張熙說岳鍾琪稱他「好漢子」。屈溫山的生平，見《清代名人傳略》，頁二〇一—二〇三，「屈大均」條。在最早提到屈溫山的奏摺裡，屈溫山的名字略有出入，署廣東巡撫傅泰的奏摺便做「屈翁山」，見《雍正朝漢文硃批奏摺彙編》，卷十九，頁二八一—二八三。

❖ 岳鍾琪的反應：特別見於《雍正朝漢文硃批奏摺彙編》，卷十八，頁二六八。岳鍾琪之後聖眷日微，見《清代名人傳略》，頁九五八，岳鍾琪的生平，見《清史稿》，頁一〇三七二。

❖ 署廣東巡撫傅泰上奏屈明洪一事：見《雍正朝漢文硃批奏摺彙編》，卷十九，頁三一五—三一七，雍正八年十月十九日：見《清代名人傳略》，頁二〇二。廣東總督郝玉麟在雍正八年十一月二日又上了一份奏摺，見《雍正朝漢文硃批奏摺彙編》，卷十九，頁三八二。

❖ 陳詮一案：見李衛在雍正八年六月六日（西曆一七三〇年七月二日）所上的奏摺，《雍正朝漢文硃批奏摺彙編》，卷十八，頁八七四—八七五，亦見於《清代文字獄檔》，頁四二—四三。

❖ 浙江巡撫尹繼善在雍正八年六月三日（西曆一七三〇年七月十七日，譯按：此處英文原書日期有誤，將六月三日作為六月十三日）上奏了徐駿一案：徐駿在同年秋天問斬，見《清實錄》，卷九十九，頁二。徐駿一門在科舉考試的輝煌成績，見《清代名人傳略》，頁三一〇—三一二。

❖「呂氏孤兒」之說：李衛在雍正八年七月二十五日（西曆一七三〇年九月七日）上奏他所追查到的呂氏族人。雍正在硃批中殷切追問：「聞有呂氏孤兒之說，當密加查訪根究。」李衛在這份奏摺裡提到他在去年進京陛見時，曾與雍正談過這個問題，見《雍正朝漢文硃批奏摺彙編》，卷十八，頁一〇七一——一〇七二。

❖雍正尋訪通曉醫理之人，吳秀良，〈歷史與傳奇：「胤禎劍俠」小說〉，頁一二三三——一二三八。對此問題有精到的敘述。《清實錄》對於不次拔擢或降罪奇人異士也有許多記載，集中在一七三〇年與一七三一年年初；例如，《清實錄》，卷九十八，頁一四b——一六b；卷九十九，頁二〇；卷一〇二，頁一三。

❖一七三一年一月呂留良案的判決：見《清實錄》，卷一〇一，頁七（亦見於《清代文字獄檔》，頁四五），雍正八年十二月十九日（西曆一七三一年一月十六日）。雍正對呂留良著作的處理：「至其所著書籍，臣工等奏請焚毀，復思呂留良不過盜襲古人之緒餘，以肆其狂誕空浮之論。有識見者，固不待言，即當日被其愚惑者，今亦自然窺其底裡而嗤笑之也。況其人品心術若此，其言更何可取？今若焚滅其跡，假使燬棄不盡，則事屬空文。儻若燬棄盡絕，則將來未見其書者，轉疑伊之著述實能闡發聖賢精蘊，而惜其不可復得也。即呂留良書籍中有大逆不道之語，伏思我聖祖仁皇帝聖德神功際天蟠地，如日月之照臨宇宙，萬古為昭。豈呂留良所能虧藏於萬一乎？」

❖雍正要將廷臣所議遍行詢問各學生監：見《清實錄》，卷一〇一，頁八（亦見於《清代文字獄檔》，頁四十五）。到了雍正十年十二月十二日，整個詢問學生監的程序才告結束。費思唐（一九七四年），頁三八八——三八九，註一一一說他曾看過一份湖北官員在一七三一年六月五日所上的奏摺，呈報該省學生監的回應。

❖齊周華的案子：見王汎森，《從曾靜案看十八世紀前期的社會心態》，頁一四——一六，亦見《清代名人傳略》，頁一二三——一二五。李衛與王國棟的部分見《清史稿》，頁二六二〇——二六二二一，表。

❖山西太原匿名字帖一案：巡撫覺羅石麟在雍正九年二月十日上奏，並抄錄字帖內容，見《宮中檔雍正朝奏摺》，卷十七，頁六一四——六一五（亦見於《雍正朝漢文硃批奏摺彙編》，卷十九，頁一〇〇三）。劍鳴典出漢朝，髮衝冠則見於太史公司馬遷筆下的荊軻刺秦王。雍正對此事的硃批見《宮中檔雍正朝奏摺》，卷十七，頁六一五。

❖匿名字帖一案的調查結果：見山西提刑按察使宋筠在雍正九年二月二十五日（西曆一七三一年四月一日）的奏摺，見《雍正朝漢文硃批奏摺彙編》，卷二十，頁二七——二八。

❖福建總督劉世明、福建巡撫趙國麟、福建學政戴瀚就范世傑一案所上的奏摺從雍正八年十一月到雍正九年六月十三日，收錄在《雍正朝漢文硃批奏摺彙編》，卷二十，頁七一五——七二三。范世傑的呈文寫於一七三〇年九月，收入《文獻叢編》，卷七，頁三——五b，標題為「范世傑原件」。范世傑此案的梗概，見王汎森，《從曾靜案看十八世紀前期的社會心態》，頁一二。

❖從廣東所上的奏摺，便可看到追捕雍正二年間，有四個口稱王府差人的行動仍在持續進行。例如署廣東巡撫傅泰在雍正八年三月十七日所上的奏摺（《宮中檔雍正朝奏摺》，卷十五，頁九一〇——九一二），以及廣東惠州副將繆弘在雍正八年四月二十八日所上的奏摺（《宮中檔雍正朝奏摺》，卷十六，頁三三五——三三六）。

第十三章

宣諭

打從雍正注意到曾靜、呂留良相關案件以來，都還不曾正式求助於博學鴻儒之士——即每年兩三百名的新科進士。一七三一年晚春，雍正終於向這些十年寒窗、一朝成名的人中龍尋求支持。雍正雙管齊下，命四十名左右儒士前往西疆宣諭化導，另命四人針對呂留良的著作逐行批駁。

往赴陝西內地宣諭化導的諭旨是在一七三一年四月二十六日宣的，但是雍正在心中琢磨這件事已經有一段時日了，或許在岳鍾琪去年十一月奉旨回京陛見時便有此想。當時雍正稱讚岳鍾琪，尤其是「吐魯番回目額敏和卓屯田種地，恭順效力，甚屬可嘉。朕聞之深為喜悅。」岳鍾琪還詳奏陳議，如何將最近平靖的陝西內地設縣，雍正也照准，並無異議。岳鍾琪可從這些新設的縣分徵集兵丁，長遠來看，也可達到增拓西疆的目標。按往例，有戰功的將領離京時，朝廷都會予以嘉許，但是岳鍾琪在一七三一年一月中自京回西路軍營時，朝廷並未宣慰。岳鍾琪離京之後不久，雍正便要內閣擬旨，把刻正在西疆的杭奕祿召回京來商議軍機。三月底，雍正下了道諭旨，嚴詞批駁岳鍾琪處理準噶爾回疆遊牧民族的條陳漫無章法，無益於解決問題。雍正說岳鍾琪之前誇下海口，能長驅直入，結果被賊夷盜趕駝馬，岳鍾琪既恥且憤，勉強踐復前說，展開大規模襲擊。以眼前的情勢，讓岳鍾琪統率大軍，直搗巢穴，能保證必定獲勝嗎？「岳鍾琪陳奏軍機十六條，朕詳細批覽，竟無一可採取之處，朕心深為憂煩。」

這幾個月來，雍正也殷殷垂詢駐陝兵丁和補充員額的附近農村，以收其剛柔相濟之效。北京地區發生地震，雍正馬上派人前往西路各軍營，得知財物損失雖不小，但是人員傷亡極少，「損傷之人不過千萬中之一二」，同時因地震而致垣舍倒塌的話，各有賞銀，以為修葺屋宇之用。一七三一年初，雍正下旨，一千名駐藏的陝西兵丁「已經數年未曾更換，朕心深為軫念」，著予換回，讓他們能夠返家探親。

在這年三月所頒的另一道諭旨中，雍正提及陝甘軍需補給的事宜，此地受岳鍾琪所節制，也正是準備對準噶爾戰事的關鍵地區。雍正指出這個地區的狀況棘手，又因地方官員往往處事操切，或流於怠惰延緩。督撫等大員必須謹記在心，「嚴謹一分，則州縣官必於百姓加緊一倍。如能寬容一分，則小民必得一分之惠。」現在所用的採買繇役若有不公，必須予以放棄：所開銷物料、腳運之費一定要斟酌時價，不可以刻意核減。但是陝西的狀況複雜，這道諭旨切莫讓地方州縣知曉，以防不肖州縣藉機遷延浮冒。

雍正在一七三一年四月二十六日所下的諭旨並不長，裡頭提出了派員宣諭的想法：「朕欲於在京官員內，揀選老成明白者數十員，命往陝西內地州縣，辦理宣諭化導之事。」所派成員從三個來源遴選：由大學士會同該教習，於翰林院庶吉士中挑選；二，各部堂官在本部學習人員內揀選；三、國子監祭酒等在選拔貢生內揀選。至於詳細人數，雍正並未明定，只大致點出他的期望。翰林院「揀選數員」，在六部學習人員「揀選一二十員」。所選出的人員交由內閣帶領引見，這樣雍正可以親自過目。

到了一七三一年五月十三日，所有派往陝西內地的成員都已挑定，雍正宣布將由三人帶領前往，並予以指點。一個就是杭奕祿，他曾奉旨向曾靜問話，最近被召到北京，並兼任刑部侍郎。第二個是四十九歲的史貽直，他是在一七〇〇年中的進士，仕途順遂，現任左都御史和兩江總督。史貽直出身書香門第，學問淵博，與年羹堯是同榜，也是年羹堯的主審，年羹堯的失勢算起來他也有落井下石之功。所以他深諳宮廷政治的錯綜複雜，也曉得在西疆做事的分寸，而且他在兩江總督任上展現了他精於行軍布陣和糧草運輸。第三人是署內務府總管鄭禪寶，管的是宮中錢財度支，這與另外兩人不同。他原本還管華北的鹽務，不僅對製鹽、銷鹽的技術問題瞭若指掌，也長於收稅，控制銅銀之間的兌換比率。

在四十多名成員中，我們僅知其中孫人龍和色通額兩人的姓名與科考成績。兩人的背景迥異，說明了雍正希望納入不同屬性的人。兩人雖然都是一七三〇年的進士，但是孫人龍生在浙江，在科考中名列前茅（浙江的貢生獲允參加一七三〇年的科考，此人在第二甲中列第五名）；色通額則是出身滿洲正黃旗，他差一點就名落孫山了——在第三甲錄取的兩百六十九人之中，他名列第兩百六十九。兩人都入翰林院為庶吉士。孫人龍當然是因為學問好，但是色通額多半是因為很少有滿人能熟讀中國傳統的四書五經，當然也就受到特別的待遇了。

雍正挑選了負責帶領的人，下了一道很長的諭旨，提出更多理由來解釋他何以有此決定。有此因素是歷史使然——他扼要概述準噶爾的問題由來已久，從四百五十年以前的元朝便有之，雍正並解釋中國與準噶爾之間的關係時好時壞，對於蒙古部族和中國對西藏的影響至鉅。雍正也詳述這個問題一日不解決，則蒙古一日不安，邊境一日不寧，內地之民一日不得休息。雍正話鋒一轉，他不肯因「戎事緊急，稍涉權宜，使閭閻騷擾於萬一哉，」但讓他最感困擾的是，「近風聞陝西之民，竟有怨朕而私相謗議者。」

在雍正的諭旨中，這些謗議的來源顯而易見，「總因數十年來，陝西居住之允禵、塞思黑、年羹堯、延信等，皆懷狹異志，包藏禍心，其脅從之黨，實繁有徒。」包括底下門人、親信、道士、道姑。也難怪此地「其他匪類之造作妖言，暗中煽動者，又不知幾希矣。」因此，此行前去陝甘兩省，「開導訓諭，覺悟愚蒙，儻合省民人等果能篤尊君親上之義，消亢戾怨懟知情，將見和氣致祥，必邀上天默佑。」雍正在這道諭旨中雖然沒有提到曾靜或呂留良，但是字裡行間處處可見這兩宗謀逆的蹤影。而在雍正對史貽直三人的指示中，更是強調須將《大義覺迷錄》的內容廣為傳播，並下旨此行所有成員必須人手一部。

六月八日，一切已安排就緒，雍正召見史貽直等三人面諭，表示他已決定要讓張熙隨行前往。張熙其時雖然已獲赦免，但是仍留北京，還沒返回湖南。（他是否仍受羈押並不清楚。）雍正已下旨，要張熙準備動身，視情形盡力協助。這趟西行也會經過長安，兩年半前，他就是在那兒將逆書投遞給岳鍾琪；奉差赴陝的三名大員沿途考察張熙悔改的程度。史貽直暗中安排了一個親信與張熙沿途伴走，「凡一言一動皆據實稟知。」

一七三一年六月底，這隊負有特殊任務的人馬離開北京。由於他們負責宣諭的範圍廣大，便將陝甘兩省分為三路，每一路各有五府，以拈鬮決定何人負責何路。這塊地方由於人煙罕見，或為高山，或為荒漠，城鎮之間相距甚遠，往來旅行極為困難。三路人馬幾乎花了一個月的工夫，才到達第一站。鄭禪寶在奏摺中，向雍正稟明他所拈得的路線：橫跨陝西、甘肅，直至西寧，共五府五十四州縣。每一府的面積都有數千平方里。有時要花上好幾十天，才能到達另一府。每一府都需要停留一個月左右，才能完成宣諭的任務。

既然皇上的意思是宣諭要下達至州縣的層次，甚至要及於往來渠道的聚落，於是便把庶吉士等員分路派往各州縣，逐村宣講，責其忠於君上，認真辦理軍需，並講授中土與準噶爾關係的簡史，講解《大義覺迷錄》。這麼一來，聆聽聖諭的人就不計其數了。

這些庶吉士所行經之地，有些極為孤絕多山，潛藏盜賊，令他們心生畏懼。不過，他們所到之處仍然恭設龍亭，傳集當地士民，宣讀講解《大義覺迷錄》。每隔一陣，史貽直等三人就會在事先約定的地方會面——一次是在長安，一次是在陝西西南的鳳翔——交換各自最近收到的旨意，協調彼此的行動。由於路途遙遠險惡，北京來的信使通常要花至少二十天才能把消息傳到，而且時間往往遠不只於此。

署內務府總管鄭禪寶在十月底到了甘肅首府蘭州，將途中見聞上奏雍正。鄭禪寶於九月初六自清水縣入甘肅省境，在這十多天的路程中，「沿途城市村莊，紳衿士民焚香叩謝迎接，」運豆車輛騾驢絡繹綿延，接運蘭州軍需。（禮部已在之前告知鄭禪寶要來的消息。）但是這些沿途叩謝迎接的場面遠不及十月二十二日在蘭州宣講《大義覺迷錄》的盛況。鄭禪寶估計，「闔城文武士庶民不下萬餘人跪迎叩謝，環繞拱聽，香煙燭天，歡聲遍地，抒忱感化，萬口同聲。」

一個月之後，鄭禪寶到了酒泉縣，此地離蘭州一千兩百餘里，長城止於此地，已是大清國境之極西。但是聚集聽講的人仍眾，必須分批進行。第一批約有一萬人，十一月二十三日在小教場舉行；兩日之後是在大教場舉行，估計有兩萬人前來聆聽。這兩次宣講又有署理陝西總督查郎阿和兩名副都御史前來共襄盛舉。宣講於龍亭之中進行，香煙裊裊，飄散在十一月底柔和的空氣中。查郎阿在奏摺中寫道：「宣講之時風和日暖，雖居東月，不啻陽春」。兩名翰林院庶吉士孫人龍、色通額又講到準噶爾的狂悖，允禩、阿其那、塞思黑、年羹堯、延信等人包藏禍心，在場兵民「無不發憤激烈，怒形顏面」。宣講既畢，孫人龍、色通額兩人又繼續西行，查察軍需運送，並宣講在他們已是滾瓜爛熟的內容。在這些邊遠之地，來聽宣講的人不只有漢族屯墾兵民，也有從哈密等絲路沿途綠洲而來的各族人士。一七三二年一月十四日，鄭禪寶所率人員齊聚蘭州，開始準備回北京的諸般事宜。

已有在長安等著鄭禪寶等三人了：杭奕祿仍留在西路，監督糧草軍需之運送；史貽直擢升為兵部尚書，暫留長安，協辦陝西巡撫事務；內務府鄭禪寶辦理事務已告結束，率庶吉士等員返回北京。張熙此行一直都隨同史貽直，但是如今怎麼處置張熙，皇上並沒有旨意。史貽直稟奏雍正，這個昔日謀逆該如何處置？要把他送回北京？還是留在陝西，跟史貽直一起留在長安？或是把他送回湖南？

雍正在一七三一年六月，曾要史貽直沿途監視張熙的所作所為，考察他是否真心悔改。史貽直認為，張熙已通過考驗。史貽直曾跟張熙問到他在一七二八年的長安之行，是否還有未供出的往來謀逆，張熙誠心回說：「我從前雖到過陝西，住居不過十餘日，投遞逆書之後即羈禁在監，並無一人認識，若有平日認識之匪類，今日受皇上如此天恩，我雖狗彘不如之人，然具有良心還敢不攄出首麼？」張熙還說，他現在自認與曾靜已毫無瓜葛了：

「從前因曾靜誤聽流言，我又誤聽曾靜之言，遂致犯此彌天大罪，此外實未另有奸黨。但曾靜陷我於不義，使我身犯赤族之條，我如今每念皇上再造鴻恩，又想起家有老親，實恨曾靜誤我。與曾靜師弟之義已絕。」史貽直奏稱，張熙不堪旅途勞頓，身體甚薄弱，常常生病，即使吃了藥，也是時疾時痊，不久舊病又會復發。

這份有張熙回話和他健康不佳的奏摺在一七三二年三月底送到雍正手中，雍正的批示簡短而清楚：「張熙著他回原籍去，不可遠離伊鄉土，若有用他處，諭旨一到便來著他在家候旨可，咨明該府知之，著趙弘恩送交伊家去，欽此。」

三年前，張熙受到岳鍾琪的刑訊，然後從長安送回湖南，今日，張熙在數人護衛下，循著他當年的路線，於一七三二年五月初抵達長沙。如今岳鍾琪聖眷不再，連生命也危在旦夕，而張熙受到禮遇，真是此一時彼一時也。張熙人一到長沙，巡撫趙國棟便上奏雍正，並派了一名師爺隨張熙回安仁縣。這師爺還有一名護衛相隨，而且帶足了銀兩，支付他和張熙沿途開銷而有餘。張熙在六月底回到安仁，知縣明白飭令，嚴密看管，聽候諭旨傳召。除了不得自由旅行的限制之外，張熙又能過著正常的日子，休養身體了。

派員赴西路宣講聖諭及《大義覺迷錄》的論旨是在一七三一年四月二十六日宣的。不過五日之後，雍正又下了一道諭旨，由四名學者著手就呂留良的作品逐一批駁。雍正在諭旨裡說，這想法是翰林院編修顧成天所提出的。顧成天是不是因為聽了皇上要派員赴陝甘宣諭化導才有此想，我們並不得而知。但是從顧成天提出此議的奏摺來看，他訴諸對新朝的道德義務，也強調了他的看法——呂留良的學問平庸，而顧成天也知道雍正亦作如是想。顧成天認為負責這項工作的學者應該把焦點集中在流傳最廣的《呂留良四書講義》兩種版本，這是呂留良的友人在他去世（一六八三年）之後編纂的。任何想深究儒家學說的人，朱熹對四書的註解乃是打底的功夫。呂留良的著作組織精細，條列論理，因而無數年輕學子從呂留良的著作入手。曾靜當初受呂留良所吸引，也就是因為這些評述以及晚村選輯的進士佳文，不過顧成天並沒有提到這一點。在大部分學子眼中，呂留良代表的是科考的主流，因此對於那些無意間讀到呂留良著作的人來說，在晚村著作中發現了暗藏著反清思想，實在令他們坐立難安。

派往西路宣講的成員之中有旗人，也有出身浙江的學子，但是雍正所指派批駁《呂留良四書講義》的四位學者，卻都是出身文風鼎盛的江南。最好的學校書院就坐落在長江畔的江寧到大運河邊上的蘇州一帶。其中有兩位似乎是比較傳統，分別在一七二四年與一七三〇年以優異的成績考取進士，任翰林院編修。但是另外兩位的學問背景就很不尋常，這說明了雍正把處理異端邪說有方的學者納入其中的苦心。

第三位學者是顧成天，他在去年受到雍正的青睞，但過程煞是峰迴路轉。朝廷懷疑一位皇家貴冑有謀逆之嫌，於是一名官員搜查了藏書，結果發現一首顧成天所寫的詩，裡頭似乎多有懷舊之情，而對現狀不滿，這在呂留良或是查嗣庭等浙江文人之中很常見。但是官員細查顧成天的其他著作時，發現六首稱頌先皇康熙的詩，寫於康熙駕崩的消息公諸天下之後。這幾首詩對康熙歌功頌德，將之與傳說中的三皇五帝相比。雍正讀了之後，說這證明了一位年輕學者的忠誠，令他感動涕零，於是在一七三〇年春天，命江蘇巡撫把顧成天送到北京來，讓他入朝覲見。顧成天的學問讓雍正印象甚佳，此時進士的科考已經考完，但是雍正加恩特准他參加殿試。最後，顧成天在第二甲名列第十一名，這個成績讓顧成天立刻進了翰林院。顧成天是以翰林院編修的身分，提出了他的奏請。

第四位學者是方苞，他的經歷也極其離奇。他生在一六六八年，年紀比其他三人都大許多。方苞在一七〇六年就已通過所有考試，就等著參加殿試，此時傳來母親去世的消息。方苞依禮返鄉奔喪，不去應試。方苞在幾年的工夫裡，便以思想學問著稱於世，但因替戴名世《南山集》作序而被捲入一宗撲朔迷離的文字獄案，被判處死刑，經緩刑後流放滿洲北部。方苞服刑之後，在京師南書房任事，並兼武英殿總裁，因此他很可能也參與了《大義覺迷錄》的編纂。李衛在著手調查呂留良案之初，方苞的名字也曾一度出現在李衛的奏摺中，因為車姓兄弟最早是在方苞家中認識孫用克的。方苞對於文字獄案的政治風險有親身的經歷，身列四人之中，亦能有所幫助。另外有兩位方面大員奉旨辦理此事，一個是內閣大學士兼太傅朱軾，一個是禮部尚書吳襄。

這幾人立刻積極從事這項工作，在一七三二年一月便完成了初稿，此時史貽直等人還遠在陝甘宣諭，一時之間還不會回北京。他們的工作相當尷尬，因為呂留良大部分已刊刻的作品都嚴守儒家正統，即使呂留良有些偏激極端的看法，在他死後替他編纂作品的人也把這些段落刪除了。方苞四人只發現一些頗堪玩味之處，譬如孔子論管仲事二主一段，雖然呂留良（或者編纂者）並未直接引述子曰「微管仲，吾其披髮左衽矣」，但是呂留良對《論語》這段話的看法是一清二楚的，對社稷的道德責任凌駕於君臣之義。批駁呂留良四書講義的這幾位學者，只能斷章節取呂留良的分析，然後博引歷代各朝的忠君事蹟。有個根本問題他們沒去提：把同個種族的人凝聚在一起的深層義務，可能超越歷朝所推崇的這種服從模式。

這幾位學者面對呂留良長篇評述孟子的段落也同感棘手。呂留良認為中原不必定於一尊，並認為應恢復舊時的封建與井田制度。雍正遴選的這批學者深知曾靜和當時一些學者嚮往這種古制，但是雍正對此卻不表贊同。方苞等人用的方式還是先概述呂留良的說法，引幾處他的著作，再以大量的歷史材料，反覆重申他們的評價：這種古制已不復適用，若是強加於今日，則是食古不化，且有危害邦國之虞。這幾位學者費盡心思，寫了《駁呂留良四書講義》，全書分為八段，共有三百五十四頁。弔詭的是，這本書不但未能收禁絕呂留良學說之效，反而吸引了更多想一探究竟的讀者進入呂留良的思想世界。

雍正在一七三二年一月收到此書初稿，對於這四位他親手挑選的學者讚譽有加。雍正寫道，他們的作品顯示了呂留良是「口談聖賢之言，言行不符之小人」。但同時，雍正認為此書也凸顯了他不要盡燬呂留良作品的想法：「若因其人可誅而謂其書宜燬，無論燬之未必能盡，即燬之而絕無留遺天下，後事更和所據以辯其道學之真偽乎？」

雍正注意到最先奏請駁斥呂留良的顧成天曾說，他發現「呂留良所刊四書講義語錄等書粗浮淺鄙，毫無發明，宜飭學臣，曉諭多士，勿惑於邪說。」現在，朝中眾臣奏請皇上聖鑒，逐條摘駁，通頒學宮。雍正同意這項奏請：「朕以逆賊所犯者，朝廷之大法也；諸臣所駁者，章句之末學也，朕為秉至公以執法，而於著書之為醇為疵與駁書者或是或非，悉聽天下之公論，後世之公評，朕皆置之不問也。」

《駁呂留良四書講義》的刊行不像當初印《大義覺迷錄》那般急。它的木版刻得比較細，勘校比較仔細，論理也求其正確而能服人。尤其引經據典之處務求把錯誤降到最低，因為這是寫給「後世之讀書者」，而且呂留良的作品流傳已廣，所以任何有興趣的讀者都可檢查此書引述呂留良之處的上下文。八冊的《駁呂留良四書講義》是由宮中的修書處所刊印——官員若是重製木版，再印個幾百冊的話，並不須負擔費用。這個設計可避免像刊刻《大義覺迷錄》時所發生的種種錯誤，當時由於趕工刻版印行，所以重刻本與原刻本之間的出入頗大。《駁呂留良四書講義》僅發配學宮，並沒有送給每個學子一套。這兩套書之間有一大共通之處，就是最先都由兵部的驛送網絡把書送到各省大員手上，然後再把書送到轄下各地。

根據記載，最早收到《駁呂留良四書講義》的是孔子故居山東曲阜的兌州總兵李建功，他上奏是在一七三三年九月收到一套書，這是山東省第三號人物布政使鄭禪寶帶給他的。這鄭禪寶就是雍正欽命前往西路宣講聖諭的三位大臣之一，他在去年回京之後，便來山東擔任布政使一職。李建功收到書之後，思及呂留良在山東的影響仍很大，「海內士子信其說者，實非壹日，實非壹人。」皇上是不是有可能恩准山東總督與巡撫自行刊刻，以使山東每個學子士人都能有一套?這個奏請顯然讓雍正不安，他要李建功莫讓此事再掀起論辯，他既已收到書，便也就夠了。凡做這等奏請者，無疑都得到類似的答案。

要不是曾靜的悖逆言論，根本不用讓西路宣講和撰書駁斥這些人如此殫精竭慮。而曾靜自己在這兩件事上頭根本沒有什麼角色，從去年有人威脅要取他性命之後，他就有點像是軟禁在家一樣。湖南觀風整俗使李徽給他的差事也僅限於長沙一帶而已，他主要的任務是每兩月一次，為當地士人宣講討論聖諭與《大義覺迷錄》。

這些限制讓曾靜很是煩悶。他很想找個機會把雍正在一七三〇年秋天賞賜給他的一千兩白銀拿來花用。一七三一年秋天，曾靜開始向李徽等人陳情，准他歸家一年，「葬親置產」。他們最先不理會他，後來巡撫趙弘恩同情曾靜，便在一七三一年七月一日上奏雍正。

曾靜在八月二十二日有了旨意：「他一年假期滿，仍著來汝處使用。」這事只有幾天的時間可安排，九月二十二日，曾靜回到永興家中。

曾靜現在當然有錢買地，把母親葬了。他也有錢照顧兒子，其中一個已經成年，當年曾靜遣他去說動張熙去長安一趟，另一子還未成年，之前和曾靜的母親一同關在北京。曾靜把這些事打點了，錢還夠買塊地，過著體面的生活。

曾靜買了些什麼、何時買，並無記載留存。但是今天到了永興縣北與安仁縣相接之地，仍可見到清代有錢人家寬敞通風的屋宇，邊上緊挨著狹窄幽暗的房舍。石頭的屋簷為翹，襯著藍空，即使隔著小山谷也仍可見到氣派的木門和敷了灰泥的牆。在這些富人家門前，是村裡寬闊的打穀場。羊腸小徑由此向田野丘陵延伸，蜿蜒於水田之間。這些小徑是年代久遠的地界標示，沿途鋪有石板，這樣便能走到井邊，或去看看田裡而不把腳弄溼。王澍和曾盛任當年從耒陽而來，翻山越嶺，辭了彌增和尚，留下形同廢紙的銀票，也必定看過這番景致；陳帝錫和陳象侯當年出門散步的時候，也必定置身如此田野之中。

曾靜這時候是不是站在這麼一個人家的門口，身上帶著皇上賞的錢。抬頭是雕樑畫棟，眼前的曬穀場一片平坦？陽光照得亮晃晃的，曾靜推開精雕細琢的格子門，走入陰涼的祠堂，再往裡頭，屋子就顯得陰暗，棺木便放置在此，可是在等著下一個入祠堂的人？

曾靜有一年的時間留在永興。在一七三二年夏天與初秋，張熙也在安仁的家中，過了縣界就是曾靜住的地方。他們上一次以自由之身見面是在一七二八年，那時曾靜把《知新錄》和《知幾錄》的手稿交給張熙。但是我們並不知道這兩人有沒有膽量離開家，循著熟悉的小徑，穿過林木蔭鬱的山陵和結實累累的稻田，去探望舊日老友。

我們倒是能確定一件事：曾靜的一年假期在九月屆滿，他離開永興，回到了長沙。觀風整俗使李徽正在等著他，他可不能誤了時間。

註釋

❖ 派官員教習前往西疆辦理宣諭化導之事：見《清實錄》，卷一〇四，頁一四b—一五，雍正八年三月二十日。

❖ 雍正稱許岳鍾琪：見前揭書，卷十九，頁三b—四，雍正八年十月五日。

❖ 岳鍾琪奏請條奏設立邊方郡縣事宜：見前揭書，卷一〇〇，頁一三b—一四b，雍正八年十一月十七日。

❖ 岳鍾琪離京：見前揭書，卷一〇三，頁四b，雍正九年二月七日。

❖ 雍正批駁岳鍾琪軍機事宜十六條：見前揭書，卷一〇三，頁一六b—一八。Bartlett, *Monarchs and Ministers*, pp. 56-63（本書所引見此書第六〇頁），子細分析了一七二八年至一七三〇年之間雍正與岳鍾琪君臣就西疆用兵往返之奏摺、硃批、諭旨，包括雍正寫給岳鍾琪洋洋灑灑、文情並茂的信。但是君臣相惜之情並不長久。此書的要旨之一在於呈現對西用兵複雜而須隱密行事的後勤補給與軍機處的成形發展之間的交互關連。

❖ 京師於雍正八年八月十九日巳時地震：見《清實錄》，卷九十七，頁一二，雍正八年八月二十日。

❖ 將陝西兵丁自西藏換回：見前揭書，卷一〇三，頁八，雍正九年二月十二日。

❖ 陝甘軍需補給之事宜：見前揭書，卷一〇三，頁一八—一九，雍正九年二月二十二日。

❖ 派員宣諭：見前揭書，卷一〇四，頁一四b—一五，雍正九年三月二十日。

❖史貽直：見《清代名人錄》，頁六五〇——六五一。鄭禪寶見《清史稿》，頁一四九七與頁一五一〇。

❖前往陝西內地的庶吉士，只知道孫人龍和色通額的姓名，兩人都是列在一七三〇年的進士榜單上頭，但是在《清代名人錄》裡頭都不見兩人的生平。

❖雍正的諭旨：見《清實錄》，卷一〇五，頁五b——一三；雍正提及噶爾丹與準噶爾，見前揭書，頁七——八；論及陝西稅收問題，見前揭書，頁一一b；提及皇八弟與皇十四弟、年羹堯及其黨徒，見前揭書，頁一二。

❖雍正召見史貽直等三人：主要資料來源是鄭禪寶在雍正十年三月十九日所上奏之奏摺，收在《雍正朝漢文硃批奏摺彙編》，卷二十二，頁三七（另見於《宮中檔雍正朝奏摺》，卷十九，頁五六〇），奏摺中寫到三人面奉聖訓的日期是雍正九年五月初四（西曆一七三一年六月八日）。在《雍正朝漢文硃批奏摺彙編》，卷二十，頁八八九（另見於《宮中檔雍正朝奏摺》，卷十八，頁五三五），鄭禪寶在雍正九年七月十一日的奏摺裡特別提到講解《大義覺迷錄》的情形，「紳衿士庶白叟黃童，無不加額歡呼，感恩叩首，甚有感激涕零者，民情愛戴實出至誠。」

❖史貽直在雍正十年二月三日的奏摺裡也提及這次面聖的情形以及雍正決定派張熙同去：見《雍正朝漢文硃批奏摺彙編》，卷二十一，頁七九六——七九七（另見於《宮中檔雍正朝奏摺》，卷十九，頁三九五——三九六）。史貽直在奏摺裡也提到他「密遣誠謹家人」沿途監視張熙。

❖宣諭化導事務分作三路：見鄭禪寶在雍正九年七月十一日（西曆一七三一年八月十三日）的奏

摺，《雍正朝漢文硃批奏摺彙編》，卷二十，頁八八八—八八九。

❖ 鄭禪寶在雍正九年九月二十四日的奏摺：內文提及本年六月十二日（西曆一七三一年七月五日）到延安府宣講之事，並講解《大義覺迷錄》，「環繞拱聽者不下數千人」，見《雍正朝漢文硃批奏摺彙編》，卷二十一，頁二四一—二四二。

❖ 鄭禪寶的甘肅奏摺：日期為雍正九年九月二十四日，裡頭提到他們在雍正九年六月十二日（西曆一七三一年六月十五日）抵達延安府，鄭禪寶親捧講解《大義覺迷錄》，「環繞拱聽者不下數千人」，見《雍正朝漢文硃批奏摺彙編》，卷二十一，頁二三七—二三九（另見於《宮中檔雍正朝奏摺》，卷十八，頁八四四七—八四四八）。

❖ 酒泉奏摺：日期是雍正九年十一月五日（西曆一七三一年十二月三日），為署陝西總督查郎阿、副都御史二格、副都御史孔毓璞所奏，見《宮中檔雍正朝奏摺》，卷十九，頁一一一—一一二。在清朝，酒泉亦稱為肅州。查郎阿的這份奏摺是唯一提到所率翰林院庶吉士的文件。

❖ 鄭禪寶回蘭州的奏摺：日期為雍正十年一月十八日（西曆一七三二年二月十三日）。鄭禪寶在奏摺中也提到酒泉的會面、宣講《大義覺迷錄》、查郎阿和遠赴西路宣講聖諭之事。

❖ 雍正給鄭禪寶等人的旨意：鄭禪寶在雍正十年三月十九日的奏摺中問雍正是否回京，雍正批了「回京來」三字，見《雍正朝漢文硃批奏摺彙編》，卷二十二，頁三七。

❖ 關於張熙的部分：見於史貽直在雍正十年二月三日（西曆一七三二年三月十日）的奏摺，《宮中檔雍正朝奏摺》，卷十九，頁三九五—三九六。雍正批了這份奏摺，抄送湖南巡撫趙弘恩。趙弘恩又在奏摺裡引了雍正的話，見《宮中檔雍正朝奏摺》，卷十九，頁八四一。

❖ 趙弘恩稟奏：張熙在一七三二年五月七日抵達長沙，並概略敘述張熙回安仁的情形。見《宮中檔雍正朝奏摺》，卷十九，頁八四一，日期是雍正十年閏五月初七（西曆一七三二年六月二十八日）。

❖ 批駁呂留良的著作：《駁呂留良四書講義》，上冊，頁一，由大學士朱軾所上的奏摺。裡頭說顧成天是在雍正九年三月二十五日（西曆一七三一年五月一日）奏請雍正派員查閱呂留良書中訛誤之處，一一根究原委。顧成天是一七三〇年第二甲第十一名，旋入翰林院，亦見《清史》，頁一三一五。關於顧成天的奇遇，見費思唐，《呂留良與曾靜案》，頁二四八與頁三八八，註一一〇。

❖ 欽點批駁呂留良四書講義的四位學者：除了顧成天之外，還有吳龍應，一七二四年中進士，第二甲第十一名，入翰林院；曹一士（係名詩人，生有四女，亦善詩，見《清代名人傳略》，頁五四五），一七三〇年中進士，第二甲第八十五名，後入翰林院；加上名滿天下的方苞，見《清代名人傳略》，頁二三五。名義上的總編纂是內閣大學士朱軾（見《清代名人傳略》，頁一八八—一八九），他也是雍正皇四子弘曆的師傅，關於兩人之間的密切關係，見Kahn, *Monarchy*, pp.159-163。呂留良寫有一首絕妙的諷刺詩，名為〈祈死詩〉，討論見費思唐《呂留良與曾靜案》，頁二〇六—二一一。費思唐認為雖然這四位學者的學問雖然都很好，但是《駁呂留良四書講義》卻沒什麼特出之論，見前揭書，頁二五三—二五五。De Bary & Lufrano, *Sources of Chinese Tradition*, pp. 19-25，討論到呂留良對四書的註解，包括他對「井田」與中央集權的看法。

❖ 雍正在九年十二月十六日（西曆一七三二年一月十三日）宣布決定刊行《駁呂留良四書講義》：見該書第一冊，頁一的諭旨。

❖《大義覺迷錄》的版本互異：這是福建省調查范時繹對雍正皇三兄的描述有悖事實之後的結論，見王汎森，《從曾靜案看十八世紀前期的社會心態》，頁一二。

❖ 最早收到《駁呂留良四書講義》的是山東兗州總兵李建功，他在雍正十一年八月六日（西曆一七三三年九月十三日）上了奏摺：見《雍正朝漢文硃批奏摺彙編》，卷二十四，頁八九七—八九八。

❖ 湖南巡撫趙弘恩和觀風整俗使李徽在雍正九年五月二十七日聯名上摺，雍正的硃批在同年七月二十日（西曆一七三一年八月二十二日）送到湖南：見《宮中檔雍正朝奏摺》，卷十八，頁二八七（另見於《清代文字獄檔》，頁五〇b—五一）。

❖ 筆者在一九九九年秋天曾去了永興，仍可見到清代的房屋（有些將建築日期刻在大門附近的石條上）。根據《永興縣志》（一八八三年），卷五十三，頁三，永興在一七三二年這一年尤其繁榮。

❖ 湖南巡撫趙弘恩在雍正十年閏五月初七的奏摺：文中提及張熙已於一七三二年夏初返回安仁家中，見《宮中檔雍正朝奏摺》，卷十九，頁八四一。（安仁與永興是稻米一年兩穫的地區，所以第二次稻穀會在九月底熟成。）

❖趙弘恩和李徽在雍正十年九月七日（西曆一七三二年十月二十五日）聯名上摺：提及「今曾靜於八月二十二日期滿到長沙，仍留臣李徽衙門使用。」見《雍正朝漢文硃批奏摺彙編》，卷二十三，頁二五八（另見於《清代文字獄檔》，頁五〇b—五一）。一七三二年恰巧閏五月，所以雍正賞他的一年假，實則有十三個月。

第十四章
枝節

一七三三年一月二十七日，雍正終於對呂留良一案做出處置，此時曾靜回到長沙已歷三個月了。雍正回頭重提兩年前君臣之間的論辯，他提醒臣工，他們曾要雍正對此案依大逆之罪論處，呂留良的著述詩文不論刊刻與否，盡數銷燬。於是雍正降旨，要各省學臣遍行詢問各學生監，「其有獨抒己見者，另自行具呈學臣為之轉奏，不得阻撓隱匿」。如今，已過兩年，文人學子（到生監為止）都已讀過《大義覺迷錄》中對呂留良的批駁，也細讀了呂留良的作品，可說都有各抒己見的機會。根據雍正的說法，其結果是「並無一人有異詞」，都說呂留良父子之罪罄竹難書，律以大逆不道，實為至當。

雍正說道：「普天率土之公論如此，國法豈容寬貸？」於是呂留良和他去世已久的長子呂葆中俱著戮屍梟示。呂留良仍在人世的九子呂毅中（此時已近七十歲）著改斬立決，其罪名是幫助安排張熙前往浙江，並將呂留良一些忤逆作品給了張熙。呂留良的四子呂黃中否認一切涉案，與張熙也只是一面之緣，此時他已死在獄中，並未判有刑罰。依律呂留良其子孫兄弟及伯叔父兄弟之子，男十六以上皆斬立決，但「朕以人數眾多，心有不忍，著從寬免死，發遣寧古塔給與批甲人所奴。」呂留良的詩文書籍不必銷燬，但其財產讓浙江地方官變價出售，以節省浙江的工程費用。

五日之後，雍正下旨宣布本案其他人犯的刑罰。嚴鴻逵「梟獍性成，心懷叛逆，與呂留良黨惡共濟，誣捏妖言，時覆載所難容，為王法所不貸。」但嚴鴻逵已經死在獄中（時年七十六），戮屍梟眾，「其祖父父子孫兄弟及伯叔父兄弟之子，男十六以上皆斬立決，男十五以下及嚴鴻逵之母女妻妾姊妹子之妻妾俱解部給功臣之家為奴，財產入官。沈在寬傳習呂留良嚴鴻逵之邪說，猖狂悖亂，附會詆譏，允宜速正典刑，凌遲處死，其嫡屬等均照律治罪。」

「車鼎豐、車鼎賁刊刻逆書，往來契厚。孫用克陰相援結，」俱依擬應斬著監候秋後處決。其他人犯各依涉案的程度或遭流放，或著以杖責。但是有張聖範等四人從學嚴鴻逵的時候年紀還小，著以釋放。

曾靜應該在二月中送抵長沙的京報上頭讀到這些判決。他的確有很多時間來讀京報，工作本已不多，如今更是無事一身輕。在湖南沒人有什麼新的指示給他，甚至連雍正也想不出什麼新花樣了。一年之前，雍正給了曾靜一年假期，下旨湖南巡撫趙弘恩與觀風整俗使李徽，期滿曾靜仍到長沙等候旨意。趙弘恩和李徽在一七三二年十月底聯名上了奏摺，說曾靜已經到了長沙，但雍正只批了個「覽」字，並沒有新的指示。

這個時候，觀風整俗使李徽顯然有了大麻煩，此事另有原因，與曾靜一案完全無關。這年十月，在長沙北邊一百五十里的平江縣，有一名僧人被人發現死在路旁，該縣李鳳生查驗之後，說這乃是自殺。但該府崔珨認為其中疑竇多端，詳加檢查之後，發現僧人的屍身至少有五處傷口。臬司胡瀛認為係鬥毆所致，此案顯然是他殺。此時觀風整俗使李徽或許是因為這案子牽涉到僧人，也或許他與平江知縣是朋友，便介入此案。李徽直斷，以他之見，這僧人乃是自殺。臬司胡瀛應受彈劾。

李徽和此事的關係日深，此時曾靜也在旁待命。胡瀛重申經過仔細查驗，發現五處傷口，所以自殺之說自然不能成立——不過，胡瀛也說，之前的調查或許未盡其詳，所以才判為自殺。這些話讓李徽極為光火，便到處說胡瀛有虧職守，胡瀛自然非常生氣。

此時湖南即將舉行三年一次的鄉試，有數千學子應試，巡撫趙弘恩忙於入闈考試事宜，嚴諭胡瀛「和衷忍氣」。但是李徽並未就此罷手，還更指責按察使和臬司胡瀛不負責任，行事鹵莽，甚至一狀告到巡撫處。趙弘恩仔細看了整個事件首尾的各個日期，便知是李徽其實只把僧人命案的所有證據看一遍就驟下斷語。但是事情到了這個地步很是棘手，由於李徽上的是正式的揭帖，官府就要將之列案歸檔，趙弘恩不能因李徽未了解實情就逕將他的揭帖置之不理。

趙弘恩於是上了一份密摺，說他知道「李黴素性迂腐，事不諳練，因其天良未失，是以三年共事，去短取長，婉轉感化。凡有受辱罵員，臣俱論其忍耐謙和，再三勸釋，此人所共知者也。」實在是因為李黴最後把他的私忿及於眾人，趙弘恩不得已，只好把此事上奏。

雍正對此事有他自己的想法。他在「天良未失」四字旁邊加以圈點，寫道：「此人朕亦用其四字之外，實無一長可取，豈待汝奏也。」雍正說他一旦有所決定，便會詳細指示趙弘恩。

雍正心裡很清楚，以前也有別的觀風整俗使出過問題。雍正當年是因為浙江「風俗澆漓，甚於他省，」所以在一七二六年十一月要臣下詳議具奏如何整治。結果發現在唐朝就有先例，唐太宗貞觀年間設置觀風俗使，「巡省天下，觀風俗之得失」。於是雍正下旨恢復此一舊制，名稱稍微做了修改，在最有需要的省分設置之。但是成效不彰。當初派了河南學政光祿寺卿王國棟為浙江觀風整俗使，務使浙江「紳衿士庶有所儆戒，盡除浮薄囂陵之習」。王國棟出身漢軍，中了進士，似乎是最理想的人選。但是王國棟似乎枉費雍正當初對他的稱許，而雍正御賜貂帽貂掛、御用錦爐、珍貴藥材的恩德，王國棟也未能報答。王國棟後來在湖南巡撫任上也有負聖望，曾靜一案還在審理，王國棟就被召到北京去了。接任浙江觀風整俗使的蔡仕舢「緣事降調」，觀風整俗使一職懸缺不補。劉師恕在一七二九年被任命為福建觀風整俗使，他年輕時雖以清高著稱，但是對於改善福建民風一事，卻拿不出什麼新的對策，最後劉師恕稱病去職，所空遺缺無人遞補。李徽在山西鄉試中名列前茅，並在一七二三年中進士，可說前途似錦。但現在，李徽在湖南也把差事弄砸了（所有的麻煩都從此地而起）。這事雍正想了幾個月，最後在一七三三年八月十二日有了動作：著李徽解去湖南觀風整俗使一職，而所遺職位也像別省的觀風整俗使一樣，懸而不補。

雍正發了一封密函給趙弘恩，確定李徽去職的消息，他還特別提到曾靜此後交由趙弘恩看管，但並未言明要曾靜做什麼事。趙弘恩在九月初覆旨上奏，說他一接到特諭，就傳到曾靜宣示恩旨，「曾靜跪聽之下，不勝叩頭感謝」。趙弘恩顯然還記得有人想把曾靜沉入潭中溺死，特別密囑長沙知府「務好為照看，勿致愚民傷害」。至於曾靜的工作，趙弘恩奏稱：「臣每於朔望宣講聖諭，令其隨往，俟有遣用之時再行遣用。」曾靜在一年的假期中想必是把皇上的賞賜花得差不多了，因為趙弘恩注意到曾靜想辦法讓入能敷出。趙弘恩在奏摺上寫到他「又賞給養贍，使之寬裕得所矣。」雍正在這句話後頭批了個「覽」字。

曾靜原來已經少事，這份奏摺上了一兩個月之間，他更是無事可做。趙弘恩的母親去世，加上雍正將他擢升為署理江南總督，這是最重要的職位之一。這意味著趙弘恩一方面要忙著料理母喪的繁瑣儀節，另一方面還要準備走馬上任。趙弘恩的父親在一七二六年去世，他才服完父喪不久。趙弘恩在一七二八年把母親接來長沙同住，「蒙恩賞養廉，闔家衣食充裕，而臣母二十載長齋，身安心足，惟敬謹禮，斗跪拜觀音。」孰料趙母在十一月七日得疾，次日便病故，當時趙弘恩正忙於準備赴任江南總督之事，母親故亡的消息令他措手不及。

在過去的幾年裡頭，雍正有過好幾次和股肱重臣嚴重衝突的經驗。這都是因為雍正要臣下在服父母喪的期間仍照常處理政務，或要他們縮短守喪時間，以便快點復職辦差。但是雍正此舉有違傳統，受到很大的阻力，他不得不改變自己的做法。曾靜在這方面便有受到好處，如今趙弘恩也是如此。雍正下了一道諭旨，對趙弘恩遭逢母喪致意，又要他留在湖南先把喪事辦完，之後再赴江南履新。雍正還要趙弘恩的弟弟趙弘運立即趕往長沙，護送靈櫬回旗。新任湖南巡撫鍾保即將抵達長沙，與趙弘恩分擔政務。鍾保是滿人，和趙弘恩一樣，都以事親孝順而著稱（趙弘恩曾經願意代父問斬），所以鍾保應該能尊重趙弘恩在辦喪事上所花的時間與心力。

湖南的交接事宜進行順利。趙弘恩上奏，說鍾保這人似乎不壞：「署撫臣鍾保到任之時，臣將湖南一切地方土俗民情、苗疆事宜詳細說知至封疆大吏，以保固地方元氣為第一要務，瑣碎搜查尤覺擾民亦俱切切詳言，臣見鍾保為人正氣和平，虛心詢問。」雍正在奏摺上硃批，說鍾保長於財支，問題就是他「顧潔己而不肯實心任事」。趙弘恩「可留心訪問，密加探察，」如果聽到什麼，就據實奏聞。

在之後的幾個月裡頭，趙弘恩和鍾保各自努力新職，奏摺也一份份地發往北京，上奏氣候、收成、沿海與內地買賣、鎮壓盜匪、向外國商賈徵稅、漕運、苗疆、驛寄、鹽務諸般事宜，但是他們都沒提到曾靜，而雍正也沒提醒他們要注意看管他。在這些忙人的心中，雖然曾靜曾經花了他們這麼多心力時間，但如今另有要事須處理，曾靜也就慢慢退居次要了。曾靜之事曾經是人人之事，如今卻是無須操心的小事了。

但無人聞問曾靜之事並不意味著長沙已經忘了曾靜其人其書。一七三四年四月，湘西苗疆的鎮筸鎮總兵楊凱還是定期宣講《大義覺迷錄》，他上了一份奏摺，是否可在宣講的同時，也配合講解大清律集解附例全書。大清律如今已有一千兩百二十六節，當地人民對此已深感戒懼，根本不可能加以熟讀。但若能將與公共秩序相關的部分擇出——楊凱認為處置行使妖術、藏匿逆書及私藏武器的律例——以簡要的方式加以講解，這樣紳衿庶民對於何者當為、何者不當為就會有更清楚的認識。

對新任署理湖北巡撫吳應棻來說，宣講聖訓也真有其價值。他上奏雍正：「臣思漢口一鎮水路通衢商賈雲集，五方雜處。」而吳應棻「不帶官吏，片帆渡江，」從武昌到漢口宣講康熙聖諭十六條、雍正萬言廣訓、與《大義覺迷錄》之後，「漢口街衢市巷之間莫不交相警勉」。吳應棻相信這麼做確有實效，打算每年春秋兩季，親赴該處宣講。

但是從民間來看，《大義覺迷錄》的效果就遠非官員所能預料的。當年審理呂留良案的浙江總督李衛後來被擢升為直隸總督，他對此就有所體會。而他知道這情形的方式和當年張熙投書岳鍾琪有幾分相似。李衛上奏雍正，一七三四年夏末，他公出回署，街旁突然有一人跪稟。李衛起先以為這人是求乞告狀，於是交給中軍官薛鳳翼帶回去盤問。剛開始聽他說話好像痴顛，過不多時又有頭緒。這人名叫孟輔世，是陝西漢中府南鄭縣民。他本來做些小生意，養活自己和寡居老母。他是怎麼到直隸來的並不完全清楚——他有幾年在西路，甚至到過蘭州，去年在蘭州上疏失實，隨即鎖拿，發回原籍本處正法，但孟輔世在途中將解役灌醉脫逃，卻因無處容身，特來向李衛投到，聽候解回治罪。

李衛在奏摺上並未詳述孟輔世投書的內容，只說「內有狂妄悖謬之語」。孟輔世行旅的方式，還有他在信中所寫的內容，讓李衛想到湖南的曾靜。他在奏摺中寫道：「孟輔世一犯，臣察其語言意見，似係窮困無聊，到處上書，羨慕曾靜之身犯彌天大罪，得以倖偷餘生，暖衣飽食，遂思倣效。其所為者雖上不至如曾靜之狂吠逆亂至極，而霹空造謠，誹謗軍機，罪大惡極，斷無可容。」

從李衛的奏摺看來，孟輔世很可能是從西路宣講的人那兒聽到《大義覺迷錄》，而有了投書倣效的想法。雍正並沒有對倣效一事有所反應，只說把孟輔世嚴加押送陝西，由該省審結此案便可以了。

幾個月之後，在一七三四年九月在雲南昆明發生一案，與曾靜一案又有所呼應。黃琳今年三十（譯按：尹繼善的奏摺作三十歲，但史景遷英文原書作三十九歲，今從尹繼善奏摺），原籍寧夏，父親乃是已故督標前營游擊王的手下，如今住在雲南，平日以占課賣藥為生。據黃琳胞兄黃瑛和親戚鄰居供稱，他自來瘋癲，但平日並沒有結交匪類，亦無不法情事。

黃琳寫了三段文章，開始在昆明流傳，引起官府注意。黃琳的話語似乎寫來就是要惹雍正生氣的，因為他大加讚揚雍正公開批駁的人。他認為以年羹堯在青海之功，即使獲罪，也應該推其功而折其罪。「朝廷令天下臣工稟公直言，而臣工未嘗一言申執。」黃琳轉而提起呂留良，「乃明末大賢，生於明，食明之水土，是必尊於明，宜追贈品秩，以勉勵天下為學之士。」和曾靜比起來，呂留良並議「本朝衣冠宜尊古制，不宜冠外冠，衣外衣。」尹

雲貴總督尹繼善認為黃琳「乃一介小民，竟敢譏刺朝政，公然具呈，心存悖逆。」尹繼善又派了人撿搜黃琳的住處，沒有發現別項字跡，黃琳也不認得年羹堯。但是雲南是邊防重地，黃琳妄議朝政，應立即處死。雍正在奏摺上硃批，認為也當做此處理。

在其他各省也都屢有案子與曾靜案相呼應。在四川，有一湖廣邵陽縣人劉瑞柏在四川總督黃廷桂回署途中喊稱，他的主人車鼎立私藏呂留良的逆書，並有詩文對聯。於是黃廷

桂便將所搜到的書稿詩文加以固封，隨奏摺、供詞上呈。江蘇是人文薈萃之地，多文士才子，但是此地的書香世家也動輒遭人舉發，所藏的書籍刻版遭到詳細搜查，親戚朋友俱遭審訊。

但論案情之離奇，恐怕都比不上在一七三五年發生在廣西的案子。有一人衣衫襤褸，身上背著籮筐到塘口，自稱是大人私訪逃犯塞思黑、允禩。經過塘兵偕同縣差拏送修仁縣訊問，結果數日之內，屢屢改供，一下說是山東青州府日照縣人，一下說是湖廣永州府新田縣人。不過他自稱年紀五十有二，喬裝成遊民來進行密訪，這他倒是沒改過口——這案子與王澍一案頗有相似之處。雍正讀到隨摺附上的字樣時，一定更覺得兩案如出一轍。這上頭的日期是一七三四年九月三日，由北京所發，並有「奉刑、兵、吏部效用」的字樣。持有這張字樣的人可暗訪塞思黑和允禵，「又領得皇上各條謄黃《大義覺迷錄》壹拾肆本，巡查各省文官以及武將，果有實心實力，忠正報國者，定有加陞。若有貪賄濫派之官，著令各省巡撫布政官則飛章參處役則斃杖下。」這人的名銜是「欽差京大人」，還有一首村中長者題贈的五言絕句：「忠孝安家國，讀書教子孫，惟行方便事，陰騭滿乾坤。」

提督廣西總兵官霍昇在一七三五年七月將這份匪夷所思的字樣呈給雍正，並在奏摺中概述調查結果。霍昇認為這人雖然突然闖入塘口，說詞前後數變，又謊稱欽差，但他覺得此人並不瘋癲。廣西總督、巡撫認為「其中必有別情，」如果不是別案漏網逃犯，就是圖謀不軌的兇徒。從雍正的硃批來看，他雖然不擔心，但是還不願把這事放手：「狂人也，然亦應嚴究。」

雍正從未就曾靜追查王澍一事所扮演的角色發布諭旨，而關於這個獨來獨往的怪人的種種故事說不定也已經從湖南傳到廣西去了。雖然沒有直接的聯繫，但這個背著籮筐的人似乎用的是類似的方式。這些人四處遊蕩，他們講的故事經過精心構設，有創造一個充滿懷疑的世界的力量和本事，在這個世界裡頭，每件事都變了模樣，而這個衣衫襤褸、詆稱背上的籮筐裡放著《大義覺迷錄》的人，竟也可以盤據在這塊土地上最有權勢的人的心頭。

如果廣西的官員曾經繼續深入追查這人的話，雍正也讀不到他們的奏摺了。因為，在雍正寫下那段硃批之後兩個月，突然罹病，兩日之後便駕崩，離他五十七歲壽辰還有兩個月。

註釋

❖呂留良治罪之案見《清實錄》，卷一二六，頁八—九（亦見《清代文字獄檔》，頁五一），日期為雍正十年十二月十二日。費思唐在《呂留良與曾靜案》，頁三八八，註一一一提到，至少有湖北省學臣遍行詢問各學生監的記錄留存至今。齊周華（見第十二章）的案子說明了並非「無一人有異詞」，只是沒有上奏而已。

❖嚴鴻逵戮屍梟示，見《清實錄》，卷一二六，頁一四—一五b（亦見《清代文字獄檔》，頁五一b—五二），日期為雍正十年十二月十七日（西曆一七三三年二月一日）。

❖曾靜一年假期滿回長沙，見《雍正朝漢文硃批奏摺彙編》，卷二十三，頁二五八（亦見《清代文字獄檔》，頁五十一）。

❖趙弘恩在雍正十年九月七日（西曆一七三二年十月二十五日）上了一份奏摺，提及李徽與湖瀛對僧人命案的爭執，見《雍正朝漢文硃批奏摺彙編》，卷二十三，頁二五七。

❖雍正設置觀風整俗使之議：見《清實錄》，卷四十九，頁二與頁六—七b。王國棟在湖南巡撫之後的仕途，從曾靜一案便可看出。王國棟生平詳見《清史稿》頁一〇二九六—一〇二九七。王國棟謝恩的奏摺見《宮中檔雍正朝奏摺》，卷二十五，頁八〇〇、八一五。

❖李徽緣事革去湖南觀風整俗使一職，見《清實錄》，卷一三三，頁三b（雍正十一年七月三日）與《清史》，頁一二五。

❖趙弘恩奏及如何處理曾靜：見《雍正朝漢文硃批奏摺彙編》，卷二十四，頁八四二，雍正十一年七月二十四（西曆一七三三年九月二日）。

❖李衛母親去世時，雍正著李衛「在任守制，給假兩月料理伊母喪事，」李衛在雍正七年七月十五日上了一份奏摺，著實抱怨了一番；見《宮中檔雍正朝奏摺》，卷十三，頁六〇六—六〇八（另見於《雍正朝漢文硃批奏摺彙編》，卷十五，頁七六七—七六九）。負責編纂《駁呂留良》的大學士朱軾在服丁憂喪時，也屢受催促，Norman Kutcher, *Mourning in Late Imperial China*, pp. 97-101, 137-138 對此有更精細的分析。

❖鍾保接任湖南巡撫一事：趙弘恩的奏摺見於《雍正朝漢文硃批奏摺彙編》，卷二十五，頁七四四，雍正十二年一月二日。鍾保上任之初的奏摺見《雍正朝漢文硃批奏摺彙編》，卷二十五，頁六五三（雍正十一年十二月十八日）與卷二十五，頁七四八（雍正十二年一月十七日）。鍾保出身滿洲鑲黃旗，其傳略見《清史》，頁五三九一—五三九二。鍾保任湖南巡撫之初的奏摺內容，《雍正朝漢文硃批奏摺彙編》，卷二十五，頁七四四—七五一可見其梗概。

❖湖廣鎮筸鎮總兵楊凱的奏摺：見《雍正朝漢文硃批奏摺彙編》，卷二十六，頁九二，雍正十二年三月。

❖署理湖北巡撫印務兵部右侍郎吳應棻的奏摺：見《雍正朝漢文硃批奏摺彙編》，卷二十八，頁二四九，雍正十三年閏四月十七日。

❖李衛在雍正十二年七月二十日上奏，有人羨慕曾靜，便想倣效他的作為：見《宮中檔雍正朝奏摺》，卷二十三，頁三〇六—三〇七（亦見於《雍正朝漢文硃批奏摺彙編》，卷二十六，頁七〇二—七〇三）。

❖黃琳一案由雲南總督尹繼善（他才從江蘇調任來此不久）和雲南巡撫張允聯名上摺：此案發生在雍正十二年九月四日（西曆一七三四年九月三十日），見《雍正朝漢文硃批奏摺彙編》，卷二十七，頁一〇七。

❖四川車鼎立一案：見黃廷桂在雍正十年四月二十九日所上的奏摺（《雍正朝漢文硃批奏摺彙編》，卷二十二，頁二二七—二三〇）與雍正十年十一月二十四日的奏摺（《雍正朝漢文硃批奏摺彙編》，卷二十三，頁六五七）。

❖廣西一案由提督廣西總兵官霍昇於雍正十三年六月八日所奏（奏摺並附上查獲的黏單）：見《宮中檔雍正朝奏摺》，卷二十四，頁七九一—七九三（亦見於《雍正朝漢文硃批奏摺彙編》，卷二十八，頁五六七—五六八）。

❖《清實錄》卷一五九，頁一九b—二〇大略敘述了雍正駕崩的情形，但並未言明死因。

第十五章

重審

乾隆即位時，年方二十有四。他和父皇雍正一樣，都是排行第四，但是雍正即位風雨詭譎，陰謀篡位之說甚囂塵上，而乾隆克承大統則無人質疑。雍正到底屬意誰來繼承大位，雖然不曾昭告天下，但事態確然，無一絲可疑。雍正早在即位之初，便召諸王滿漢大臣入見，面諭建儲一事，然後雍正親書諭旨，加以密封，收藏在乾清宮「正大光明」匾額之後，要等到雍正賓天之夜才可開啟。朝中重臣遵奉聖意，眼見雍正大行在即，於是在十月七日由大學士鄂爾泰、張廷玉開匣，取出御筆親書的密旨，命皇四子寶親王弘曆為皇太子。雍正於次日駕崩，弘曆即位，是為乾隆。雖然這整個過程縝密隱微，但朝廷少有人對此選擇感到驚訝。大部分官員早已了然，弘曆所受的陶冶歷練就是要當帝王的。

乾隆即位的前四十九日忙於料理喪事，所作決策皆在務求權力移轉順遂。為了安定朝政，乾隆將父皇倚重的內廷朝臣、封疆大吏留任原職。乾隆若是覺得有必要更改雍正的重大決策，也是審慎行事，如履薄冰。但是在一七三五年十一月二十一日，乾隆的行事風格一變，下旨重議阿其那、塞思黑的罪：乾隆不相信懲罰八叔、九叔等幾位皇叔的後人，使之永世蒙羞，淪為庶民是雍正的本意。乾隆要諸王滿漢文武大臣翰詹科道各抒己見，確議具奏。這個問題的討論應該知無不言，言無不盡，其中如果有兩議三議者，亦准陳奏。

就在同一天，乾隆下了另一道諭旨，這次他沒有向臣下垂詢意見：「曾靜大逆不道，雖置之極典，不足以蔽其辜，乃我皇考聖度如天，曲加寬宥。夫曾靜之罪，不減於呂留良，而我皇考於呂留良則明正典刑，於曾靜則屏棄法外者，以留良謗議及於皇祖，而曾靜止及於聖躬也。今朕紹承大統，當遵皇考辦理呂留良案之例，明正曾靜之罪，誅叛逆之渠魁，洩臣民之公憤。」

緝拿曾靜到案的諭旨馬上就發給了湖南巡撫，將曾靜張熙即行鎖拿，遴選幹員，解京候審。此事必須優先處理，事機不准有所走漏。曾靜與張熙的家眷也一併捉拿，由當地官府嚴加看管，等旨意再做處置。乾隆要刑部立即就此事採取行動。

兵部驛丞立即飛馳湖南宣旨，湖南巡撫鍾保在十二月十日正午接旨。鍾保雖然還沒把曾靜的所作所為上奏，但他對曾靜人在哪裡倒是很清楚——他密傳按察使密委長沙知府，將曾靜緝捕到案，並搜查曾靜住處，沒收所有書刊、稿件、隨意書寫的字句。

為防範重開此案的消息走漏，讓曾靜族中有人聽到風聲，所以才以迅雷不及掩耳的速度，這與一七二八年的情形如出一轍。在曾靜被捕的同一天，巡撫鍾保下令善化縣知縣前往安仁捉拿張熙，並將他帶到長沙拘禁。（他們也下令安仁當地官府將張熙嫡屬一併逮捕），又派標千總率隊南行至永興，負責協調地方官查明捉拿曾靜嫡屬。

這事辦得滴水不漏，分毫不差，一切按原定計畫行事。曾、張族人都就近關在牢裡，而張熙則立即解送至長沙。十二月二十九日，巡撫鍾保得以上奏，在接到旨意之後僅僅十九日，逆徒曾、張已經就縛，並在衡州府同知和長沙協都司的嚴密看管下，踏上解往北京的漫漫長路。鍾保為防萬一，先寫信給沿途官府，要他們屆時加派兵丁，嚴防意外。鍾保並將把曾靜住所所搜到的書刊文件隨犯人送往北京，這些文件中說不定也有大逆的文字。鍾保上奏乾隆，他一直都認為曾、張二人罪大惡極，死有餘辜，只是先皇雍正宅心仁厚，他們當年才逃過一死。

湖南那邊正在依聖旨行事，北京這邊則在為曾靜、張熙的押解預作準備。乾隆已經要刑部重開此案，所以要找個他能信得過的人在刑部。於是，緝捕曾靜、張熙的諭旨才剛下，乾隆在第二天（十一月二十二日）就做了登基以來第一次重大的人事更動：工部侍郎徐本改任刑部侍郎，徐本現年五十一歲，出身杭州富裕人家。刑部侍郎則轉任工部侍郎。徐本或許不知新皇對他的才具極有信心，數日之後，徐本在辦理軍機處行走，參贊機密。

徐本可謂為官之典範：一七一八年中進士，入翰林院編修，歷任五省官員，也在各部任職過。徐本在仕途之初，曾在權傾一時的雲貴總督鄂爾泰手下任事。鄂爾泰當年是雍正的重臣，如今也極受乾隆倚重。乾隆推行政策，鄂爾泰是最恰當的人選，而委以徐本重任也是一著妙棋。

不管徐本從工部轉任刑部是鄂爾泰或是乾隆的意思，這麼做的理由是很清楚的。徐本以新的名銜上了一份措辭謹慎的奏摺，提出了一個在京在省都必須注意的問題：既然追捕曾靜的命令已經發出，那麼已經刊行全國的數萬部《大義覺迷錄》該如何處置？

徐本概略說了編纂《大義覺迷錄》的緣由，說大行皇帝把諭旨和問逆賊曾靜口供彙刊為《大義覺迷錄》，頒行直隸各省，每月朔望兩次講讀，甚至及於鄉村。徐本上奏，大行皇帝之所以如此，是要以「逆賊狼嗥犬吠之詞」來「使窮鄉僻壤感發其忠愛之天良，共明夫尊親之大義也」。

但這已有一段時間了，「宣諭既久，愚蒙盡覺，」如今雍正賓天，正是海宇蒼生謳功頌德、思慕不忘的時候，徐本認為，「以此毀謗君父之言，每於月吉宣之於口，實為天下臣民所不忍聽聞者。」為今之計，唯有「伏乞皇上特頒諭旨，將《大義覺迷錄》於每月朔望停其講解。」

乾隆在十二月初二下了一道諭旨，以寥寥數語回應：「《大義覺迷錄》著照尚書徐本所請，停其講解其頒發原書，著該督撫彙送禮部，候朕再降諭旨。」其間的意思很清楚：

等到《大義覺迷錄》都繳還禮部之後，就將之悉數銷燬。徐本的差事在十二月十二日辦完，也壓制了任何可能的反對，於是他卸下內閣之職，仍回任刑部尚書。這樣一來，即使曾靜還沒帶到北京，這部當年徐本曾參與編纂的《大義覺迷錄》也成了禁書，只能偷偷藏在家裡。如今，私藏《大義覺迷錄》就有如當年私藏呂留良的著作一般，都會惹來殺身之禍。

曾靜和張熙大約在一七三六年一月二十日左右押解至北京。這是他們第二次做這樣的旅行，而這次在他們眼前的是一條死路。在一七二九年，曾靜雖然關在牢裡，但至少還有空間、有光、有筆墨，杭奕祿不時奉旨來訊問。而且他還有許多東西可讀。而如今，沒有人來看他，也沒有人在意他在想些什麼。

曾靜關在北京大牢裡，一片死寂。此時居然有一個人穿過這片死寂，他就是方苞。雍正曾召了四名學者負責編纂《駁呂留良四書講義》，其中年紀最大的就是方苞。而車鼎豐、鼎賁兄弟也是在方苞家認識了孫用克，之後張熙來訪，從此便沒了安靜日子。方苞因涉入戴名世案，曾在一七一二年至一七一三年關在刑部大牢，隨時都可能問斬。最後，方苞九死一生，逃過死劫，數年之後把這段經歷寫下。方苞還記得，大牢有四排牢房，每一排牢房的配置都類似，中間是獄卒住的地方，有門窗可透光通風。但是兩側的牢房既無光線，通風也不好。五十多名囚犯擠在沒有窗戶的牢房裡，入夜之後都鎖成一排，門上拴了鎖，直至天明。這門在晚上是不曾打開過的。每天早上，獄卒把死去的囚犯拖出去，這樣，活著的囚犯在新的犯人關進來之前活動的空間可以大些。除非犯人有什麼有錢有勢的親戚，願意花些錢打點打點，讓犯人脫去枷鎖，情況才有可能稍有舒緩。

不過，曾靜和張熙都不必在牢裡待太久。重審此案既迅速而祕密，不到七天便已結束。一七三六年一月三十一日，乾隆下諭旨，措詞簡略而冰冷：

曾靜、張熙悖亂兇頑，大逆不道，我皇考世宗憲皇帝聖度如天，以其謗議止於聖躬，貸其殊死，並有將來子孫不得追究誅戮之諭旨。然在皇考當日或可姑容，而在朕今日斷難曲宥，前後辦理雖有不同，而衷諸天理人情之至當，則未嘗不一。況億萬臣民所切骨憤恨、欲速正典刑於今日者，朕又何能拂人心之公惡乎？曾靜、張熙著照法司所擬，凌遲處死。

依律，曾靜和張熙的嫡屬不久也將伏誅，除了年十六以下的男性，或許還有一些女眷，會終身發配邊軍兵士為奴。所有財產查抄充公。

這道諭旨頒布之後，曾靜和張熙也只能等死了。但據方苞所說，即使是判了死刑，只要有錢還是可以打通關節。行刑之前，劊子手等在牢房之外，讓司役進去要些值錢的東西。如果人犯家裡有錢，就跟他家中親人問，如果人犯是窮人家，就直接問人犯。要是給了錢，問斬的犯人親族就可把頭要回來，和身體一同安葬。若是絞刑，花了錢也可在繩子上動手腳。就算是淩遲處死，花錢也可派上用場。方苞自己就親眼見過，劊子手對淩遲處死的犯人說：「若你叫我滿意，我便一刀刺在心上。否則即便你手足片肉無存，但人還沒死絕。」

對曾靜和張熙來說，這次可沒有刀下留人，也沒有法外施恩。這兩人死的時候，沒人有一聲抗議，倒是有人大聲叫好。這人就是齊周華，幾年前他信了雍正頒布的諭旨，費盡九牛二虎之力，想把他寫的抗疏，對雍正赦免曾靜，對呂留良施以挫骨揚灰之刑表達抗議。齊周華還關在杭州的牢裡，朋友捎來曾靜伏誅的消息，齊周華在〈巨山自記〉中寫道：「不勝痛快，惜乎呂氏子孫，猶未賜還也！」

這個案子至此，應是塵埃落定了。一七三六年稍晚，乾隆命徐本兼禮部尚書，顯然這項任命是要徐本監督《大義覺迷錄》的銷燬。雖然事前籌劃周密，但是仍有若干數量逃過一劫。有些文人認為這是史料，將之私藏在家。宮裡頭也收了一部，以為後代參考。有些《大義覺迷錄》流到日本，幕府對其中透露朝廷如何運作的蛛絲馬跡很有興趣，有些膽子大的書賈相信此書日後必受重視——不管是出於好奇，或是出於史料保存——於是加以蒐藏。書中有些內容透過每月兩次的宣講，已經深入人心，並向後人傳述，看看一位帝王是如何修改記錄以洗刷名聲。有些部分則是遭到隨意竄改，其中流傳最久的便是呂留良的孫女呂四娘關於雍正暴斃一節。傳說呂四娘因在安徽乳娘家中，倖免於難。呂四娘得知全家祖孫三代慘遭殺害，悲憤填膺，當即刺破手指，血書「不殺雍正，死不瞑目」八字。於是隻身北上京城，途中巧逢高僧甘鳳池，四娘拜之為師。甘授呂四娘飛簷走壁及刀劍武藝。之後，呂四娘輾轉進京，潛入乾清宮，刺殺雍正，取其首級而去。

或許可以說，這兩位皇帝都錯了。一個皇帝以為向天下人說明對他不利的傳言，便可讓流言不攻自破，因為眼睛雪亮的後代會尊敬他。但是他的子民卻記得了謠言，而忘了皇帝的苦心。另一位皇帝卻以為把書毀掉，便能告慰父皇在天之靈。而他的子民卻以為他之所以想毀去此書，就是因為書中內容乃真有其事。

也因為這本書，生出了種種故事，讓幾個角色躍上舞台，其他的人物也是叫人目不暇給：假稱王澍的那人，身穿紫襖，頭戴黑氈帽，足蹬緞鞋；堪輿師陳帝錫，還有橋邊那白鬚道人；狂怒不止的唐孫鎬；被流放到廣西的八爺、九爺府裡的宦官；在河上四處做生意的商賈；那四個著兵服的旗員；那衣衫襤褸、肩頭挑著籮筐的人——還有許多人或可考、或不知其名。和這林林總總的人物、形形色色的百態比起來，雍正欲正視聽的企圖顯得並不足道，其子乾隆亦不能杜天下人悠悠之口。

這種種紛擾，就只因為在湖南安仁縣的路旁有個不起眼的私塾；這一切，就只因為他喚了個人，差他往另一條路上，長途跋涉，懷裡揣著封信……。

註釋

❖ 乾隆繼位：見Kahn, Monarchy, pp.239-243，關於即位程序的討論；乾隆的教養與歷練見前揭書，頁一一五—一四三。乾隆在位文治武功，見《清代名人傳略》，頁三六九—三七三。

❖ 關於雍正當年處置手足的部分：見《大清高宗皇帝實錄》，卷四，頁二八。朝中大臣對此事的反應見《雍正朝漢文硃批奏摺彙編》，卷三十，頁九〇一—九〇三。

❖ 乾隆就重開曾靜案所下的第一道諭旨發於雍正十三年十月八日：見《清高宗實錄》，卷四，頁二九（亦見於《清代文字獄檔》，頁五二b）。皇帝若是駕崩，年號會繼續使用到該年結束。

❖ 鍾保所採取的行動：見他在雍正十三年十一月十八日（西曆一七三五年十二月三十一日）所上的奏摺，收在《雍正朝漢文硃批奏摺彙編》，卷三十，頁九〇〇—九〇一。

❖ 徐本：轉任刑部尚書見《清高宗實錄》，卷四，頁三五，雍正十三年十月九日（西曆一七三五年十一月二十二日）。徐本入內閣見於《清高宗實錄》，卷五，頁八左，雍正十三年十月六日（西曆一七三五年十一月二十九日）。徐本生平見《清史稿》，頁一〇四五五與《清史列傳》，卷十六，頁一〇，另見於《清代名人傳略》，頁六〇二，將他列為鄂爾泰的門人。

❖ 可惜徐本的奏請並未標註日期，見《宮中檔雍正朝奏摺》，卷二十六，頁八三四—八三五（另見於《雍正朝漢文硃批奏摺彙編》，卷三十二，頁五一一）。既然徐本用的官銜是刑部尚書，那必然是奏於十一月二十二日之後。

❖乾隆在十二月二日所下之諭旨：見《清高宗實錄》，卷五，頁一七，日期為雍正十三年十月十九日。

❖徐本不在內閣之列是雍正十三年十月二十九日（西曆一七三五年十二月十二日）的事，見《清史稿》，頁二四八七。

❖方苞所記入獄一事：見鄭培凱與Lestz，《文件彙編》，頁五五—五六。方苞生平見《清代名人傳略》，頁二三五—二三七。

❖乾隆的諭旨：見《清高宗實錄》，卷九，頁一〇b—一一（亦見於《清代文字獄檔》，頁五二左），雍正十三年十二月十九日。

❖死刑：方苞的見聞：見鄭培凱與Lestz，《文件彙編》，頁五七。

❖曾靜死而齊周華大聲叫好，王汎森，《從曾靜案看十八世紀前期的社會心態》，頁一五，引自齊周華的日記。關於齊周華的晚年，見《清代名人傳略》，頁一二三—一二五。

❖徐本任職禮部，見《清史稿》，頁一〇四五六。

❖未毀盡的《大義覺迷錄》：流到日本的部分，見吳秀良，〈歷史與傳奇：「胤禛劍俠」小說〉，頁一二四五—一二四八；呂留良的孫女呂四娘的部分，見前揭書，頁一二二三—一二二四。從乾隆一朝搜查禁書的記錄中可見持續沒收《大義覺迷錄》，例如《文獻叢編》（重印）便有書樓的存貨記錄，頁一九五（提到二十部）、二〇一（一部）、二一九（十部）。

譯後記

歷史、認同、權力

史景遷這本書說的是《大義覺迷錄》這部奇書形成、流傳、禁燬的過程，乃至其間橫生的許多耐人尋味、匪夷所思的枝節。

《大義覺迷錄》全書共有四卷，內收有雍正本人的十道上諭，提審官員杭奕祿審訊與結案的意見，包括曾靜《知新錄》、《知幾錄》部分片段在內的四十七篇口供，曾靜門人張熙的兩篇口供，書末並附有曾靜認罪所著的〈歸仁說〉一篇。雍正「出奇料理」曾靜一案，下令將《大義覺迷錄》「通行頒布天下各府州縣遠鄉僻壤，俾讀書士子及鄉曲小民共知之。」此書因而廣行天下，一時人盡皆知。雍正自逞筆舌之能，撰文闢謠的結果，反倒弄巧成拙，非但未能端正視聽，竟引起天下之人競相窺視宮廷鬥爭。迄於乾隆即位，為求補救之道，而將《大義覺迷錄》一書列為禁燬之類，從此消聲匿跡，只有少數或私藏民間，或流至東瀛。清末，留學日本的革命黨人發現此書，結果書中暴露滿清皇室的權力鬥爭，以及呂留良、曾靜反滿言論，又成為革命黨人攻訐清廷的材料。

雍正是否奪嫡，本身就是一樁引人入勝的歷史公案，絕佳的小說題材。而史家對《大義覺迷錄》一書的興趣，素來集中於爬梳收錄在書內雍正自暴繼統疑雲的諭旨，佐以各種間接史料，藉以推斷雍正纘承帝位的正當性。主張雍正奪位者，勇於推陳出新，言之鑿鑿；持反對意見者，又每每能旁徵博引，自圓其說。正反兩造對簿於歷史公堂之上，你來我往，人各言殊，難有定論。

然而，近來西方漢學界重提曾靜案，旨不在於賡續這場歷史奇案，揭發宮廷鬥爭的來龍去脈；而是另闢蹊徑，把雍正對曾靜案的出奇料理，乾隆的悖反常理、違逆雍正嚴諭誅殺曾靜等的這段過程，視為滿人形塑自我認同之重要轉折的表徵，以揚棄自 Franz Michael、Mary C. Wright 以降雄據學界的滿清政權「漢化」（sinicization）說。這種問題意識的「轉向」（turn），使學者更為關注於雍正駁斥曾靜所傳達的思想觀念，以及乾隆對滿人自我認同意識的強化。

從《大義覺迷錄》來看，雍正是以儒家的論辯來駁斥曾靜、呂留良。雍正採孔、孟的邏輯，認為華夷之別不在地域、種族，而在於文化，以反駁曾靜那種帶有「本質論」的華夏立場。換言之，雍正把「意符」（signifier）與「意指」（signified）分別看待，「華」作為一個指涉的文化符號，是可以與特定的疆域、種族界線割裂。所以雍正說：「天下一家，萬物一體，自古迄今，萬世不易之常經，非尋常之類群眾，分鄉曲疆域之私衷淺見所可妄為同異者也。」更何況，「舜為東夷之人，文王為西夷之人，曾何損於聖德。」只要依循王道，具備禮教，潛心默化，也能仰承「天命」。

雍正接著演繹儒家傳統的「天命觀」，以證明清廷定鼎中原的「正當性」（legitimation）。曾靜在《知新錄》中曾批評明清朝代嬗替，他說：「慨自先明，君喪其德，臣失其守，中原路沉。夷狄乘虛，竊據神器，乾坤反復，地塌天荒。八十餘年，天運衰歇，天震地怒，鬼哭神號。」雍正則是從歷史和哲學兩方面來反駁曾靜。雍正首先說明亡於李自成，與滿人無涉；而明亡的根本原因，「以天地氣數言之，明代自嘉靖以後，君臣失德，道賊四起，民生塗炭，疆圉靡寧。」雍正反問之，「夫以十萬之眾，而服十五省之天下，豈人力所能強哉！」滿清之所以能定鼎中原，雍正援引《尚書》「皇天無親，惟德是輔」的說法，證明這乃是「天命」之所歸，在於統治的「德」性：「蓋德足以君天下，則天錫佑之以為天下君。未聞不以德為感孚，而第擇其為何地之人而輔之之理。」由是觀之，政權的更迭取決於天命、君德，而不在於種族、地域。

雍正以儒家的「文化建構論」破除曾靜的「華夷之防」，並以德配「天命」說證明滿清統治中原的「正當性」之後，即提出他的「君臣大義」之說。《大義覺迷錄》的「大義」指的就是「君臣之大義」；而在雍正看來，「君臣之大義」尤應超越「華夷之辨」。所以雍正再次引用儒家思想的觀念：「詩經言『戎狄是膺，荊楚是懲』者，以其僭王猾華夏，不知君臣之大義，故聲其罪而懲艾之，非以其為戎狄而外之也。」

新加坡學者邵東方曾論雍正的文化政策，他認為從清朝的武力鎮壓和政治強權等外部因素實不足解釋明亡之後大多數漢族知識分子、甚至如曾國藩這樣的中興名將，會轉而接受滿人異族王朝統治的合法性。滿清政權何以維持長達二百六十年的統治，其中的重要關鍵是滿人入關之後即逐漸意識到，單憑武力是不足長治久安的，更重要的是要通過長期而有效的，使漢族知識分子在意識形態上接受滿人的統治。雍正刊刻印行、廣行宣布《大義覺迷錄》一書，除了政治動機之外，更蘊含了內在深層的文化意義。

既然如此，何以乾隆要禁絕《大義覺迷錄》？Frank Dikotter 曾經論及，中國菁英的文化觀存在兩種迥然不同但又互為關聯的觀點，即一方面宣揚普遍主義的理念，認為外夷都是可以被漢化的。但另一方面，當中國人的文化受到威脅時，就強調地域、種族的特殊主義，閉關自守，以免受外在邪惡力量的威脅。但無論是普遍主義或特殊主義，無非都是對漢族、漢文化優越性的強調。乾隆自然不會同意曾靜帶有特殊主義的本質論立場，但他違逆父命誅戮曾靜、禁燬《大義覺迷錄》的作法，其實也反映了他對於雍正的文化道德改造論不表苟同。根據 Pamela Kyle Crossley 的分析，乾隆認為身為滿人並無可恥之處，滿人之所以入主中原，並非滿人受到漢人文明的教化使然；而是因為努爾哈赤、皇太極秉持「天心」之故，使滿人取明而代之。換言之，這反映了自從乾隆時期開始，滿清朝廷已逐步強化滿人的自我認同意識。

不過 Crossley 強調，有越來越多的研究顯示，認同意識的形塑和維繫是一個複雜且充滿歷史偶然性的過程；而種族作為一種概念，是隨著歐洲民族國家的崛起而被建構的。儘管乾隆時期愛新覺羅的自我認同逐漸強化凸顯，但把緣起於歐洲社會的認同概念套用在清朝政權是會扭曲歷史的實情。

但是這並不意味著身為統治者的滿人就沒有認同意識，關鍵在於兩者對自我認同的定義以及所處的政治脈絡存在著差異性。誠如 Evelyn S. Rawski 的分析，滿清的政治模式並不是民族國家，其所要建構的也不是單一族群的認同意識，而是包括滿、漢、蒙、藏等異質文化共同存在於一個鬆散、人格化的滿清帝國，將各族的政治菁英吸納進清朝的統治集團之中，以維持一個多元文化的世界觀。就個人而論，乾隆所意圖維護的是愛新覺羅統治菁英的世系。從統治者的角度觀之，乾隆所施行的文化政策並不是種族間的同化；而是要維護各個族群的文化特質，彰顯滿人政權中不同族群成分的特色。

於是我們可以看到，滿人正是透過優寵藏傳佛教以治理西藏、綏服蒙古，接納儒家文化籠絡江南文人，但又尊崇薩滿教以維繫滿人的自我認同。文化政策雖是滿人政權得以維繫的關鍵，但滿人文化政策成功的祕訣不惟在其漢化的程度，更重要的是清廷能採取彈性因應的文化政策，整合帝國之內各個族群的人民，共同構築了一個多元文化的世界觀。離棄了這個多元文化的世界觀，也就無法統御這龐大的國家，而這或許也是孫文當年從「驅逐韃虜」到「五族共和」這層轉折的原因。

異質文化之間的互動融匯與內在張力一直以來就是史景遷著述的主題，從康熙與曹寅、來華傳教的利瑪竇、遊歷歐洲的胡若望、乃至馬可孛羅、洪秀全，學貫中西的史氏，每能透過奇絕的敘事布局和斐然的文采，讓筆下的歷史人物躍然紙上，耕耘出滿漢、東西文化交錯的吉光片羽，而使他敘事的主軸擺脫業師 Mary Wright 的「漢化」說。也許是深諳歷史的詭譎多變，史景遷不像有著同樣寫作風格的黃仁宇，提出宏觀論述和帶有「東方主義」（orientalism）鑿痕的命題，而落入西方理論的糾葛，削足履鞋。但弔詭的是，也因為他那迷人的蒙太奇寫作手法，打破了線性時間和僵固空間的制約，以人物的慾望、動機為座標，重新編碼歷史素材，因而時常游移於歷史與小說之間，成為西方漢學界有關史學方法論爭辯時的焦點。

史景遷具有強烈敘事風格的作品究竟是歷史或小說？這個問題或許可以藉由 Hayden White 在 *Metahistory* 書內的一段話來釐清：歷史寫作乃是「一種以敘事散文形式呈現的文字話語結構，意圖為過去種種事件及過程提供一個模式或意象。我們透過這些結構，得以重現過往事物，以達到解釋它們意義的目的。」在釐清歷史與小說的分際時，吾人必須摒棄「經驗主義」的偏狹之見，體會到歷史寫作不單只是一種組織經驗的方法，同時也是賦予形式的過程；而歷史知識的力量，可能源於在賦予形式過程中引發的功能，而不是來自純粹的經驗事實。

史景遷筆下所營造的那種現實感，甚至面對無垠時空所生的「無可奈何」之感，有如萊茵河上的歌唱的女妖，聞之令人心生似虛似實的幻相，而所謂歷史或小說的混淆其實並不存在；法文裡頭 histoire 兼指「歷史」與「故事」二義，端視我們如何定義「真實」。

若要硬將在兩者之間做個分別也並不難，只消將本書與二月河的《雍正王朝》相比便可。二月河筆下述及《大義覺迷錄》一節，不論是投書的地點、審訊的過程，乃至岳鍾琪、李衛、徐駿等角色，與既存史料之間都頗有差距。小說既是虛構，這些部分只能算是枝微末節，都可為情節安排而變更。但史景遷儘管布局奇絕，但是他在史料的運用仍然謹守專業歷史學者的分寸。以本書而言，史景遷以《大義覺迷錄》的內容為經，輔以大量的奏摺，復參酌各家說法，只見史景遷在龐大的資料交織下穿針引線，不能違逆資料，又要營造氣氛，維持敘述張力，這正是史景遷過人之處。作者過人之處，便是譯者挑戰所在。本書還原資料的難度當然遠不及《追尋現代中國》，但由於資料細密，回復為中文仍是極為艱鉅的工作。加上行文多處引用奏摺，為求文字風格不致扞格，譯者也選擇了較有文言色彩的中文。

史景遷在敘事時，有時過於簡略，提及一些無關重要的人物時，也多以某姓之人來稱呼，想來這是面對英文讀者使然，因此中文本有幾處參酌奏摺《大義覺迷錄》等資料，或略詳其事，或補回人名。這點也請讀者明察。

quanguode dazheng fangji" (On the relationship between the Zeng Jing anti-Qing case and Yongzheng's absolutist tendencies in govermant). *Qingshi Luncong* 5 (1984): 158-178.

Yang Qiqiao. *Yongzhengdi ji qi mizhe zhidu yanjiu* (A study of the secret report system of emperor Yongzheng). Hong Kong: 1981.

Yongxing xianzhi (Gazetteer of Yongxing county). 55 *Juan* in 10 vols. 1883. Reprint, Taipei: Xuesheng Shuju, 1975.

Yongxing xianzhi (Gazetteer of Yongxing county). Beijing: 1994.

Yongzhengchao hanwen zhupi zouzhe huibian (A compilation of the Chinese-language reports and imperial endorsements from Yongzheng's reign). Published for the Beijing Nomber One Archive. 40 vols. Jiangsu: 1991. (Cited in the Notes as B, followed by volume and page numbers.)

Yongzhengchao Qijuzhu ce (Court Diaries of the Yungzheng reigh). 5 vols. Beijing: Palace Museum, Number One Archive, 1993.

Zelin, Madeleine. *The Magistrate's Tale: Rationalizing Fiscal Reform in Eighteenth-Century China.* Berkeley: University of California Press, 1984.

Zhanggu congbian (Collected Historical Source Materials). 10 vols. Peiping: Palace Museum, 1928-29. Reprint, Taipei: 1964.

Zhu Shi et al., eds. *Bo Lü Liuliang sishu jiangyi* (A refutation of Lü Liu-liang's commentaries on the Four Books). 1733. Reprint, Taipei: 1978.

Zi, Etienne. "Pratique des examens littéraires en Chine." *Variétés sinologiques,* no. 5 (Shanghai, 1894). Reprint, Taipei: 1971.

——. "Pratique des examens militaires en Chine." *Variétés sinologiques,* no. 9 (Shanghai, 1896). Reprint, Taipei: 1971.

Wang Jingqi. *Xizheng suibi* (Casual note of my journey to the West). *Zhanggu congbian*. Reprint, Taipei: 1964, pp. 114-142.

Wang Zhonghan. "On Acina and Sishe." *Saksaha: A Review of Manchu Studies*, no. 3 (Spring 1998): 31-35.

Watson, Burton, trans. *The Tso Chun: Selections from China's Oldest Narrative History*. New York: Columbia University Press, 1989.

Wechsler, Howard J. *Mirror to the Son of Heaven: Wei Cheng at the Court of T'ang T'ai-tsung*. New York: Columbia University Press, 1989.

Wenxian congbian (Collected Source Materials). 43 vols. Peiping: Palace Museum, 1930-37. Reprint, 2 vols. Taipei: 1964.

Wilhelm, Helmut. "From Myth to Myth: The Case of Yueh Fei's Biography." in Arthur F. Wright and Denis Twitchett, eds., *Confucian Personalities*.Stanford: Stanford University Press, 1962, pp. 146-161.

Wilhelm, Richard. *The I Ching or Book of Changes*. Translated by Cary F. Baynes. Princeton: Bollingen Foundation, Princeton University Press, 1967.

Wu Bolun. *Xi'an lishi shulue* (Historical materials on the city of Xi'an). Xi'an: Shaanxi Renmin Chubanshe, 1979; expanded edition, 1984.

Wu, Silas Hsiu-liang. *Communication and Imperial Control in China: The Evolution of the Palace Memorial System, 1693-1735*. Cambridge Mass.: Harvard University Press, 1970.

—. *Passage to Power: K'ang-his and His Heir Apparent, 1661-1722*. Cambridge, Mass.: Harvard University Press, 1979.

Wu, Silas H. L. "History and Legend: *Yung-cheng Chien-hsia* Novels." In *Tradition and Metamorphosis in Modern Chinese Histiroy: Essays in Honor of Professor Kwang-ching Liu's Seventy-fifth Birthday*. Taipei: Institute of Modern History, Academia Sinica, 1998.

Xu Zengzhong. "Zeng Jing fan Qing an yu Qingshizong Yinzhen tongzhi

Qing shilu: Daqing shizong xianhuangdi shilu (Veritable Records of the Yongzheng reign). Edited by Ortai et al. Mukden: 1937.

Rawski, Evelyn S. *The Last Emperors: A Social History of Qing Imperial Institutions*. Berkeley: University of California Press, 1998.

Schneewind, Sarah. "Competing Institutions: Community Schools and 'Improper Shrines' in Sixteenth-Century China." *Late Imperial China* 20, 1 (June 1999): 85-106.

Shao Dongfang. "Qing Shizong 'Dayi juemi lu' zhongyao guannian zhi tantao" (An examination of the key concepts in Yongzheng's 'Dayi juemi lu'). *Hanxue yanjiu* 17, 2 (1999): 61-89.

Shen Yuan. "'Aqina,' 'Saisihei' kaoshi" (A study of the names Acina and Sesshe). *Qingshi yanjiu* 25 (1991):90-96.

T, followed by volume and page numbers (e.g., T12/876-877): See *Gongzhong dang Yongzhengchao zouzhe*.

Ubelhor, Monika. "The Community Compact (Hsiang-yueh) of the Sung and Its Educational Significance." In W. T. de Bary and John W. Chaffee, eds., *Neo-Confucian Education: The Formative Stage*. Berkeley: University of California Press, 1989, 371-387.

von Glahn, Richard. *Fountain of Fortune: Money and Monetary Policy in China, 1000-1700*. Berkeley: University of California Press, 1996.

Waley, Arthur, trans. And Joseph R. Allen, ed. *The Book of Songs*. New York: Grove Press, 1996.

Waley-Cohen, Joanna. *Exile in Mid Qing China: Banishment to Xinjiang, 1758-1820*. New Haven: Yale University Press, 1991.

Wang Fansen. "Cong Zeng Jing an kan shibashiji qianqide shehui xintai" (The usefulness of the Zeng Jing case in studying the emotional life of early-eighteenth-century society). *Dalu zazhi* 85, 4 (1992): 1-22.

the Four Books). Edited by Chen Cong. Reprint, Taipei: 1978.

—. *Lü Wancun xiansheng sishu yulu* (Mr. Lü Liu-liang's discussions of the Four Books). Edited by Zhou Zaiyan. Taipei: 1978.

Lynn, Richard John, trans. *The Classic of Changes: A New Translation of the I Ching as Interpreted by Wang Bi*. New York: Columbia University Press, 1994.

Macauley, Meliss. *Social Power and Legal Culture: Litigation Masters in Late Imperial China*. Stanford: Stanford University Press, 1998.

Meng Sen. *Qingchu san dayian kaoshi* (An examination of the sources of three major early Qing controversial cases). 1934. Reprint, Taipei: 1966.

Meyer-Fong, Tobie. "Making a Place for Meaning in Early Qing Yangzhou." *Late Imperial China* 20. 1 (June 1999): 49-84.

Ming- Ch'ing Tang-an (Sources on Ming and Qing History). Edited by Chang Wei-jen. Taipei: Academia Sinica, 1986.

Mote, F. W. *Imperial China,900-1800*. Cambridge, Mass.: Harvard University Press, 1999.

Naquin, Susan. *Millenarian Rebellion in China: The Eight Trigrams Uprision of 1813*. New Haven: Yale University Press, 1976.

QDWZYD: See *Qindai wenziyu dang*.

Qindai wenziyu dang (Collectanea of literary inquisition cases in the Qing dynasty). Peiping: Palace Museum, 1931-1934. Reprint, Shanghai: 1986.

Qijuzhu: See *Yongzhengchao Qijuzhu ce*.

Qingshi (History of the Qing dynasty). 8 vols. Taipei: Guofang Yanjiu Yuan, 1961.

Qingshi gao (Draft history of the Qing dynasty). Compiled by Zhao Ersun. 529 juan. Beijing: 1927. Reprint, Beijing: 1977.

Qingshi liezhuan (Biographies of Qing dynasty figures). 10 vols. Shanghai: 1928. Reprint, Taipei: 1962.

vols. Washington, D.C.: Government Printing Office, 1943. (Cited in the Notes as ECCP.)

Hymes, Robert. "Lu Chiu-yuan, Academies, and the Problem of the Local Community." In W. T. de Bary and John W. Chaffee, eds., *Neo-Confucian Education: The Formative Stage*. Berkeley: University of California Press, 1989, 432-456.

Jining zhilizhou zhi (Gazetteer of Jining district). 11 *juan*. 1859. Reprint, Taipei: Xuesheng shuju, 1968.

Kahn, Harold L. *Monarchy in the Emperor's Eyes: Image and Reality in the Ch'ien-lung Reign*. Cambridge, Mass.: Harvard University Press, 1971.

Kaplan, Edward Harold. "Yueh Fei and the Founding of the Southern Sung." Ph.D. thesis, University of Iowa, 1970.

Kuhn, Philip A. Soul Stealers: *The Chinese Sorcery Scare of 1768*. Cambridge, Mass.: Harvard University Press, 1990.

Kutcher, *Norman. Mourning in Late Imperial China: Filial Piety and the State*. Cambridge, UK: Cambridge University Press, 1999.

Legge, James, trans. "Confucian Analects." In *The Chinese Classics*. 7 vols. Reprint, Taipei: 1963; vols. 1, pp. 137-354.

—. "The Doctrine of the Mean." In *The Chinese Classics*. 7 vols. Reprint, Taipei: 1963; vols. 1, pp. 382-434.

—. "The Shoo King, or the Book of Historical Documents." In *The Chinese Classics*. 7 vols. Reprint, Taipei: 1963; vols. 3, pt. 1, pp. 1-630.

Lü Liu-liang. *Dongzhuang shicun* (Collected poems of Lü Liu-liang). 1911. Fengyulou congshu ed., second colletion.

—. *Lü Wancun wenji* (Collected literary works of Lü Liu-liang). Reprint, Taipei: 1973.

—. *Lü Wancun xiansheng sishu jiangyi* (Mr. Lü Liu-liang's commentaries on

Fisher, Thomas Stephen. "Lü Liu-liang (1629-83) and the Tseng Ching Case (1728-33)." Ph.D. theses, Princeton University, 1974.

Fisher, T. S. "Accommodation and Loyalism: The Life of Lü Liu-liang (1629-83)" *Papers on Far Eastern History* (Canberra, Australia) 15, 16, 18 (March 1977, September 1977, September 1978).

Fisher, Tom S. "New Light on the Accession of the Yung-cheng Emperor." *Papers on Far Eastern History* (Canberra, Australia) 17 (March 1978).

[Fisher, T. S.] Fei Sitang. "Qingdaide wenze pohai he 'Zhizqo yiji' de moshi" (The relationship between the distortion of words in the Qing and the model of "Manufactured Deviance"). In Bao Shouyi, ed. *Qingshi guoji xueshu taolunbui lunwenji* (Collected Proceeding of the international conference on Qing history). Liaoning: 1986, pp. 531-553.

Fu Lo-shu. *A Documentary Chronicle of Sino-Western Relations 1644-1820*. 2 vols. Tucson: University of Arizona Press, 1966.

Gongzhong dang Yongzhengchao zouzhe (Secret palace memorials of the Yungzheng reign). 32 vols. Taipei: Palace Museum, 1977-80. (Cited in the Notes as T, followed by volume and page numbers.)

Goodrich, Luther Carrington. *The Literary Inquisition of Ch'ien-lung*. Baltimore: Waverly Press, 1935.

Hauf, Kandice. "The Community Covenant in Sixteenth Centrury Ji'an Prefecture, Jiangxi." *Late Imperial China* 17, 2 (December 1996): 1-50.

Hay, Jonathan. "Ming Palace and Tomb in Early Qing Jiangning: Dynastic Memory and the Openness of History." *Late Imperial China* 20, 1 (June 1999): 1-48.

Huang Pei. *Autocracy at Work: A Study of the Yung-cheng Period*, 1723-1735. Bloomington: University of Indiana Press, 1974.

Hummel, Arthur W., ed. *Eminent Chinese of the Ch'ing Period (1944-1912)*. 2

Prince—Huang Tsung-hsi's 'Ming-i-tai-fang lu.' New York: Columbia University Press, 1993.

de Bary, Wm. Theodore, and Richard Lufrano, comps. *Source of Chinese Tradition.* 2nd ed. Vol. 2. New York: Columbia University Press, 2000.

Donghua lu (Documentary history of the Qing dynasty). Edited by Wang Xianqian. 88 vols., n.p., 1899.

Durand, Pierre-Henri. *Lettréset pouvoirs: un proès littéraire dans la Chine impériale* (Scholars and power: A literary trial in imperial China). Paris: 1992.

DYJML (e.g., *DYJML*, 1/60b): See *Dayi Juemi Lu*, 1730 edition and 1966 reprint.

ECCP: See Arthur W. Hummel, ed., *Eminent Chinese of the Ch'ing Period (1944-1912).*

Fairbank, J. K., and S. Y. Teng. "On the Transmission of Ch'ing Documents." 1939. Reprinted in *Ch'ing Administration: Three Studies.* Cambridge, Mass.: Harvard-Yenching Institute, 1960, pp. 1-35.

—. "On the Types and Uses of Ch'ing Documents." 1940. Reprinted in *Ch'ing Administration: Three Studies.* Cambridge, Mass.: Harvard-Yenching Institute, 1960, pp. 36-106.

Fang Chao-ying. "Tseng Ching." In Arthur W. Hummel, ed., *Eminent Chinese of the Ch'ing Period (1944-1912).* 2 vols. Washington, D.C.: Government Printing Office, 1943. pp. 747-749.

Feng Erkang. *Yungzheng zhuan* (Biography of Yungzheng). Beijing: 1985.

—. "Zeng Jing toushu an yu Lü Liuliang wenzi yu shulun" (Discussion of the relationship between the Zeng Jing case and the literary inquisition against Lü Liuliang). *Nankai xuebao* 5 (1982): 41-46; *Nankai xuebao* 6 (1982): 28.

Fisher (1974): See Thomas Stephen Fisher, "Lü Liu-liang (1629-83) and the Tseng Ching Case (1728-33)."

Bartlett, Beatrice S. *Monarchs and Ministers: The Grand Council in Mid-Ch'ing China, 1723-1820*. Berkeley: University of California Press, 1991.

Britton, Roswell S. *The Chinese Periodical Press, 1800-1912*. Shanghai: 1933.

Brunnert, H. S., and V. V.Hagelstrom. *Present Day Political Organization of China*. Translated by A. Beltchenko and E. E. Moran. Rev. ed. Beijing: 1911.

Chang'an xianzhi (The gazetteer of Chang'an/Xi'an). 36 *juan*. 1812. Reprint, Taipei: 1967.

Chen His-yuan. "Propitious Omens and the Crisis of Political Authority: A Case Study of the Frequent Reports of Auspicious Clouds During the Youngzheng Reign." *Papers on Chinese History* (Harvard University), vol. 3 (Spring 1994): 77-94.

Cheng Pei-kai and Michael Lestz. *The Search for Modern China: A Documentary Collection*. New York: Norton, 1999.

Chu Ping-tzu. "Factionalism in the Bureaucratic Monarchy: A Study of a Literary Case." *Papers on Chinese History* (Harvard University), vol. 1 (Spring 1992): 74-90.

Crossley, Pamela Kyle . "*A Translucent Mirro: History and Identity in Qing Imperial Ideology*" Berkeley: University of California Press, 1999.

Daqing huidian shili (Statutes and precedents of the Qing dynasty). 19 vols. 1894. Reprint, Taipei: 1963.

Dayi Juemi Lu (A record of how true virtue led to an awakening from delusion). Compiled on orders of Emperor Yungzheng, 1730. 4 *juan*. Reprint, Taipei: Wenhai Chubanshe Reprint Series, no. 36, 1996. (Cited in Notes as DYJML.)

Dayi Juemi Lu. Edited and rendered into vernacular Chinese by Zhang Wanjun et al. Beijing: Zhongguo Chengshi Chubanshe, 1999.

de Bary, Wm. Theodore, trans. *Waiting for the Dawn: A plan for the*

參考書目

Anita Marie Andrew, "Zhu Yuanzhang and the 'Great Warning' (Yuzhi da gao): Autocracy and Rural Reform in Early Ming" Ph. D. theses, University of Minnesota, 1991.

Anonymous. "Fan Shijie chengci an" (The petition by Fan Shijie). *Wenxian congbian*, vol. 7. Beijing: Palace Museum, n.d. Reprint, Taipei: 1964, pp. 68-72.

Anonymous. "Yinsi, Yintang, an" (The cases of Yinsi and Yintang). *Wenxian congbian*, vol. 1, pp. 1-12; vol. 2, po. 13-25; vol.3, pp. 26-35. Beijing: Palace Museum, n.d. Reprint, Taipei: 1964, pp. 1-18.

Anonymous. "Yue Zhongqi zouzhe" (The reports to the palace by Yue Zhongqi). *Wenxian congbian*, Beijing: Palace Museum, n.d. Reprint, Taipei: 1964, pp. 432-436.

Anonymous. "Zhang Zhuo toushu an" (The case of the letter delivered by Zhang Zhuo). *Wenxian congbian*, vol. 1. Beijing: Palace Museum, n.d. Reprint, Taipei: 1964, pp. 22-35.

Anonymous. "Zeng Jing qiantu Zhang Zhuo toushu an" (The case of how Zeng Jing sent his follower Zhang Zhuo to deliver a letter). First published in *Qingdai wenziyu dang* (Collectanea of literary inquisition case in the Qing Dynasty). Peiping: Peiping Palace Museum, 1931-1934. Reprint, Shanghai: 1986.

Awakening from Delusion: See *Dayi Juemi Lu*.

B, followed by volume and page numbers (e.g., B10/20): See *Yongzhengchao hanwen zhupi zouzhe huibian*.

歷史與現場 221

雍正王朝之大義覺迷
Treason by the Book

作　者——史景遷（Jonathan D. Spence）
譯　者——溫洽溢、吳家恆
主　編——湯宗勳
責任編輯——鍾岳明
封面設計——倪龐德
內文排版——黃庭祥
行銷企劃——劉凱瑛

董事長——趙政岷
出版者——時報文化出版企業股份有限公司
108019台北市和平西路三段二四〇號四樓
發行專線——（〇二）二三〇六——六八四二
讀者服務專線——〇八〇〇——二三一——七〇五
（〇二）二三〇四——七一〇三
讀者服務傳真——（〇二）二三〇四——六八五八
郵撥——一九三四四七二四時報文化出版公司
信箱——10899台北華江橋郵局第九十九信箱
時報悅讀網——http://www.readingtimes.com.tw
電子郵件信箱——books@readingtimes.com.tw
人文科學線臉書——http://www.facebook.com/jinbunkagaku
法律顧問——理律法律事務所　陳長文律師、李念祖律師
印　刷——紘億彩色印刷有限公司
初版一刷——二〇一五年五月二十九日
初版四刷——二〇二二年三月三日
定　價——新台幣三三〇元

時報文化出版公司成立於一九七五年，
並於一九九九年股票上櫃公開發行，於二〇〇八年脫離中時集團非屬旺中，
以「尊重智慧與創意的文化事業」為信念。

雍正王朝之大義覺迷
史景遷(Jonathan D. Spence)著；溫洽溢, 吳家恆譯.
-- 二版. -- 臺北市：時報文化, 2015.05
面；　公分　　(歷史與現場；221)
譯自：Treason by the book
ISBN 978-957-13-6271-7(平裝)

1.清世宗 2.傳記 3.清史

627.3　　104007033

ISBN 978-957-13-6271-7
Printed in Taiwan